# 문화유산으로 일본을 말한다

# 문화유산으로
# 일본을 말한다

일본 문화재 이면에 도사린
복제와 조작의 관행을 추적한다.

홍익피앤씨

## 목차

# 3장 근대일본과 문화재 정책

# 4장 오늘날 일본의 문화재, 문화유산

2016년 가을, 필자는 한국정부 관련 한 단체의 초청으로 방한한 일본의 저명한 미술사 교수의 강연을 들을 기회가 있었다. 이 강연에서 일본인 교수가 낡은 필름 하나를 돌리면서 열심히 설명한 것은 한 점의 고려불화였다. 고려왕실에서 발원했다는 기록이 있어 고려 말 왜구의 약탈물로 추정되는 이 고려불화는 소장자가 공개를 꺼려 한국인들이 접할 수 없었던 귀한 문화재였다.

일본인 교수는 낡은 필름을 통해 이 고려불화의 세부를 세세히 보여주며 고려불화의 독자성과 우수성을 청중들에게 일깨우려고 애를 썼다. 하지만 오래지 않아 그가 한국인들에게 한국문화재에 관해 가르치고 있다는 사실을 인식한 청중들의 불편한 심기가 표출되며 장내가 술렁였다.

그러나 이 노교수는 전혀 개의치 않고 침착하게, 때로는 무아지경에 빠져서 열정적으로 강의를 진행하며 고려불화의 미적, 예술적 가치를 한국인 청중들에게 전달했고, 결국 그는 강의가 끝나고 청중들로부터 감사의 박수를 이끌어냈다.

필자는 한국문화재를 대하는 그 강연자의 열정에 충격을 받았다. 오래전부터 한일 양국의 문화재 분쟁을 보면서 막연히 느껴 왔던 일본인들의 문화재에 대한 자국 문화재이건 이웃나라 문화재이건 거의 병적일 만큼 강한 집착을 확인한 순간이었다.

오늘날 한일 갈등의 기저에 흐르는 양국 간의 고대사 분쟁에는 역사의 물증으로서 역사 인식을 구축하는 문화재가 필히 개재되어 있다. 그렇기 때문에 우리와는 차원이 다른 일본인들의 문화재에 대한 독특한 감정을 파악하는 것은 문화재에 얽힌 양국 간의 갈등을 이해하는 첫걸음이라는 생각이 떠올랐고, 이를 위해 일본의 문화재를 연구할 필요성을 절감했다.

사실상 필자는 한일 문화재 문제에 천착한 지 십수 년 되었지만 일본에 있는, 또는 약탈당한 한국문화재에만 관심을 쏟았을 뿐 일본문화재에 관해서는 진지하게 연구해 본 적이 없었다. 그 때부터 필자는 지피지기의 심정으로 일본문화재에 관한 비판적 독서의 몇 년을 보냈다. 그러고 나니 일본문화재가 구축해 온 세계가 눈앞에 홀연히 나타났다. 어쩌면 필자는 보고 싶은 것만을 불러내어 보았는지도 모른다. 그렇지만 일본문화재는 감출 수 없는 일본인들의 뚜렷한 정신세계와 역사의식을 보여준다. 그것은 일본인들이 그들의 기원과 역사를 확신하려는 의식의 원점인 것이다.

우리 한국인들에게도 한일 관계의 근저를 말해 주는 물증으로서 일본문화재의 중요성은 재언을 요하지 않는다. 그러나 일본에는 여전히 은폐, 조작되고 밀봉되어 접근할 수 없는 문화재가 무수히 존재한다.

이러한 일본문화재는 일본역사 뿐 아니라 한일관계사와 동아시아 역사, 나아가 세계문명사의 보완을 위한 더없이 귀중한 잠재적 사료이다. 필자는 이 책을 통해 일본문화재가 인류역사의 복원에 이바지하고 역사의 진실에 응답하도록 일본문화재의 공개를 비롯하여 학문적 연구를 포용하는 일본정부의 새로운 문화재 정책을 촉구한다.

한일 양국 간의 문화재 분쟁은 해방 이후 80년이 되어가는 데도 여전히 진행 중이며 최근 들어 일본정부의 메이지 산업시설의 유네스코 세계유산 등록 시도는 양국의 문화재 갈등을 증폭시키고 있다.

오늘날 유례없는 복합위기가 세계를 강타하는 중에 문화재 이슈에 대한 여론은 지쳐 있고 관심은 메말라간다. 이러한 분위기에서 문화재의 중요성에 지속적인 관심을 가지고 이 책의 집필을 격려하며 출간해 준 출판사에 큰 감사를 드린다.

또한 일본정부의 문화재정책에 대한 선구적 비판자로서 이 책의 저술에 필요한 중요한 자료를 지원해 준《문화재의 사회사文化財の社會史》의 저자 모리모토 카즈오森本和男 선생에게도 이 자리를 빌려 감사를 드린다. 그의 훌륭한 저술은 이 책의 집필에 영감과 동기를 부여하고 많은 참고를 제시했다. 아울러 필자는 계속된 코로나 사태로 인해 일본 문화유산의 현장을 직접 방문하지 못하여 이 책에 적절한 사진 자료를 제공할 수 없었던 점을 독자들께 사과드린다.

2023. 3.
북한강변 서재에서 김경임

# 1장

## 일본의 근대화와
## 문화재의 탄생

# | 1 |

# 일본의 근대화,
# 그 서막과 문화재 파괴

서세동점西勢東漸 격랑의 시대였던 19세기 중반, 두 차례 아편전쟁 끝에 반식민지 상태로 추락한 청나라의 운명을 목격하고 다음 차례는 일본일 것이라는 위기의식이 팽배했던 도쿠가와 막부德川幕府, 江戶막부의 말기였다. 개국을 요구하는 미국 페리 흑선함대黑船艦隊의 무력 시위에 놀라 천황의 칙허 없이 구미 열강 6개국과 불평등조약을 줄줄이 체결하여 굴욕적으로 개국한 에도막부에 대한 민심이반이 천황을 불러냈다.

일본에 대한 외세의 군사적, 경제적 진출에 대응하기 위해서는 번藩이나 막부 차원이 아니라 전 일본적 차원의 위기로 대응해야 한다는 인식 하에 '존왕양이尊王攘夷'를 부르짖는 국수주의 국학자들의 선도로 천황의 존재가 급격히 부상하면서 무능하고 부패한 막부를 타도하자는 도막운동倒幕運動이 거세게 일어났다.

## 메이지유신
; 새로운 근대국가, 유구한 고대 일본

굴욕적으로 개국한 지 10여 년이 지난 1867년 말경, 일본 서부 4개의 강대한 번藩, 소위 웅번雄藩*의 중하급 무사들이 주축이 된 도막파倒幕派가 막부를 폐지하고 왕정복고를 선언했다. 곧 메이지유신明治維新이다.

'유신維新'은《시경詩經》에 나오는 오래된 말이다. 시경은 기원전 11세기 중국에서 상商-殷왕조 나라를 타도하여 중원을 지배하고 중국의 철기문명을 주도하게 된 주周 나라가 맞이한 새로운 천명을 찬양했다.

> 주나라는 오래된 나라지만 그 나라의 천명은 여전히 새롭도다.
> 周雖舊邦 其命維新.
> -《시경》〈대아大雅〉, 문왕편文王篇

그로부터 3000년 후, 서세동점의 19세기 중반에 왕정복고와 근대화 추진을 선언한 메이지 유신 또한 유구한 일본의 새로운 천명을 부르짖은 것이었다. 막부를 폐지한 유신세력은 막부의 수장이었던 쇼군將軍과 막부의 종교인 불교를 퇴출하고 천황을 최고 신으로 받드는

---

* 메이지유신의 주역 웅번은 사쓰마薩摩. 오늘날의 가고시마현鹿兒県, 조슈長州. 야마구치현山口県, 도사土佐. 고치현高知県, 히젠肥前. 시가현慈賀県 이다.

토속신앙 '신도神道'를 국교로 선언한 후에 천황에게 신성과 절대성을 부여하는 제정일치 절대 천황제를 택했다.

천황의 신권적 절대성을 방패막이 삼아 유신세력의 정당성과 안정을 확보하려는 유신정부는 정권 안정 다음으로 서구식 문명개화를 최고 목표로 잡았다. 조속히 근대화를 달성하고 제국주의 열강의 대열에 진입하려는 유신정부로서는 부국강병, 구습 타파, 식산흥업殖産興業과 같은 근대화 정책을 밀고 나갈 강력한 중앙집권적 국민국가를 건설하여 일사불란한 국민 동원 체제 구축이 시급했다. 이를 위해 유신정부는 토속종교 신도의 최고 신 천황의 종교적 카리스마가 필요했다.

유신정부는 그동안 수백 년 동안 지속된 막부 체제 하에서 전국 300여 개의 번국藩國, 영주국에 흩어져 다이묘大名, 藩의 영주의 지배를 받아오며 단일의 국가적 개념을 갖지 못한 일본인들을 천황 직접 통치 하의 단일 국민으로 모아야 했다. 유신 이듬 해 도쿄東京 천도를 기점으로 유신정부는 1천 년 동안 교토京都에 틀어박혀 이름뿐이었던 천황을 국민 앞에 내세워 강력한 국민 통합을 이루고자 했다.

유신정부는 메이지 천황의 외출을 장려하여 대국민 접촉을 통해 전 국민이 공유하는 신권적 천황의 이미지 창출에 매진했다. 이를 위해 유신정부는 황실의 조상신 아마테라스天照大御神를 제사지내는 이세신궁伊勢神宮을 전국에 산재한 수십만 신사의 정점에 두어 일본인들의 총씨신總氏神으로 상정하고, 아마테라스 여신의 후손이라는 메이지 천황을 현인신現人神으로 세워 천황과 국민의 일체성을 확보하고자 했다.

## 폐불훼석

유신 선포로부터 3개월이 지난 1868년 3월 28일, 신정부는 신도 국교화를 확실히 실천한다는 명분을 내세워 '신불분리령神佛分離令'을 발포했다. 이것은 신도와 불교가 뒤엉켜 있던 일본 종교의 특징인 신불습합神佛習合 의 구습을 일소한다는 명분으로 전국의 모든 사찰과 신사에서 신도와 불교를 분리하고 신도에서 불교색을 제거하라는 명령이었다.

6세기 불교 전래 이래 1천 수백 년에 걸쳐 토착 신도와 외래 불교가 공존하면서 신사의 신체神體, 신이 머무는 물체로 불상을 모시고, 신사神社, 본전이 없이 대개는 산 전체가 신사로 간주됨 경내에 사찰을 건립하여 신사가 사찰을 수호하고 사찰이 신사를 운영하며 신불神佛 이 뒤엉켜 있는 일본의 전통적 종교 형태였던 신불습합 구조를 일거에 폐기하는 것이었다.

이로써 신사의 불당에 봉안된 불상, 경전, 불구를 파괴하고 승려를 환속시키거나 신관으로 임명하여 신사가 사찰을 흡수하게 되었다. 신불분리령은 단순히 신도에서 불교색을 추방하는 것만이 아니라 외래 종교인 불교 전래 이전의 토속신앙이었던 순수한 신도의 신神, 가미 외에는 모든 신을 부정하는 법령이었다. 유래가 확실치 않거나 도래인渡來人, 한반도계 이민족 의 조상을 신으로 모신 신사, 또는 서민들의 잡신을 받드는 신사는 음사淫祀 라 하여 폐기되거나 통폐합되었다.

신불분리령이 내려진 나흘 후인 1868년 4월 1일, 수도 교토에 인접한 히에산比叡山, 滋賀県 大津市 의 히요시신사日吉神社 에 칼과 몽둥이로 무장한 백여 명의 무리가 신사에 난입했다. 이곳은 고대로부터 히에산을 주신으로 모신 일본의 토속 산왕山王 신앙의 발상지이자 총본산이었다.

9세기 초, 일본 천태종天台宗의 개조 사이쵸最澄는 히에산 전체를 경내로 하는 엔랴쿠지延曆寺를 건립하고 밀교와 선종을 아우르는 일본 독자의 천태종을 발전시켰다. 황실과 역대 위정자들의 비호 하에 광대한 장원을 소유하며 일본의 전통신앙 산왕신도山王神道와 일본 불교의 근본이라 할 천태종의 성지로 군림했던 엔랴쿠지는 일본의 전통적 신앙 형태인 신불습합의 표본이었다.

신위대神威隊라는 이름으로 신사에 난입한 무리들은 새 정부의 지령이라고 외치면서 신사의 불당과 사찰 경내에 안치된 불상과 경전, 각종 불구를 끌어내 파괴하고 소각했다. 이는 메이지유신 초기 일본 전역에서 수년간 일어났던 악명 높은 불교 박해이자 문화재 파괴 사

**엔랴쿠지 본당과 회랑** ┃ 본당은 국보이고 회랑은 중요문화재. 1994년 고도古都 교토京都의 문화유산 일부로 1994년 유네스코 세계유산에 등재됨.

건이었던 이른바 폐불훼석廢佛毁釋의 최초 사례였다.

폐불훼석이란 글자 그대로 불상을 폐기하고 부처를 훼손하는 것이다. 에도막부 말기에도 존황사상이 강했거나 주자학을 신봉했던 일부 다이묘의 영지에서는 지역 차원의 폐불훼석 사건이 빈발하기는 했지만 메이지유신 직후에 일어난 폐불훼석은 중앙정부에 의한 조직적인 불교 파괴 작전이었다. 신도 외의 모든 종교적 전통을 구습이며 외래적인 것으로 낙인찍어 유구한 불교 유산을 폭력적으로 파괴한 것이다. 이로써 명색은 불교색의 추방이지만 이참에 전 역사를 통해 일본에서 끈질기게 존속해 온 도래인의 오랜 전통과 문화도 구습이라는 이름으로 철저히 제거된다.

당일 히에산에서 파괴된 불교문화재는 기록된 것만으로도 불상, 경전, 불구, 고서화, 금동 공예품 등 수천 점에 달했는데 1질 600권의 대반야경大般若經 6질이 소각되기도 했다. 오늘날 히요시신사의 건물 2동이 국보이며 그밖에 건물 20동이 중요문화재舊國寶로 지정되었음에 비추어 메이지유신 초기 수년간 계속된 폐불훼석의 광란 속에서 유서 깊은 고사사古社寺와 그 안에 보존되어 있던 문화재의 파괴가 얼마나 막심했는지는 많은 에피소드가 그때의 참상을 전해 주고 있다.

산속이나 저잣거리를 가리지 않고 신불혼재神佛混在의 사사社寺에서는 불교색을 제거하기 위해 크고 작은 방화가 연일 끊이지 않았다. 고도 나라奈良와 교토 등지에서 수백 년 역사의 유구한 대사찰들이 폭력적으로 파괴되면서 사찰과 신사에 비장된 천년의 법보와 각종 보물, 고문서가 파기되어 사라졌다. 여기에 서구문물을 숭배하며 근대화에 뒤처진 일본의 구습, 구물을 경멸했던 일본의 개화파 신지식층이 암묵적으로 동조했다.

유신정부는 독일제 무기의 수입대금을 범종 등 사찰의 오래된 골동품으로 지불했고 가마쿠라 대불鎌倉大佛, 13세기 동조불, 현재 국보을 미국에 매각하려는 시도도 있었다. 폐사사에서 수거한 막대한 양의 고물이 학교나 교량 건설 등 공공사업에 충당되기도 했다. 교토의 시죠대교四條大橋는 원래 돌다리였으나 강제로 공출된 불구에서 취한 금속으로 1874년 철교로 개조되었다. 일본의 근대화는 폐불훼석이라는 문화재 파괴의 불길 속에서 그 서막이 열린 것이다.

폐불훼석은 나라, 교토 등지의 고대 불교도시뿐만 아니라 존왕양이 세력의 거점인 규슈九州, 야마구치山口 지역은 물론 산악신앙과 불교가 엉켜 있던 동북부 산간지대에 이르기까지 일본열도 전역의 유구한 고사사 모두를 먹잇감 삼아 수년간 불타올랐다. 근대 서양문명이 유신의 규범이 됨에 따라 오래된 전통이 우매한 민중의 구습으로 치부되어 구물의 폐기는 신문명 수용을 위해 당연한 것으로 간주되었던 것이다.

히에산에서 시작된 폐불훼석 사건은 전국적으로 수년에 걸쳐 주요 사사에서 난장판으로 전개되었다. 이때 일본 전국의 296,000개에 달하는 사찰의 절반 이상이 직접 파괴되었다고 하는데, 그로 인해 신사나 사찰에서 직접 파괴된 불교문화재만 해도 엄청나지만 더 넓게는 유신과 함께 근대화의 미명 하에 서구 숭배와 구습 멸시 풍조가 가져온 마구잡이 구물 폐기로 인해 시장이나 외국으로 유출되어 사라진 것까지 포함한다면 그 숫자는 상상을 초월할 것이다.

일본의 역사학자 야스마루 요시오安丸良夫는 광란의 폐불훼석을 주동한 사람들의 기묘한 정열을 분석하면서, 일본이 약소국가로서 국제 사회의 양육강식 싸움터에 나가기 위해서 자신의 내적인 연약함과 불안에 대응하여 긴장감과 동력을 산출하는 정신적 내연장치를 필요로 했다고 설명한다.[01]

그런가 하면 일본의 심리학자 기시다 슈岸田秀는 폐불훼석을 일으킨 일본 근대사를 '페리 쇼크'로 인해 굴욕적인 개국을 강요당하고 침투하는 서양 세력에 의미 있는 항거 한 번 못해 보고 스스로 선택한 맹목적인 서구 추종의 결과, 자존심과 자기 정체성이 상실되어 나타난 정신분열 병자의 행동으로 분석했다. 그는 이러한 굴욕의 트라우마가 훗날 소아적, 망상적 집단 환상과 공격적 확장주의로 분출되어 중국 침략과 진주만 공격으로 귀결되었다고 본다.[02]

선조 대대로 물려받은 고물을 존경하며 보존해 왔던 일본인의 전통과 문화를 일거에 무너뜨리고 막대한 문화재의 물적 파괴라는 미증유의 재난을 초래한 폐불훼석 사건은 자신의 오래된 전통을 지극히 사랑했던 일본인 스스로가 과거 유산을 의도적으로 철저히 파괴한 전대미문의 특이한 현상이었다. 이것은 유신정부의 선동과 선도에 따른 민중의 부화뇌동이라는 관민 합작으로 저질러진 일본사의 일대 오점이자 일본 민족에 대한 범죄임이 확실하지만 오늘날 이에 대한 반성적 성찰은 찾아보기 어렵다.

일본의 지식인 중에는 폐불훼석이 서구의 근대국가 형성기, 종교에 대항하는 신생국가의 불가피한 투쟁 같은 것으로서 근대 여명기 프로테스탄트 세력의 가톨릭에 대한 저항과 마찬가지로 메이지정부의 조속한 근대화 달성을 위해 고루한 종교의 지배를 배척하는 일이 필요했다는 궤변을 내놓기도 했다.[03] 한편 폐불훼석이라는 엄청난 역사적 사건에 관해 일본의 대중 역사서《야마가와 일본사山川日本史》는 간단히 이렇게 설명한다.

문명개화의 풍조에서 일본 전통문화와 생활양식이 거부되고 유서 깊은 귀중 문화재가 팔려가거나 파괴되었으며…, 또한 메이지정부는 천황 중심의 중앙집권국가를 만들기 위해 신도에 의한 국민 교화를 꾀하여 신불분리령을 내려 신도를 보호했다. 이 때문에 전국적으로 폐불훼석의 바람이 일시 몰아쳤던 것이다.

오늘날의 이러한 설명은 폐불훼석 당시 유신정부의 무책임한 변명 수준을 벗어나지 못한다. 교과서는 유신정부가 폐불훼석을 명령한 것은 아니라는 백 년 전의 관변 입장만을 대변할 뿐 정확한 사건 경위나 수많은 문화재 피해 사실에 대해서는 함구하면서 고후쿠지興福寺 오중탑과 같이 널리 알려진 몇몇 사건만을 단순한 에피소드로 다루고 있다.

**나라 고후쿠지**興福寺 **오중탑** ᅵ 국보. 원래 730년에 조성되었으나 현재의 탑은 1426년에 재건된
것이다. 높이 50m로 일본의 현존 목조탑으로는 두 번째로 높다. 폐불훼석 시기에 땔감으로 내놓고
목탑의 금속물 가격으로 25엔현재 가치로 약 1백만 엔에 매각되었으나 화재를 우려한 지역 주민들이
소각을 반대하여 살아남았다.

## 고대의 창출과 역사 조작
; 천손강림한 만세일계 천황, 고대 일본의 한반도 진출

서구와 같이 근대화에 성공하여 열강의 대열에 진입하느냐, 아니면
서구의 식민지로 전락하느냐의 기로에서 단행되었다는 메이지유신
은 국민국가의 형성을 지상과제로 일본인들을 하나로 묶을 강력한 천
황 이데올로기를 내놓았다.

그것은 세계 모든 나라는 국민이 있고 나서 왕이 생겨났지만 일본
에서는 태곳적 하늘에서 천손강림天孫降臨 한 천손의 후예 천황이 그
대로 신민과 함께 대대로 신국 일본을 통치했다는 만세일계萬世一係
천황 이데올로기이다. 이러한 천손강림의 만세일계 천황 이데올로기

는 8세기 초 편찬된 일본 최초의 역사서인 《일본서기日本書紀》와 《고사기古史記》 이하《기기紀記》에 기록된 내용으로서 유신 초기 일본인들을 단일국민으로 결집하려는 유신정부의 대국민 프로파간다를 뒷받침하는 이론적 근거를 제공했다.

## 천손진무의 건국

서양식 근대화를 규범으로 삼은 메이지유신은 근대화에 뒤처진 구습舊習과 구물舊物을 가차 없이 파괴하면서 과거 전통에 대한 폭력으로 개막했지만 역설적으로 메이지유신은 애초부터 복고주의를 지향했다. 메이지유신은 일본 최초의 국가라고 하는 야마토국倭國의 초대 왕 천손진무天孫神武의 일본 건국, 소위 진무창업神武創業을 모델로 구상되었다. 메이지 천황은 즉위식에서 메이지유신의 기본 정신은 '진무창업의 시원으로 회귀하는 것'이라고 선포했다. 유신은 복고 중에서도 고대의 맨 끝이라고 할 수 있는 신대神代의 지점에서 출발하고 있는 것이다.

일본 최초의 국가라고 하는 야마토국倭國은 나라 분지 동남쪽의 아스카촌飛鳥村, 오늘날의 나라현 明日香村 북쪽의 미와산三輪山 주변 작은 옛마을 야마토에서 발흥한 세력이 세운 왕조라고 설명되고 있다. 8세기 율령제 하에서 지방에 영국領國, 근세의 번藩 체제로 발전을 설치한 일본은 나라 분지 전체를 야마토국倭國으로 설정하였고 그 이래 야마토는 아스카, 나라 지역과 동일한 공간 개념으로 이해되고 있다.

**나라 분지와 아스카**飛鳥村, 明日香村 **지역** | 일본 고대 야마토국의 발상지와 그 주변

## 천손강림한 만세일계의 천황

《기기》에 의하면, 천계의 지배자 아마테라스 여신은 손자 니니기瓊瓊
杵尊에게 일본을 대대로 통치하라는 신칙神勅과 함께 소위 '3종의 신
기三種神器 : 검劍, 거울鏡, 옥玉'를 주어 땅으로 내려 보냈다고 한다. 니
니기는 여러 신들을 거느리고 규슈 다카치호高千穂의 구시후루다케久
士布流氣, 또는 龜旨布流峯 봉우리에 내려왔다고 한다.

　이것이 바로 소위 천손강림의 신화인데, 금관가야의 시조 수로왕

전설 그대로이다.* 이같이 천손강림한 니니기의 증손 이와레磐余彦-神武는 규슈에서 동진하면서 곳곳의 토착세력을 정복하고, 오늘날의 나라 분지 동남부 야마토의 가시하라궁橿原宮에서 야마토 왕조의 진무 천황으로 즉위했으며 그때부터 진무의 자손이 대대로 일본을 통치해 왔다는 것이다.

유신정부는 이러한 고역사서에 쓰인 신화에 근거하여 진무를 계승한 만세일계 황실만이 일본을 영원히 통치하는 역사적, 법적 근거를 갖는다고 주장했다. 이에 따라 천손강림한 천손의 후예 만세일계 천황은 세계에 유례없는 일본 지배자의 고유한 존재 방식으로서 천황은 일본의 아이덴티티라는 국체 관념이 형성되기 시작했다.

종래의 천황은 교토의 궁정 깊이 파묻혀 국가의 제사에 종사해 온 유명무실하고 나약한 여성적 이미지의 존재였다. 이에 비해 천손이자 왕국의 창시자이며 전쟁 영웅, 정복자로서 진무는 정치와 군사를 지휘하는 서구의 근대적 국왕의 면모를 갖춘 남성적 지도자로서 메이지시대가 필요로 하는 천황의 이미지와 이데올로기에 부합했다. 유신 초기, 천황 이데올로기의 시각화와 조작은 다방면에서 진행되고 있었다.

유신정부가 존재 자체가 의심스럽고 조작된 천황으로 간주되는 신화시대의 천황을 호출하면서 일본인들에게 보낸 메시지는 자명했다.

* 진무의 맏아들 가무야이미미노 미코토神八井耳命는 가야계 이주민 제철製鐵씨족 오오씨多氏의 시조로 알려져 있다.

**규슈에서 나라에 이르는 진무동정 루트** | 진무동정 루트는 한반도 도래인들이 규슈에서 일본 긴키 지역으로 퍼져나간 루트로도 간주된다.

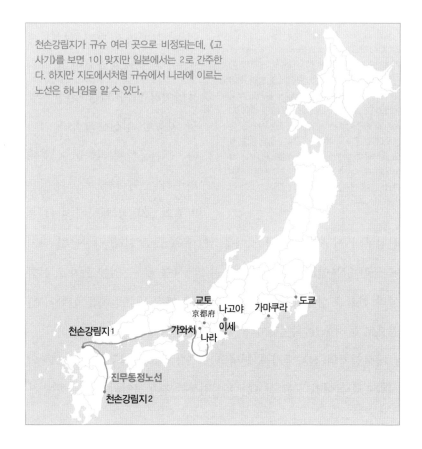

천손강림지가 규슈 여러 곳으로 비정되는데, 《고사기》를 보면 1이 맞지만 일본에서는 2로 간주한다. 하지만 지도에서처럼 규슈에서 나라에 이르는 노선은 하나임을 알 수 있다.

**메이지 천황** 1852~1912 **의 공식 초상화** | 천황의 존재를 대중들에게 널리 알리기 위해 제작되었다. 당시 일본 조폐국 고문이었던 이탈리아인 에도아르도 코소네 Edoardo Chiossone 가 1888년 궁정의 스크린 뒤에서 36세의 메이지 천황을 스케치한 그림인데 천황의 수염을 짙게 그리는 등 얼굴 모습이 윤색되었다. 게다가 코소네는 빈약하고 볼품없는 메이지 천황의 체구에 자신의 가슴을 찍은 사진을 합성하여 얼굴과 체격이 번듯하고 당당한 천황의 초상화를 그렸는데, 이 그림을 궁정 사진사 마루키 리요 丸木利陽 가 사진으로 찍은 것이다. 메이지 천황은 이 사진에 대만족했다고 한다.01 사진 출처 : 위키피디아 재팬

대륙으로부터 문화적 영향이 없었고 무사의 지배가 존재하지 않았던, 오직 천지개벽부터 천황과 신민臣民 만이 존재했던 일본 땅에서 원래부터 일본인들은 풍요롭게 살았다는 고대의 신화적 세계로 일본인들을 끌고 들어가기 위한 것이었다.

이것은 또한 내우외환의 위기에 처한 메이지 초기, 현실도피를 위한 신화세계에의 집단적 몰입이라 할 수 있을 것이다. 앞서 인용한 정신분석학자 기시다 슈의 분석에 의하면, 신화에 의존하는 이러한 복고 정책은 막부의 굴욕적 개국에 이어 유신정부의 서구열강에 대한 맹목적인 추종으로 인해 정신분열 위기에 몰린 일본인들에게 인격의 통일국민통합을 줄 수 있는 존재로 신화상의 천황을 상정하여 정체성의 위기에 빠진 일본민족을 신화의 원점으로 돌려놓았다는 것이다.04

제정일치의 신도국가를 천명하고 '모든 것은 진무창업神武創業 의 시원으로 돌아간다'고 선포한 유신정부는 진무창업의 고대신화에 부

응하는 복고적 정책을
시행했다. 고대에로의
복귀, 그것은 고대의
모방이 아니라 고대
의 창출, 또는 조작이
었다. 즉위 시 메이지
천황은 천손 니니기가
아마테라스로부터 받
아서 진무에게 계승했
다는 삼종신기三種神
器의 즉위 의식踐酢の
儀을 가졌다. 왕위 계
승의 상징으로 확립된
삼종신기는 지금까지
아무도 본 적이 없어

**진무천황** 神武天皇 | 진무천황이 무사의 영웅적 모습으로 묘
사되었다. 츠카오까 요시토시月岡芳年의 유키오에乳世繪,
판화, 1888년.[02] 사진 출처 : 위키피디아 재팬

그 실재 여부가 의심스러운 가상의 존재이다.

그런 다음 메이지정부는 진무의 즉위일을 건국일로 지정했다.
720년 편찬된《일본서기》의 기록*에 따라 에도시대의 한 역술가는 참
위설에 근거하여 진무가 즉위한 신유년을 기원전 660년으로 비정한

---

* 신유년 춘정월 초하루, 진무가 나라 우네비산畝傍山 동남쪽의 가시하라궁橿原宮에서 즉위했다는
  기록 神武天皇元年正月朔の條

바 있다. 메이지정부의 천문국은 이 해의 춘정월을 양력 2월 11일로 산출하여 일본의 건국일로 제정했는데, 이 날은 오늘날에도 일본의 건국일이다.

1870년부터 유신정부는 천손강림식의 제사를 정례화하고 1874년 에는《일본서기》에서 천손강림지라고 적시한 가고시마鹿兒島 현에 신 대 3릉진무의 중조부, 조부, 부친의 묘을 지정했다. 이어서 나라 분지 아스카 지역의 우네비산 북쪽 기슭에 초대 천황 진무의 능을 조성한 유신정 부는 1890년 진무릉 남쪽에 있던 오래된 폐사지廢寺地에 진무가 즉 위한 장소였다는 가시하라신궁橿原神宮을 거창하게 세웠다.

물론 진무릉이나 가시하라신궁 터에서는 어떠한 유물도 출토된 바 없다. 게다가 진무가 즉위했다는 가시하라신궁의 본전은 1855년 건 축된 교토 황궁 시설의 일부를 이축해 놓은 것인데, 현재 일본의 중 요문화재이다. 가시하라신궁에서는 오늘날에도 매년 건국일 행사가 열리고 있다.


## 이민족의 그림자
; 조몬인과 야요이인, 도래인의 깊은 흔적

천손진무가 세웠다는 일본 최초의 왕국인 나라 분지의 야마토국의 성 지에는 그들보다 훨씬 이전에 거주했던 선사시대의 원주민과 대륙에 서 건너온 도래인들의 흔적이 짙게 배어 있었다. 고고학이 도입된 메 이지시대에는 일본열도의 부족국가 시대보다 훨씬 이전 석기시대부터 존재했던 선주민들과 외래 이주민의 흔적이 일본열도 곳곳에서 발견되어 학계는 물론 일반에도 널리 알려져 있었다.

## 일본열도의 원주민 조몬인

메이지정부가 초빙한 도쿄대학의 미국인 고고학자 에드워드 모스 Edward Morse 는 1877년 도쿄 인근의 오오모리大森에서 신석기 패총을 발굴했는데, 이는 일본 최초의 고고학적 발굴로서 메이지 천황도 출토품을 관람한 바 있었다. 모스는 오오모리 패총에서 새끼줄 무늬 繩文가 새겨진 신석기 토기를 발굴하고 이를 조몬토기繩文土器, cord marked pottery 로 명명했으며, 이를 사용한 주민들을 조몬인繩文人으로 불렀다.

조몬토기를 제작하여 사용했던 석기시대 일본열도의 원주민 조몬인들은 누구인가? 이들은 분명 《기기》에서 말하는 천손강림한 천황의 야마토 신민은 아니다.

수만 년 전 지구의 모습이 대체로 오늘날과 비슷하게 형성되던 시기, 냉온난기의 해수면 변화로 일본열도가 대륙에 이어졌다 떨어졌다를 거듭할 때, 다양한 지역에서 여러 사람들이 일본열도로 건너왔다. 이들은 주로

**초기 조몬토기**BC약 1만 년 | 치바현 다이카 이츠카千葉県 台貝塚 출토, 개인 소장, 도쿄 국립박물관 전시. 사진 출처 : 위키피디아 재팬

한반도와 동남아, 시베리아 지역에서 건너간 사람들이었다.

대략 1만 년 전, 최종 빙하기가 끝나고 해수면이 상승하여 대륙으로부터 일본열도가 완전히 분리되면서 그때까지 일본열도에 건너와 살던 사람들은 외부와 고립된 상태에서 1만 년 이상을 거주했다. 이들이 오오모리 신석기 패총을 남긴 일본열도의 선주민 조몬인들이고, 이들의 후예가 오늘날 일본의 소수민족인 아이누인으로 간주되고 있다.

수렵과 채집 단계의 신석기시대의 생활을 영위하며 천지만물의 정령精靈을 믿었던 이들 조몬인들은 일본 전역에 퍼져 있었지만 지역마다 고립된 집단으로 살았으며 동북쪽에 더 많은 조몬인들이 거주했던 것으로 추정되고 있다.

## 조몬인 다음의 일본열도 선주민 야요이인

1884년 도쿄의 야요이쵸東京都 文京区 彌生町에서 조몬토기와는 달리

**1884년 도쿄 야요이쵸에서 발견된 제1호 야요이토기 복제품** | 분쿄 옛마을역사관文京ふるさと歷史館 소장. 원본은 중요문화재, 도쿄대학 박물관 소장. 사진 출처 : 위키피디아 재팬

외부에서 유입된 새로운 양식의 무문토기가 발견되어 이 지역의 이름을 따서 야요이토기彌生土器로 명명되었다. 야요이토기를 사용했던 야요이인彌生人은 기원전 3~4세기 무렵 주로 한반도로부터 벼농사, 청동기 제조술과 함께 태양숭배 신앙을 가지고 도래한

**홋카이도 지역의 아이누인** | 사진 출처 : 나무 위키피디아

사람들로 추정되고 있다.

야요이 이주민들은 기원전 3세기부터 일본열도에 이주한 후 오랜 세월에 걸쳐서 조몬인들과 혼혈이 되어 체형이나 생활 풍습이 변해 문화와 형질학적인 면에서 왜인, 일본인이 되어간 것으로 간주되고 있다. 인류학자 하니하라 카즈로埴原和郎는 야요이시대가 시작되는 기원전 3세기부터 7세기 후반신라의 삼국통일 이후부터 도래인의 종료까지 약 1천 년 동안 인구증가율과 두골의 변화를 지표로 일본사회의 도래인의 수를 측정한 결과, 8세기 초 도래인의 인구는 일본 전체 인구의 70%에 달하는 압도적 수치라고 추산했다.[05] 나라 하나가 넘어온 셈이다.

1만 년 가까이 지속된 신석기 조몬사회는 기원전 3~4세기 대륙, 주로 한반도에서 전해진·벼농사, 청동기, 태양숭배 신앙 등의 고급문화의 유입에 의해 종말을 고하고 일본열도는 청동기 사회로 진입했다.

**야요이인의 모습** | 돗토리시 鳥取市 의 아오야카미지치 青谷上寺地 유적에서 출토된 야요이인 기원 1세기 무렵의 두개골에서 복원한 아오야야요이인 青谷彌生人의 모습과 가장 흡사한 일본인을 뽑는 콘테스트에서 2022년 5월 최종 선발된 오사카 청년 35세. 사진 출처 : 돗토리현 관광여행정보 사이트

시차를 두지 않고 한꺼번에 이 같은 고급문화가 전해졌다는 것은 이들 문화를 가진 사람들이 대거 이동해 왔다는 사실을 말해 주는 것이다.

이러한 유민 발생은 한반도 남부의 한랭화로 인한 농경민의 집단 이주이거나 기상학자들은 한반도가 BC4세기부터 한랭기로 들어갔다고 추정한다, 한반도의 농경사회 진입에 의한 인구 팽창의 결과였거나, 또는 이 무렵 중국에서 진한秦漢 교체의 격동기와 고조선과 연燕 나라의 전쟁으로 인해 중국과 한반도에서 다수의 유민이 발생한 결과였는지도 모른다.

기원전 3~4세기 북부 규슈에서 시작된 쌀농사와 청동기 문화는 300~400년이 지나 오사카, 나라, 교토 등 일본열도의 중부 긴키近畿 지역으로 확장되었다. 이주민들은 주술적 특징을 보이는 조몬토기에 대신하여 실용적인 한반도 계통의 무문토기인 야요이토기를 특징적으로 사용했는데, 이들이 바로 오늘날 일본인들의 조상으로 간주되는 야요이인이다.

## 야요이 일본사회의 발전

기원전 3~4세기에 시작된 야요이 농경사회의 풍요함과 선진성, 다이너미즘dynamism 은 300~400년이 지나 규슈 지역에 수많은 야요이

소왕국을 탄생시켰다. 1~3세기의 중국 사서에는 왜인에 대한 기록이 처음 등장하며 100여 개의 소국에서 30여 개로 정리된 일본열도의 소왕국들에 관한 기록이 나온다.

> 낙랑 해중樂浪海中에 왜인倭人이 있어 100여 국으로 갈라져 있고….
> —〈한서지리지漢書地理志〉, 1세기 편찬

> 왜 왕국 100여 국이 지금은 30여 국이 되었다.
> —〈삼국지 위서동이전왜인조魏書東夷伝倭人條〉, 3세기 편찬*

> 건무 중원建武中元, 2년, 왜의 나국倭奴國이 조공하니 광무제가 인수印綬를 하사하다.
> —〈후한서 동이전後漢書 東夷傳〉, 5세기 편찬

상기 후한서 동이전에 등장하는 왜인국 나국奴國의 왕이 AD57년建武 中元 2年에 광무제로부터 받은 금인金印이 1784년 규슈 후쿠오카에서 발견되었다. 금인은 대형 개석蓋石, 무덤의 돌 뚜껑 아래 묻혀 있었는데, 이 개석은 한반도 식의 고인돌로 간주되고 있다. 개석 아래의 옹관에서는 청동거울이 발견되어 개석은 나국왕의 묘로 추정되고 있

---

* 일본에서는 자국 중심으로 〈위서왜인전魏書倭人傳〉으로 칭함.

나국 왕이 위나라 광무제로부터 받았다는 금인 | '한의 왜나국왕漢委奴國王'이라고 새겨진 도장과 뱀 모양의 뉴鈕. 손잡이끈. 한 변이 23.47cm, 높이 22.36cm, 후쿠오카 시립박물관 소장. 사진 출처 : 위키피디아 재팬

다. 왜나국은 1세기 규슈 지역에 있었던 최초의 왜인국 중 하나였던 만큼 이 금인은 일본 고대사 최초의 한 장면을 말해 주는 매우 귀중한 역사적 자료이다. 1931년 일본의 국보로 지정되었고 1981년 진품임이 학술적으로 확인되었다.

금인이 발견된 하카타만博多湾 일대의 3~5세기 히라바루平原 청동기 유적지에서 출토된 청동경, 유리옥, 철도鐵刀 등의 출토품은 현재 일본의 국보로 일괄 지정되어 있다. 출토품 중 대형거울內行花文八葉鏡, 직경 46.5cm은 이세신궁에 소장된 천황가의 삼종신기 거울八咫鏡과 도상圖像 및 크기가 같은 동종이라 한다. 일본의 가야 전문 역사가 사와다 요타로澤田洋太郎는 광무제로부터 금인을 받은 왜나국이 후에 야마토로 진출하여 야마토 왕조를 세우는 소위 천손족이라고 보고 있다.[06]

## 왜倭는 누구인가?

왜의 기원과 정체에 관해서는 여러 가지 설이 있다. 우선 '왜'라는 이름은 1세기 중국의 사서《한서지리지》에 처음 등장한다.* 따라서 왜라

* 낙랑의 바다 가운데에는 왜인이 있는데 樂浪海中有倭人…

는 명칭은 중국에서 처음 붙여준 이름이라 할 것이다.

3세기 《삼국지》〈위서동이전 왜인조倭人條〉에서는 왜를 동이의 한 민족으로 취급하여 부여, 고구려, 한韓 과 병렬적으로 기술하고 있지만 또 한편으로는 왜를 한인과는 구별되는 종족으로 기술하고 있다.

왜인들은 주로 한반도 남해안과 도서 지역에 집중적으로 살면서 같은 해안가 한인들과 언어와 풍속을 함께하며 어로와 농경, 교역에 종사하는 사람들이었는데, 키가 작고 주로 해안가에 사는 한인 해인韓人 海人 들에 대한 비칭이라는 시각이 있다.[07] 한반도 남부주로 가야 지역 와 북 규슈의 논농사 유구遺構 의 동일성으로 보아 두 지역의 경작민은 동일 기원의 사람들로서 이들 지역은 오랜 기간 '왜'라는 하나의 지역으로 인식되어 왔다는 설도 있다.[08]

5세기 이후 일본인이 문자를 사용하면서 나라 분지 동남쪽에 있는 작은 마을 아스카촌 북쪽의 미와산에서 발흥한 일본 최초의 왕조에 대해 일본인들은 스스로 '왜倭'라는 글자를 붙이고 '야마토'로 읽었다 한다. 그러나 엄밀히 말해 야마토는 단지 미와산 일대의 야마토 조정을 가리킬 뿐이며, 왜倭 는 대외적으로 중국이나 한반도의 관점에서 일본열도 전체를 칭하는 이름이었다 한다. 그러나 야마토가 고래로부터 일본의 중심이었다는 황국사관 하에서 야마토는 일본 전체를 칭하는 것으로 고착되었다는 주장이 있다.[09] 야마토倭 는 7세기 초반 일본이 국명과 모든 지명을 아름다운 2자雅字好字 國名二字 로 바꾸면서 야마토大和 로 표기되었고 8세기 초에 '일본日本 '이라는 국명으로 바뀌었다.

## 도래인의 깊은 흔적

천손강림한 만세일계의 천황제를 대내외에 유포하고 이를 증명해야 했던 메이지정부로서 무엇보다 당혹스러운 현실은 초대 왕 진무건국의 성지 야마토에 널려 있는 도래인到來人-대륙, 특히 한반도 여러 국가로부터의 이주민의 흔적이었다. 메이지의 일본인들은 일본의 역사와 문화의 시원에 짙은 그림자를 드리우고 있는 한반도에서 건너온 도래인의 존재를 따갑게 의식하지 않을 수 없었다. 천손강림- 만세일계- 메이지 천황으로 이어져 온 일본 최초의 국가 야마토국의 발상지인 미와산 주변과 그 일대 아스카촌 지역에 깊숙이 드리워진 일본의 선험적 존재인 도래인의 짙고 유구한 흔적은 메이지 일본의 깊숙한 내면에서 죽거나 사라지지 않고 어른거리는 유령과도 같은 존재였을 것이다.

《일본서기》에서 이들 이주민들은 '귀화인帰化人'으로 표기되었기 때문에 1970년대까지 일본에서는 이들을 귀화인이라고 불렀다. 그러나 정치적 과정을 내포하는 귀화라는 용어는 이들이 대거 이주했던 4~7세기 당시 일본열도에 통일왕권이 존재하지 않았음에 비추어 용어의 타당성이 의문시되면서 오늘날에는 물리적 이주를 뜻하는 '도래인'이라는 용어로 통일되고 있다.

## 도래인의 땅 아스카

야마토국의 발상지 야마토 지역은 원래 도래인들이 개척하여 거주했던 나라 분지 동남쪽 아스카飛鳥 또는 安宿, 明日香의 한 작은 마을이었다고 한다.

# 아스카 지명의 기원

아스카라는 지명에 관한 어느 설명에 의하면, 원래 '아스카飛鳥'라는 이름은 가와치에서 출토된 복부腹部에 장대를 끼우는 구멍이 나 있는 야요이 시대 목제 새상木鳥像에서 유래되었을 것이라고 한다. 새를 꽂은 조간鳥竿, 흔히 솟대로 불리는 장대을 가와치 마을 입구에 세워 놓은 것이 흡사 '날아가는 새飛鳥'로 보였고, 이것은 바다를 건너온 도래인을 상징했을 것이다. 그래서 도래인들이 안착한 지역이라는 뜻으로 아스카安宿라고 불린 이 지역을 도래인의 모습인 '나는 새飛鳥'로 불렀을 것이라는 추정이다. 이러한 조간은 도래인들이 가와치를 넘어 건너가 거주하게 된 나라 분지 동남쪽 마을에도 세워져 이 마을을 아스카飛鳥, 明日香라고 불렀을 것이며 가와치의 원래 아스카는 '가까운 아스카近ɔ飛鳥'로, 나라 분지의 아스카는 '먼 아스카遠ɔ飛鳥'로 불렸다는 것이다.[01]

따라서 나라 분지의 아스카는 5세기 가와치 아스카에서 건너온 도래인이 세운 마을이다. 《기기》에서는 일본 고대역사가 아스카의 야마토국 중심으로 서술됨으로써 오늘날 아스카라고 하면 나라 분지의 아스카를 말하며, 가와치 아스카는 잊혀졌다. 아스카 마을이 태동한 오사카 가와치의 아스카군安宿郡은 메이지 시대에 남가와치군南河内郡에 편입되어 지금은 사라졌다.

그런데 아스카라는 이름은 가와치三河內 오사카 동부지역 의 아스카에서 유래한다. 가와치 아스카를 본관으로 하는 씨족이 8세기 일본 역사서《속일본기續日本記》에 처음 등장하는데, 여기에 '가와치국의 아스카노기미河內國 安宿公'라는 이름이 처음 나온다. 안숙공, 즉 아스카노기미는 백제 제21대 개로왕의 아들 곤지왕자*를 말한다. 461년 일본에 건너와 가와치河內, 동부 오사카 일대를 개척한 곤지는 그 지역에 집단 거주했던 도래인들의 지배자였다. 그의 이름 아스카노기미安宿公는 도래인이 안착한 지역의 수장이라는 뜻을 담고 있다. 가와치 하비키노시羽曳野市 에는 아스카공을 제신祭神 으로 하는 아스카베신사飛鳥戸神社 가 있다. 지금의 제신은 스사노오素戔嗚, 아마테라스 여신의 남동생 인데, 메이지시대에 바뀌었다.

## 고대 일본의 한반도 진출설

유신정부로서는 이제 단일민족으로 뭉치기 시작한 일본인들에게 만세일계의 성지인 야마토에서 배회하는 오래된 도래인의 그림자를 해명하고 고대 일본 역사에 대한 확신을 심어 주는 일이 무엇보다도 필요했다. 그렇다면《기기》에 기록된 야마토 시대에 한반도의 가야, 신라, 백제, 고구려에서 대거 건너와 마을과 무덤, 사찰과 신사를 건설하고 철기, 직물, 도기 생산으로 의식주의 혁신을 이루고 불교와 학문을

---

* 곤지昆支, ?~477, 백제 제25대 무령왕의 부친.

전래하여 풍성한 문물을 일으킨 것으로 전해지는 일본 고대사의 주인 공 도래인들의 존재는 만세일계 천황제에서 어떻게 설명될 것인가?

또한 일본 전역에 널려 있는 지방 호족들의 대형 고분에서는 소위 천황가의 삼종신기라는 검劍, 경鏡, 옥玉 세트를 비롯하여 한반도 계통의 호화스런 부장품이 줄줄이 출토되는 사실을 어떻게 이해해야 할 것인가?

도래인에 관한 이러한 기록과 물증에 직면한 메이지정부로서는 도래인들이 전쟁포로이거나 귀화한 정치 난민, 또는 식민지의 신민이었고, 일본열도에 지천으로 남겨진 도래인들의 유물은 야마토 왕권이 한반도에 출병하여 가져 온 것이라는 식의 설명으로 대처했다.[10] 그리고 이런 설명을 정당화하기 위해 고대 일본이 한반도 남부를 식민지로 지배했다는《일본서기》의 기록을 증명하는 것은 필수적인 일이 되었다.

## 《일본서기》에 기록된 고대 일본의 한반도 지배

《일본서기》에는 15대 오진應神 왕의 모친 진구왕후神功皇后 가 서기 249년또는 369년에 백제와 함께 신라를 공격해서 가야 지역 7국을 평정했다는 기사가 있다神功條 49年. 그러나 진구는 가공인물이라는 사실이 오늘날은 물론 메이지시대에도 한일 역사학계의 통설이다. 5세기에 이르도록 철과 동, 금, 은의 생산이 미미했고 말馬이 존재하지 않았던 고대의 왜가 3~4세기 바다 건너 한반도 여러 나라들을 정복했다는 황당무계한 기록의 실제적 가능성은 묻지 않고 일본인들은

**진구神功를 그린 메이지시대 일본 지폐** ┃ 지폐에 사용된 최초의 인물로 진구를 선택했을 만큼 메이지정부는 진구를 삼한 정벌의 영웅이자 여신으로 중요시했다. 사진 출처 : 위키피디아 재팬

고대 일본의 풍요로움을 가져온 일본의 한반도 남부 지배설에 환호했다.

막부 말기 서세동점의 불안한 시대에 고대로 눈을 돌린 존황론자 국학자들은 당시 일본인들에게는 전혀 알려지지 않았던《기기》의 존재에 처음으로 주목해 본격적으로 이를 연구하면서《기기》의 기록이 점차 지식인층에 전파되고 일반에 널리 알려지기 시작했다. 이렇게 해서《일본서기》에 기록된 고대 일본의 한반도 지배설은 정부와 언론, 학교에서 널리 전파하여 국민적 지식으로 굳어졌다.

고대 일본의 한반도 지배를 기술한《일본서기》는 중국과 한반도의 역사서와 비교할 때 많은 부분이 조작되고 왜곡되어 역사서라기보다는 픽션에 가까울 정도로 사실성에 흠결이 많은 역사서이다. 특히《일본서기》는 동일한 사건이 기록된 중국과 조선의 역사 기록과 대조할 경우, 대체로 2갑년120년의 차이가 나기 때문에《일본서기》의 연대는 종종 120년을 더해서 해석해야 하는 괴이한 역사서이다. 고대 사료가 절대적으로 부족한 한일 양국의 고대사에서《일본서기》는 단지 참고 가치는 있지만 철저한 사료 비판과 반드시 다른 사료와의 교차 검증이 전제가 되어야 할 것이다.

고대 일본의 한반도 지배설은 유신정부의 대국민 교화에 필요할 뿐 아니라 외교적으로도 필요한 이론이었다. 서구적 문명개화가 이루어지지 않았고, 헌법 제정 이전의 일본을 전근대 미개국가로 간주하는 서구국가들의 경멸적인 시선에 맞서서 유신정부는 만세일계 천황국 일본은 고대에는 중국에 필적하는 동양의 제국으로서, 고대 일본은 한반도 남부를 지배했다는 그들만의 고대사를 주장하기 시작했다.

유신정부가 규범으로 삼은 서구의 국가들 또한 하나같이 식민지 지배를 통해 부강한 근대국가들로 성장해온 제국의 역사를 과시하고 있는 점을 본받은 것이다. 이는 8세기 중국의 중화사상을 본받아 한반도 번국관蕃國觀을 주장했던 것이나 마찬가지라고 할 것이다.《일본서기》외에는 어느 역사서에도 언급이 없고 이를 증명할 어떠한 물증도 없는 고대 외국의 한반도 남부 지배에 관해 메이지시대 천황 중심의 수구적 황국사관에서는 대체로 이런 식으로 설명되고 있다.

규슈에 천손강림하여 나라 분지의 야마토로 진출한 천황가는 3세기 무렵 야마토 왕국을 세우고 긴키 지역을 중심으로 일본열도를 통일한 다음 동서로 팽창하면서, 동으로는 북해도 아래 아이누인들을 정복하고 서쪽으로는 규슈 정복에 이어 바다 건너 한반도에 진출하여 임나가야*를 정복했으며, 562년 신라가 가야를 멸망시킬 때까지 200년 동안 가야를 식민지로 삼았다.[11]

그런데 한반도에 출병이 가능하려면 군사를 대규모로 동원할 수 있는 강력한 중앙정부의 존재가 전제조건이다. 따라서 고대 일본의 한반도 지배설은 무엇보다도 이른 시기 일본열도 중심부에 강력한 통일 왕권이 성립했음을 증명하는 것이 필수적이었다. 일본의 기원과 고대 일본의 한반도 지배에 관한 《일본서기》의 기록을 확신하지 못하는 일본인들에게 우선적으로 이른 시기 강력한 야마토 왕권의 성립을 증명해 보이는 일은 유신정부로서는 일본의 대국민 교화와 서구 열강에 대한 외교적 차원에서 대내외적으로 중요한 과제가 되었다.

---

* 미마나任那, 금관가야 또는 대가야이나 일본은 가야 전체를 임나로 칭함.

# | 2 |

# 폐불훼석에서
# 고기물 보존 정책으로

출범 이래 전국 각지에서 계속되는 폐불훼석을 방관하거나 부추겨 왔던 유신정부는 폐불훼석의 광기를 서둘러 진정시킬 필요에 몰리게 되었다. 조상 전래의 신앙과 종교를 박탈한 유신정부에 대해 민심이 흉흉해지고 재력과 지위를 일시에 잃은 불교계의 반발이 폭발할 기세를 보이자 정부는 과도한 불교 박해가 유신정부에 대한 저항으로 발전할 것을 우려하지 않을 수 없었다.

더욱이 불교 박해를 의미하는 폐불훼석은 극심한 종교 탄압의 모습을 띠면서 일본에서 기독교 신앙의 자유를 요구하는 서구 국가들의 항의를 초래하며 외교적 문제로 비화될 조짐을 보였다. 이러한 상황은 신정부가 외교 정책 최우선으로 추진하던 불평등조약 개정 운동에 최대 장애가 되어 신정부를 당황하게 만들었다.

그럼에도 즉각적인 조치 없이 3년을 보내고 나서야 신정부는 신불분리 정책을 재고해야 할 뿐 아니라 폐불훼석과는 정반대로 적극적으로 고물을 보호하는 정책으로의 전환이 불가피하게 되었다. 늦게나마 유신정부는 유구한 천황의 치세와 국민의 공통 과거를 보여 주는 전통 고물의 존재가 단일민족으로서 국민들의 일체감 조성에 불가결함을 인식하기 시작한 것이다. 또한 일본이 국제사회에서 서구와 맞서기 위해서는 일본만의 고유한 역사와 문화, 전통을 제시하는 것이 필수적이었고 국내외에 대대적으로 선전했던 만세일계 천황제와 한반도 정복설을 증빙하기 위해서도 오래된 역사적 물증, 즉 고물과 구물의 수집, 정비는 필수적이었다.

## 고물 보존 여론과 유신정부의 고기구물 보존방 포고

고물古物 보존 요구는 유신 초기 폐불훼석을 주도했던 복고주의 강경 국학자들로부터 먼저 나왔다. 이들은 신도국가를 표방한 유신정부에 참여하여 폐불훼석을 강행하면서 고물 파괴에 앞장섰지만 입장이 돌변하여 고물의 보호를 정부에 강력히 건의했다. 무엇보다도 폐불훼석 이후 수많은 신사에서 신체로 모셨던 불상이나 고물이 폐기된 후 새로운 신체로서 유서 깊은 고물의 확보가 절실했던 것이다.

메이지유신의 안착과 함께 근대화에 매진해야 하는 유신정부는 폐불훼석에 앞장선 강경파 복고주의 국수주의자들을 정책 분야에서 배제하고, 대신 이들을 유신정부에 신설된 편수관이나 고신사의 책임자인 궁사宮司로 임명하여 관리했다. 이들 국학자들은 신사에 부임한

뒤 주변을 샅샅이 뒤져 만세일계 천황에 관한 자료가 될 듯싶거나 고대 일본의 한반도 지배의 증거가 될 만한 고대자료나 고물을 수색하고 수집하여 국수주의적 시각에서 해석을 시도함으로써 메이지정부의 황국사상을 충실히 뒷받침했다.

폐불훼석을 일으킨 국수주의 복고파들이 고물 보존을 요구한 데 이어 아이러니컬하게도 구시대를 상징하는 고물을 혐오했던 개화파들로부터도 골동품의 보존 필요성을 외치는 소리가 나왔다. 이들은 막부 말기와 유신 초기에 근대화를 갈구하며 폐불훼석이라는 엄청난 광란사태를 외면했던 소위 신지식인들이었다.

메이지유신 이전, 막부 말기에 이미 서구를 방문하여 서구의 각종 문물에 경도되었던 다수의 지식인들은 서구문명을 응축적으로 보여주는 거대한 박물관과 거기에 전시된 엄청난 유물과 보물 등 이른바 문화재에 압도되었고, 근대국가의 절대성을 과시하는 국가 이데올로기와 그 가시화를 위한 문화재의 중요성을 인식했다. 그 선구자였던 후쿠자와 유키치福澤諭吉 는 유신 직전, 1862년 막부의 구미사절단 통역으로 런던박람회와 대영박물관을 돌아보고 귀국한 후에 저술한 《서양사정西洋事情》에서 고물과 진보를 보존하는 서구 근대국가들의 상황을 소개했다.[12]

일본인들에 대한 계몽적 차원에서 서양의 여러 모습을 전한 이 책은 2만 부가 팔리며 당시로서는 경이적 베스트셀러가 되어 근대화에 열광하는 일본인들을 사로잡았다. 이 책에서 저자는 서구 국가들이 박물관이나 박람회에서 전시, 소개하는 전통적인 고물과 진보는 문명개화와 근대화에 도움을 주는 유익한 국가적 자산이라고 호소했다. 이런 주장은 대국민 교화와 대외적 위신을 위해 일본 고대역사를 뒷받침할 고물의 확보가 절실했던 유신 세력의 의향에 부합했다. 또한 국제사회 데뷔와 식산흥업 추진을 위해 만국박람회에 참가를 결정하고 박람회에 출품할 전통 보물의 확보가 절실했던 유신정부의 당면 정책과도 맞아떨어졌다.

## 고기구물보존방 포고

유신정부는 국제사회에 신생 일본을 소개하고 일본 물산의 수출 가능성을 찾기 위해 1873년 오스트리아 빈에서 개최 예정인 빈 만국박람회에 일본의 공식 참가를 결정했다. 박람회에 참가하는 모든 국가들은 주요 물산과 최신의 제품, 그리고 무엇보다도 국가를 상징하고 세계에 자랑할 수 있는 최고의 전통 미술공예품, 즉 국보급의 보물을 출품해야 했다. 메이지정부는 만국박람회에 출품하여 일본을 대표할 보물을 확보하고, 아울러 그간 각지에서 일어났던 폐불훼석의 광란에 대한 수습의 뜻도 겸하여 1871년 5월 고물 보존을 명하는 〈고기구물보존방古器舊物保存方〉을 포고하고, 각 지역에서 발견된 중요한 고물의 목록을 제출토록 지방 관청에 명령했다.

고기구물古器舊物은 고금 시세의 변천, 제도 풍속의 변혁을 고증하므로 중요하니 일본 전역에 산재한 고물을 보존해야 하므로 상세히 조사하여 그 품목과 소장자를 관청에 제출하라.

오늘날 이 포고문은 일본 최초의 문화재 보호 법령으로 소개되고 있지만 당시 포고의 주요 목적은 고물의 보호보다는 직접적으로는 만국박람회에 출품할 보물을 확보하기 위한 조치였다. 더하여 유신정부의 또 하나 숨은 의도는 수백 년 일본의 지배 세력이었던 고위 귀족 및 무사 가문의 비보祕寶와 저명한 사찰의 사보寺寶를 세세히 파악하여 유신정부의 소유로 확보하려는 것이었다.

고기구물보존방은 일본에서 처음으로 국가에 의한 전통 보물의 조사를 명한 문화재 정책의 효시로서, 보호해야 할 문화재의 가치를 고증적 성격, 즉 사료적 가치에 두었다. 이 포고문은 별지에 오늘날 문화재에 해당하는 골동품목으로 고서화, 의식주 관련 골동품, 신도관련 제기, 불교 관련 경전, 불구 등 32종을 열거했다.

## 일본 최초의 문화재 조사임신검사壬申檢査
; 고사사古寺社와 귀족, 무사 가문, 쇼소인

1873년 개최되는 오스트리아 빈 만국박람회 참가 준비가 시급했던 유신정부는 1871년의 고기구물보존방에 따라 지방 관청이 제출한 보물 목록을 토대로 4개월에 걸쳐 보물 조사를 실시했다. 일차적으로는 나라, 교토 등지의 긴키近畿 지역 주요 고사사古社寺 소유 보물과 다음으로는 도쿄에 거주하는 귀족과 무사 가문의 전세傳世 보물에 대한 조사가 실시되었다. 메이지정부는 세계에 자랑할 만한 일본의 보물은 고사사에 비장된 보물이나 귀족과 무사 가문에 전래되어 온 보물이라는 통념에 따라 고사사와 귀족 및 무사 가문을 대상으로 우선적으로 보물 조사를 실시한 것이다.

그 해의 간지에 따라 '임신검사壬申檢査'라 불린 이 보물 조사를 담당한 사람은 문부성차관 마치다 히사나리町田久成, 1838~1897였다. 사쓰마薩摩 번주藩主의 일족인 마치다는 막부 말기에 영국에 유학하여 1867년 파리 만국박람회를 참관하고 유럽의 주요 박물관 등 문화시설을 견문하며 서구 강대국들의 근대적 박물관 시설에 큰 자극을 받았다. 그는 폐불훼석의 참상에서 사라져가는 일본 전통 보물의 조사와 보호 방안뿐 아니라 장차 골동품 등 전통 보물을 국가의 보물로서 전시 보존할 수 있는 근대 박물관의 건설을 지배층 요로에 열렬히 제창했던 박물관주의자로서 오늘날 도쿄국립박물관의 설립자로 추앙받고 있다.

마치다의 보물 조사팀은 보물을 선별하는 기준으로 에도시대부터 전래되어 온 보물관寶物觀을 참조했다. 에도시대의 지식인, 수집가들 사이에서는 출처가 확실히 고증된 고물이나 유력한 귀족 및 다이묘 가문에 고용된 전문 장인이 제작한 서화, 기물이 보물로 애호되었고 보물 중에서도 진귀한 재질과

도쿄국립박물관 헤이세이平成 기념관 앞 마치다 히사나리 흉상 | 박물관 정원에는 마치다의 헌창비도 있다. 일본 최초의 박물관 건립에 헌신하여 국립박물관을 설립하고 초대 박물관 관장을 역임했으며 이후 문화재 보호에 일생을 바쳤다.

우수한 형상의 물품으로서 귀인이 완상玩賞하고 소장한 물품을 명물로 인정하는 명물관名物觀이 있었다.

## 사찰과 신사의 보물 조사

마치다의 임신검사 조사팀은 1872년 5월부터 10월에 걸쳐 긴키 지역 일대의 상징적인 25개 고사사古寺社의 보물 조사에 나섰다. 문부성 차관 마치다 히사나리를 비롯하여 궁내성 차관 세코노부요世古延世, 골동품 전문가인 니나가와 노리타네蜷川式胤, 서양화가 타카하시 유우이치高橋由一, 사진사 요코야마 마츠사부로橫山松三郎 등으로 구성된 조사팀의 출장 지침은 보물을 등록하고 봉인하여 현지 보존하고 필요에 따라 보물의 모조품을 제작하며, 보물이 복수인 경우 여분의 보물을 향후 건설될 박물관에 이전, 전시하여 보물의 수집과 보존에 만전을 기한다는 것이었다.[13]

마치다의 첫 방문지는 천황가의 삼종신보 중에서 거울이 보관된 이세신궁伊勢神宮, 三重県과 검이 보관된 아츠다신궁熱田神宮, 名古屋市이었다. 옥은 원래 황궁 내에 있다 하여 확인 대상이 아니었다. 그런데 마치다의 임신검사에 앞서 1869년 도쿄 천도 직후 메이지 천황이 역대 천황으로서는 처음으로 황실의 종묘인 이세신궁을 참배했다. 메이지유신 이후 천황을 국민에게 어필시킨다는 유신정부의 정책에 따라 천황은 역사상 처음으로 황실의 보물을 소장한 신궁을 참배했다. 천황은 이세신궁에서 거울八咫鏡, 야타의 거울을 실견하고, 아츠다신궁에서는 신관을 통해 검草薙剣, 구사나기의 검을 확인했다고 한다.

마치다는 신사를 관리하는 교부성敎部省의 강력한 항의를 무릅쓰고 몇몇 신사의 신고神庫를 조사했다. 대부분의 조사 대상 신사에는 폐불훼석으로 인해 유의미한 고물이나 고대의 불교 공예품은 흔적도 없이 사라진 상태에서 약간의 도검이나 제례도구만이 남아 있을 뿐이었다고 한다. 그 외에는 신체神體로 받들던 정체불명의 돌이나 녹슨 금속쪼가리가 신보神寶라는 이름으로 남아 있었는데, 그마저도 대개는 복제품이었다고 한다. 따라서 신사에 대한 보물 조사는 이렇다 할 성과가 없이 끝났다.[14]

유신정부가 고물 보호를 위해 고기구물보존방을 포고했음에도 여전히 폐불훼석이 진행되는 와중에 마치다 일행은 나라 일대의 호류지法隆寺, 도다이지東大寺 등 저명한 사찰을 방문하고 조사했다. 대표적 불교 사찰에 대한 보물 조사였음에도 불구하고 사찰의 불상은 조사에서 제외되었다. 당시의 보물관에 따르면 불상은 보물이 아니라 예배 대상이기 때문이었다.

그 결과 고승 관련 유래품과 고서화, 고경전古經典, 불구佛具 등 주로 고미술 공예품이 등록되었을 뿐 사찰의 보물로서는 빈약하기 짝이 없는 물품들이었다. 임신검사 보고서에 의하면, 조사단이 실견했던 사사의 보물은 옥석이 혼재되어 있었고 모조품이나 조잡한 것들이 십중팔구였다는 것이다. 따라서 도다이지의 보물창고 쇼소인正倉院을 제외하면 사찰의 조사도 기대했던 성과는 올리지 못했다.

## 귀족 소유 보물 조사

임신검사에서 귀족 소유 보물을 대상으로 실시한 조사 역시 성과가 거의 없었다. 여기에서 귀족이란 일본에서 봉건정치 체제가 폐지된 1869년의 판적봉환版籍奉還* 이후 신설된 화족華族 제도에서 지정된 구 귀족과 구 다이묘들 486가구 2,900여 명를 일컫는데, 보물 조사는 도쿄 거주 화족 2,000여 명을 대상으로 실시한 것이었다.

정부는 화족 소유 보물 중 매각을 희망하는 경우에는 정부에서 매입하고 박물관에 기탁을 원하는 경우에는 예치증을 발급하겠다고 적극적으로 유치했다. 이것은 유신정부가 귀족과 무가武家 의 가보를 국가의 보물로 이전하겠다는 의도를 공공연히 표명한 것이었다. 무가의 보물은 일본 각 지역을 수백 년에 걸쳐 지배했던 다이묘 가문의 위신재威信材 로서 재보 이상의 상징 가치가 있었기 때문에 구 영주들은 보물을 노리는 유신정부의 임신검사에 극히 비협조적이었다.

전국 약 300여 대소 구번주舊藩主 들이 소장한 보물은 상당한 양이었을 것으로 짐작되지만 대다수는 정부에 보물 목록을 신고하지 않았고, 그들 소유의 보물은 1872년 임신검사를 빠져나갔다. 훗날 이들 무사 출신 귀족들은 처치 곤란한 방대한 보물을 구영지舊領地 에서 폐기하거나 매각했고 이때 많은 보물들이 기록을 남기지 않고 사라졌다.

* 지방 영주들이 자신의 영지版와 영민籍을 천황에게 바침.

무가들은 예부터 도검, 갑옷, 마구 등 고가의 무구를 보물로 수집해 왔다. 그러다 중세 무사들이 선종에 귀의하고 다문화茶文化가 널리 유행하면서 다도구와 함께 다실을 장식하는 중국 수묵화가 대거 수집되었다. 무가들은 또한 출자를 높이기 위해 황실이나 귀족 집안과의 혼례를 적극 꾀했는데, 쇼군이나 다이묘 등 상급 무사 집안에서는 딸이 태어나는 즉시 공방을 설치하고 장인들을 고용하여 마키에蒔繪, 칠기, 병풍, 의복 등 갖가지 진귀한 가재도구와 고급 혼수품을 장만하여 보물창고에 쌓아두곤 했다.

전통적으로 명물 취급을 받았던 '대명도구大名道具'라 불리는 무가들의 무구武具나 다도구, 중국풍 수묵화와 다이묘들의 전속 공방에서 제작된 고급 공예품은 고사사의 비보와 마찬가지로 소장되는 즉시 무가의 보물창고에 깊이 비장되어 대대로 전세되었으며 필요에 따라 끼리끼리 교환, 증정되는 비보였다. 하급무사들이 주축이 된 메이지정부의 실세들은 오래 전부터 명물로 정평이 나 있는 명문 무가 등 귀족가문 소유의 보물에 눈독을 들이고 임신검사에서 집중적으로 조사했지만 귀족들의 비협조로 성과는 없었다.

## 쇼소인 보물 조사

사사寺社의 보물이나 화족 소유 보물에 대한 조사가 이렇다 할 성과를 내지 못한 반면에 임신검사에서 가장 각광을 받고 유신정부에 다대한 성과를 안겨준 조사는 나라에 위치한 도다이지東大寺의 쇼소인 正倉院 보물 조사였다. 임신검사 팀은 수백 년 동안 칙봉되었던 쇼소인을 개봉하고 소장 보물을 샅샅이 조사했는데, 이것은 학술적 조사를 위한 최초의 쇼소인 개봉과 조사였다.

에도시대에 이미 비보로 명성이 자자했던 쇼소인 보물은 원래 8세기 도다이지 창건 이래의 사보寺寶와 집기보물什器寶物을 말한다. 여기에는 45대 쇼무聖武 천황 부부의 유품이 포함되어 있었기 때문에 천황의 유품을 간직한 보물이라 하여 쇼소인 보물은 막부 말기 존황파 국학자들의 비상한 주목을 끌었다.

쇼소인의 보물 조사에서 마치다의 주안점은 장래 건립될 박물관에 공공 전시할 일본의 최고 보물을 선정하는 일이었다. 임신검사에서 쇼소인 개봉이 세간에 널리 알려지면서 쇼소인 보물은 1875년 나라박람회에 출품되어 그 명성을 국내외로 크게 떨쳤다. 쇼소인 보물은 1천 년 전에 실크로드를 타고 일본에 들어온 인도, 페르시아, 아프가니스탄 등 서역 물품의 증거로 제시되어 실크로드의 종착점으로서 고대 일본의 위상과 동서양 고대보물의 보고로서 섬나라 일본의 국제성 높은 문화를 과시하며 대대적으로 선전되었다. 나라박람회를 방문한 외국의 귀빈과 황족들로부터 무비진보無比珍寶라 격찬을 받은 쇼소인 보물은 일본인들의 자부심을 크게 고무하여 일약 국민적 보물로 부상했다.


## 문화재의 탄생

임신검사가 직접적으로는 1873년 빈 만국박람회의 출품물 확보가 목적이었다 해도 이는 폐불훼석으로 막이 열린 근대 일본에서 국가에 의한 전통 보물의 조사와 보호를 위한 문화재 정책의 효시로서 역사 적 의의가 있다.

임신검사는 고사사와 귀족 가문만을 대상으로 했던 제한적인 조사 였던 만큼 그 성과는 양적으로나 질적으로 기대에 크게 못 미쳤지만 보물 조사의 기본 방향은 옳은 것이었다. 예나 지금이나 일본의 보물 은 대체로 개인이 소유하고 있다. 지금도 일본문화재의 약 80%는 개 인 소장으로 주로 저명한 사사와 명문구가名門舊家, 호상豪商, 재벌들 의 소유물임에 비추어 유신정부가 주요 타깃으로 삼은 고사사 및 고 위 귀족과 무사들의 가문에 전래되어 온 비보는 일본을 대표하는 최 고의 보물임에 틀림없었다.

임신검사는 보물 조사에 대한 사회적 인식이 전무했던 시대에 조사 대상인 고사사와 귀족들의 비협조 속에서 실시되었던 만큼 임신검사 에서 나타난 보물의 양은 일본 전역에 존재하는 거대한 보물의 층에 비추어 빙산의 일각이라 할 만큼 사소한 것이었고 질적으로도 보잘 것 없었다. 그러나 임신검사에서는 동서양의 희귀한 고대 예술품과 천황의 유물을 보존한 보고로서 명성이 자자했던 쇼소인 보물이 개봉 되어 일본이 소장한 고대보물의 막강한 잠재력이 드러났다.

임신검사에서는 원래 고기구물보존방이 목표했던 일본의 역사를 증빙할 사료적 가치가 있는 보물들이 확인되고 수집되지는 못했다. 또한 보존 대상으로 제시한 32종의 다양한 물품보다는 대체로 사회 의 극히 일부 계층이나 유명 사찰에 비장되어 온 보물들이 조사되었는데, 사실상 이러한 보물은 일반 국민들과는 무관한 것이었다.

그럼에도 불구하고 임신검사는 사라져가는 일본의 고물과 구물을 국가의 힘으로 보존하려는 문화재 보호정책의 효시였고, 이는 이듬해 일본 최초의 박람회 개최와 박물관 건립으로 발전하며 메이지정부의 거국적인 문화재 정책이 출범하는 첫걸음이 되었다. 또한 유구한 황실의 전통과 문화를 보여 주는 쇼소인 보물은 황국 일본을 대표하고 상징하는 국가적 보물로 각인됨으로써 임신검사는 일본에서 문화재에 대한 사회적 인식이 형성되어 문화재가 탄생하는 계기가 되었다.

마치다의 고사사 보물 조사 결과는 3권의 보고서로 정리되었다. 〈보물 조사寶物調査〉, 〈고기물古器物 목록〉, 〈임신검사 사사보물도집社寺寶物圖集〉이라는 이 3권의 보고서는 주로 쇼소인 보물에 관한 것인데, 출판되지는 않았고 따라서 공론화되지는 않았지만 어쨌든 국가에 의해 작성된 최초의 공식 문화재 목록으로서 오늘날 중요문화재로 지정되어 있다.

마치다가 1872년 5월 문화재 조사에 착수했을 당시 일본은 말할 것도 없고 국제적으로도 '문화재文化財, cultural property'라는 용어는 태어나기 전이었다. 그러나 유럽 열강들은 문화재라는 용어*만 없었을 뿐이지 과학 자료나 역사 자료, 전래 보물을 수집하여 웅장한 박물관

---

* 문화재라는 용어는 1954년 '전시 문화재 보호에 관한 헤이그협약1954, Hague Convention for the Protection of Cultural Property in the Event of Armed Conflict '에 최초로 등장했다. 그전에는 문화재를 역사적, 예술적, 종교적, 고고학적, 과학적 등 가치 있는 개개 물품으로 칭했으나 헤이그협약의 준비회의에서 이러한 개개 물품들을 문화재라는 포괄적 용어로 부르게 되면서 국제사회에 '문화재cultural property '라는 용어가 성립한 것이다.

에 전시함으로써 학문을 위한 표본으로서, 또한 자국의 역사와 문화를 증징하고 상징하는 문화재로서 이를 국민들에게 공개하고 국가의 위엄으로 과시하고 있었다. 이러한 서구열강의 관행을 뒤늦게 인식한 유신세력은 마치다의 고물 수집과 보물의 보존 및 전시를 위한 박물관 건립 구상을 적극적으로 지원하게 되었다.

메이지유신의 서구화, 근대화 물결에서 시대에 뒤처진 구습과 구폐의 심볼로서 폐불훼석의 대상이었던 '물건'으로서 구물, 또는 고물은 국가의 보물 조사를 계기로 전통 '보물'로 재인식되었고 일본을 상징하는 '문화재'로서 재탄생했다. 일본 전역에 산재한 막대한 구물과 고물은 임신검사에서 전통 보물이자 국가적 보물이라는 문화재로서의 가치를 부여 받는 첫걸음을 뗀 것이다. 메이지시대의 진전과 더불어 전통 보물은 일본 국체의 연원인 황실의 유구한 전통과 문화를 가시화하는 물증이자 세계에 자랑할 일본의 심볼로 발전해 나간다.

# 2장

## 일본의 보물
### 시대별 보물의 수집,
### 제작과 축적

# | 1 |

# 보물의 시작
## – 박래품과 신보

대륙으로부터의 문화적 충격에 의해 1만 년 동안 지속되어 온 석기시대의 잠에서 깨어난 일본열도에서는 대륙으로부터 건너 온 청동기 도래물, 즉 박래품舶來品과 그 모방에서 기물器物이 성립되었다. 그런 만큼 일본에서 고래로부터 보물이란 대륙에서 건너온 새로운 물건을 뜻했다. 보물은 일본열도에는 존재하지 않고 바다 건너 대륙에서 건너온 희귀하고 유용한 물품이었고 이는 신의 하사품으로 신보神寶를 뜻했다.*

신의 하사품으로서 대륙에서 건너온 진귀하고 유용한 보물은 일본열도의 개척과 지배를 담보해 주는 지배자의 필수품으로서 통치권의

---

* 일본의 신화나 상고시대에 등장하는 신神이란 글자 그대로의 신이 아니라 대체로 선조, 또는 지배자를 표현하는 말이었음에 유의할 필요가 있다.

상징이며 숭배의 대상이 되었다. 그렇기 때문에 권력의 원천으로서 보물의 탈취는 지배의 증표였고, 보물의 헌상은 복속의 상징으로 해석됨으로써 보물은 일본열도 고대국가 성립에 중요한 기제가 되었다. 이것은 또한 일본인이 유난히 보물에 집착하는 이유로도 볼 수 있을 것이다.

800만 신이 거주한다는 일본열도에서 수많은 신과 조상신에게 종교적, 정치적 공물로서 꾸준히 봉헌된 보물은 오늘날 일본 각지에 산재한 수십만 기의 고분古墳과 수십만의 사사社寺 -신사와 사찰에 엄청난 양으로 존재한다. 그럼에도 일본의 수많은 신에게 바쳐야 할 보물은 언제나 부족하기 마련이었고 부족한 보물을 충당하기 위해 무수한 복제품이 제작되었다.


## 신화상의 보물
; 천황가, 천신족, 도래인의 보물

일본의 신화와 고대 역사서에는 일본 건국과 관련하여 천계에서 받아왔다는 천황가의 삼종신기와 천신의 후예라는 호족들의 신보에 관한 이야기가 다수 등장한다. 그 중 유명한 사례를 간단히 소개하면 다음과 같다.

### 천황가의 보물 : 삼종의 신기 三種の神器

일본 건국을 서술한 고대 역사서에 등장하는 수많은 보물 중에서 최

**삼종신기** 三種の神器 | 진품은 비공개, 사진은 예상도. 사진 출처 : 위키피
디아 재팬

초로 기록된 보물은 《일본서기》 〈신대 하神代 下〉의 건국신화에 나오
는 검, 경, 옥의 삼종신기이다. 《일본서기》는 천황가의 시조인 아마테
라스 여신이 일본 건국을 위해 손자 니니기瓊杵尊 를 지상에 내려 보
내며 검草薙劍, 경八咫鏡, 옥八尺瓊曲玉 을 주었다고 기록하고 있다.

이같이 신이 하사한 삼종신기는 천손의 일본 건국을 위해 천황가에
위탁된 신보로서 오늘날에 이르기까지 대대로 천황 즉위 시에 계승되
는 천황권의 상징이다.

《기기》에 의하면, 천계의 지배자인 태양의 신 아마테라스 여신의
손자 니니기가 고천원高天原, 天界 에서 규슈에 천손강림하기에 앞서

아마테라스의 남동생 스사노오素戔嗚가 천계에서 먼저 신라에 강림했다. 신라에서 다시 이즈모出雲, 島根縣로 건너간 스사노오는 이즈모에서 괴물 뱀을 처치하고 뱀의 꼬리에서 빼낸 칼을 아마테라스에게 바쳤다. 이것이 천손 니니기가 규슈에 강림할 때 아마테라스로부터 받아온 삼종신기 중의 검으로서 '구사노기의 검草薙劍'이다.

《기기》에는 삼종신기 중에서 거울과 옥은 고천원에서 경작신鏡作神 이시고리도메石凝姥命와 옥작신玉作神 다마노오야玉祖命가 각각 제작해서 사카키나무神樹*에 걸어놓았다고 하는데, 대체로 일본 학자들은 고천원을 동북아, 특히 한반도로 비정하고 있다. 일본의 법제사학자 타키가와 마사지로滝川政次郎는 1920년대 조선의 어느 촌구석에서 무당 노파가 나뭇가지에 걸어 놓은 삼종신기를 가지고 신내림굿을 하는 것을 보고 아마테라스를 본 듯이 깜짝 놀랐다는 글을 남긴 바 있다.[15]

《기기》에는 아마테라스 여신으로부터 삼종신기를 받아서 규슈에 강림한 천손 니니기의 증손 이와레磐余, 神武가 규슈에서 야마토까지 동정東征을 끝내고 나라 분지 가시하라궁橿原宮에서 진무천황으로 즉위하면서 이 3종의 신기를 궁전에 모셨다고 한다.

그런데 9세기 신도 서적《고어습유古語拾遺》에 의하면, 제10대 스진왕崇神王, 실재했다면 4세기 인물은 검과 경의 신력神力을 두려워하여 검, 경을 외부에 반출하여 제사를 지냈고 궁중에는 검, 경의 복제품形代,

---

* 작은 대나무류, 또는 자작나무의 일종.

가타시로을 만들어 두었다고 한다. 옥은 원래부터 지금까지 황궁 내에 있다고 하지만 삼종신기의 실재 여부는 아무도 모른다. 천황조차도 실견할 수 없으며 황위 계승식에도 검, 경은 복제품이 사용된다고 한다. 오늘날 일본의 삼종신기는 천황가의 어물御物로서 국보 등 지정 문화재는 아니다.

검, 경, 옥은 한반도와 일본의 청동기 시대 고분에서 세트로 종종 출토됨에 비추어 이들 보물은 일본 황실만의 것이 아니라 그 시대 동북아 태양 숭배 집단의 공통된 보물이었을 것이다. 《삼국유사》에 기록된 단군의 개국신화에서도 천제 환인天帝桓因이 하사한 천부인天符印 3종의 신기가 등장하는데, 이는 제위를 상징하는 청동검, 청동거울, 청동방울일 것으로 간주되고 있다. 기원전 2세기 단군조선의 멸망에 즈음하여 단군조선 유민들이 한반도 남부와 일본열도로 대거 이주했을 것으로 추정됨에 비추어 이러한 삼종의 신기는 청동기 문명을

**세형동검, 청동방울, 청동세문경** | 기원전 5~6세기의 것으로 1971년 전남 화순군 대곡리에서 출토되었다. 1972년 일괄 국보 지정. 국보 제143호, 국립광주박물관 소장. 사진 출처 : 위키백과

가진 세력이 한반도에서 일본열도로 이주하면서 그들의 문화가 전파된 역사를 보여주는 것으로 간주될 것이다.

일본 신화 상의 소위 고천원高天原이라는 천계는 오늘날 학계에서는 동북아나 한반도로 비정한다. 따라서 일본의 고대 보물로서 천계에서 왔다는 검, 경, 옥 등의 신보는 대륙에서, 대체로 한반도에서 건너왔다는 뜻이다. 또한 삼종신기 같은 물건만 건너간 것이 아니라 검, 경, 옥을 착용한 샤먼이나 지배자가 직접 건너간 것으로 봐야 할 것이다. 그런 점에서 《기기》에 나온 일본의 건국신화는 삼종신기 등 신보를 휴대하고 대륙에서 건너온 사람들이 일본열도의 고대 국가 성립을 주도했다는 전설을 말해 주고 있다 할 것이다.

## 천신족의 보물 : 진혼도구

《기기》에는 천손은 아니지만 천신의 후예로서 모노베씨物部氏의 선조가 천계에서 받아온 신보라는 '천표天表'에 관한 전승이 나온다. 천표는 검, 경, 옥류와 수건呪布으로 구성된 '십종신보十種神寶'라고도 하는데, 주문을 외우며 이 신보를 흔들면 영혼이 활성화되어 병든 자나 죽은 자를 소생시킨다고 한다. 진혼술鎭魂術과 관련된 주구呪具라 할 것이다.

십종신보는 일본 궁중에서 진혼 제사에 사용되었으나 훗날 궁중에서 이소노가미 신궁石上神宮으로 옮겨졌고, 진혼 주술도 이소노가미 신궁에 전승되었다고 한다. 신보를 영혼으로 보거나 주술의 도구로 흔들며 사용하는 이러한 제의는 고대 북방 지역의 샤먼이 행하던 진

혼술의 일종이라고 해석되고 있다.[16]

## 도래인의 신보 : 아메노히보코의 신보

《기기》에는 11대 스이닌왕垂仁天皇, 실존했다면 4세기 인물 때 건너온 일본 최초의 외국인이라는 신라의 왕자 아메노히보코天日槍가 가져왔다는 신보에 관한 기록이 있다.《일본서기》에 따르면 아메노히보코는 신라에서 검, 경, 옥류와 함께 '곰의 히모로기熊神籬'를 가지고 왔다고 한다. 곰은 신성함을 뜻하고 히모로기는 신수神樹를 뜻하는데, 신이 임시로 내려와 앉는 신성한 나무로서 신사神社의 원형으로 간주되고 있다.

신라 왕자 아메노히보코는 농경과 제철, 태양 숭배 신앙의 야요이 문화를 상징하는 청동검의 주구를 가진 종교의 사제자, 또는 정치적 권력자로서 일찍이 신라에서 일본열도에 정착한 인물임을 암시하며 진무동정 전승의 또 다른 유형일 것으로도 해석된다.[17]《고사기》에서는 삼한을 정벌했다는 진구왕후는 아메노히보코의 6대 손이라 한다.

**히모로기**熊神籬 ㅣ 사진 출처 : 広辞苑 일본어 사전 16713쪽

## 왜왕의 보물고
; 이소노가미신궁, 칠지도

나라시와 아스카촌 중간 지역에는 고

분이 밀집해 있는 종교도시 덴리시天理市 가 위치하고, 덴리시의 중앙을 흐르는 후루천布流川 주변에 첩첩의 삼나무 고목 숲에 둘러싸인 유서 깊은 이소노가미 신궁石上神宮 이 있다.

이 신궁은《기기》에서 이세신궁과 함께 신궁의 칭호를 갖는 유일한 신사이다. 후루산布流山 아래에 진좌한 이 신궁은 이소노가미 후루신궁石上振神宮 이라는 별칭이 있는데, '후루布流 '라는 지역 이름은 진혼 주술에서 혼을 흔들어 깨운다는 타마후루玉振 의 '후루振 '와 관련이 있다고 한다. 이소노가미 신궁은 한반도에서 규슈와 가와치河內, 오사카 동부를 거쳐 5세기 야마토로 이동해 갔다는 군사씨족軍事氏族 모노베씨物部氏 의 씨사氏社 로서 야마토 왕실의 신보와 무기를 관장하며 진혼술을 계승했다고 한다.

이소노가미 신궁의 창건 기록〈先代舊事本紀〉, 9세기 에 의하면, 10대 스

**이소노가미 신궁 배전** | 국보. 13세기 초 건조.

진왕崇神 때에는 이미 일본 각지의 모든 호족들이 야마토 왕권에 복속되어 그들의 보물과 무기를 천황에게 헌상하게 되었다고 한다. 그런데 고대 야마토 왕실은 7세기 중엽까지 일정한 궁이 없이 왕마다 즉위하면 자신의 궁을 새로 짓고 이주했으므로* 각 지역 호족들의 헌상품도 매번 궁이 이전될 때마다 옮겨야 했다. 이러한 번거로움을 피하기 위해 스진왕 때 왕릉이 밀집한 덴리 지역에 왕의 보물과 무기를 보관할 신궁으로 이소노가미 신궁을 짓고 군사씨족 모노베씨物部氏에게 관리시켰다는 것이다.

《일본서기》에 의하면 7세기 덴무천황天武天皇은 이소노가미 신궁에 수장된 각 호족들의 보물과 무기를 그들의 자손들에게 반환하라는 명령을 내려 이소노가미 신궁은 씨족들의 물품을 제거하고 천황의 보물과 무기만을 수장한 천황의 보물고와 무기고로서의 성격을 철저히 하게 되었다고 한다. 그런데 이소노가미 신궁은 중세 무가정권 이래로 여러 차례 도난과 약탈을 당하여 메이지시대에 이르면 신궁의 보물고에는 고대유물로서 한반도에서 도래한 칠지도七支刀와 철방패鐵楯 2점만이 남게 되었다.

메이지유신 직후, 특별히 존왕양이 사상이 강했던 미토번水戸藩, 茨城県의 열렬한 황국사관 국학자 스가 마사토모菅政友는 고대 일본의 기원과 관련된 유물을 발굴해 보겠다는 큰 뜻을 품고 1873년 이소노

---

* 이는 7세기 중엽까지 고대 일본이 왕위 계승이 이루어지는 통일 왕권이 아니라 호족들의 부족 연맹 국가였음을 반증한다.

가미 신궁의 대궁사大宮司로 부임했다. 당시는 마치다 히사나리의 긴키 지역 고사사 보물 조사에 자극을 받은 몇몇 고신사에서 자체적으로 보물 조사에 나서던 때였고, 스가 또한 이소노가미 신궁에서 금족지禁足地 *를 발굴했다. 이소노가미 신궁은 원래 본전本殿, 신이 머무는 곳이 없는 대신 배전排殿, 참배하는 곳 아래쪽에 성역에 해당하는 금족지가 있고 그 아래 신고神庫에 신궁의 보물이 수장되어 있었다.

1874년과 1878년 스가는 금족지에서 두 개의 검을 출토하고 이것이 진무 건국에 사용되었다는 '신대삼검神代三劍' 중 두 개라고 단언했다. 그러나 고고학자들은 스가가 출토한 이소노가미 신궁 출토 검이 4세기 후반의 박래품이라고 추정한다.[18] 두 검은 현재 모두 중요문화재로 지정되어 있지만 이소노가미 신궁의 신체로 봉납되어 공개되지 않는다.

## 칠지도

이소노가미 신궁의 금족지를 발굴하기에 앞서 스가는 신궁의 신체인 칠지도七支刀를 조사했다. 오래 전부터 이소노가미 신궁은 유래를 잃어버린 6개의 뿔이 난 육차모六叉矛라는 주도呪刀를 소장하고 있는 것으로 유명했다. 그런데 이 칼에 명문銘文이 새겨져 있다는 사실은

---

* 상고시대 일본에서는 마을 뒷산 원시림을 신의 영역이라 하여 인간의 출입을 금하는 금족지禁足地로 설정했는데, 여기에 차츰 조상이나 지배자의 묘를 쓰고 제사를 지내면서 금족지와 고분이 뒤엉키고 고분 위에 신사가 자리 잡는 일이 흔하게 되었다. 따라서 여기서 금족지 출토품은 이소노가미 신궁이 자리한 고분의 출토품으로 봐야 할 것이다.

알려지지 않았는데, 스가가 칠지도를 조사하던 중 칼에 새겨진 명문을 발견하여 세상을 놀라게 했다.

1874년 스가는 검신 양면에 금상감金象嵌 명문 61자 앞면 34자, 뒷면 27자를 발견하고 그 판독을 시도하면서 명문의 녹을 긁어냈는데, 이때 많은 글자가 훼손되어 검의 제작 시기, 제작자 등 명문의 중요 부분은 판독하기 힘들게 되었다고 한다. 명문의 내용은 이설이 많지만, 대체로 '이 칼을 왜왕을 위해 만들었으니 후세에 잘 전하라'는 내용이다.

스가는《일본서기》에서 진구왕후가 삼한을 정벌했을 때 백제의 근초고왕近肖古王, 재위 346~375이 왜에 조공하면서 칠지도七枝刀와 함께 칠자경七子鏡이라는 거울과 여러 보물을 헌상했다는 기록 神功條 52년, 252년, 또는 120년 올려서 372년에 의거하여 이 칼이 고대 일본의 속국이었던 백제가 야마토 왕실에 헌상한 것이라고 주장했다.

칠지도의 명문이 발견되고 백제 헌상설 해석이 나오자 당시 고대 일본의 한반도 지배를 입증하는 데 광분했던 유신정부와 학계는 아연 흥분했다. 고대 왜국의 한반도 복속에 관한《일본서기》의 기술과 부합되는 최초의 물증이 나왔다는 것이다. 역사가들은 스가가 칠지도 명문을 발견한 이듬해인 1875년 일본이 강화도에 침공하여 '운양호雲揚號 사건'을 도발하고, 이듬해 1876년에는 조선과 일본 사이의 수호조약을 강제하여 정한론을 실행에 옮긴 사실에 주목한다.

칠지도의 명문은 윗사람이 아랫사람에게 하사한다는 하행문서下行文書 형식이 뚜렷함에도 불구하고 일본의 많은 역사학자들은 3세기 또는 4세기 한반도를 정벌했다는 진구왕후에게 백제왕이 헌상한 칼이라는《기기》神功條 52年 기록의 전제하에 백제 헌상설을 반복해서 주장했다. 1892년 도쿄대학 교수 호시노 히사시星野恒 는 이소노가미 신궁의 칠지도七支刀 가 곧《일본서기》에 나오는 칠지도七枝刀 라고 주장하며, 이 칼은 백제가 왜에 헌상한 칼이라는 해석을 정식으로 내놓았는데 이후 일본의 많은 학자들이 호시노의 설을 답습하고 있다. 8세기 초에 편찬된《일본서기》에 의거해 5~6세기 제작된 칠지도 등 고대유물의 명문을 해독한다는 것 자체가 어불성설일 것이다.

이소노가미 신궁의 신체 칠지도는 그 신비한 칼의 모습이나 고대유물로서의 중요성보다는 고대 일본의 한반도 정복설의 유일한 물증이라 하여 더 유명세를 타게 되었다. 1953년 일본정부는 칠지도를 국보로 지정했다.

칠지도의 명문은 발견되어 150년이 지났으나 제작연대에 관한 명문이 긁혀 나가 아직도 백제 어느 왕대에 제조되어 백제의 누가 어느 왜왕에게 증여했는지 밝혀지지 않고 있다. 그러나 '이 칼을 후세에 전하라'는 윗사람이 아랫사람에게 내린다는 하행식下行式 문장만은 뚜렷이 남아 있다. 칠지도는 하사품인 것이다.

이소노가미 신궁에 존재하는 칠지도七支刀 는《일본서기》에서 백제가 헌상했다고 기록된 칠지도七枝刀 와 동일한 칼인가? 우에다 마사아키上田正昭 교토대학 교수는 아마도 8세기 초《일본서기》의 편자가 이소노가미 신궁에 있던 육차모六叉鉾 라는 유명한 칼을 실견했을 때 칼의 명문에서 보았던 칠지도七支刀 라는 명칭을 염두에 두고《일본서기》편찬 시 진구의 삼한 정벌이라는 조작된 기사를 작성하면서 백제

왕이 진구에게 칼과 여러 보물을 헌상했다고 운운하며 칼의 이름을 혼동하여 칠지도七枝刀라고 했을 가능성을 언급한 바 있다.

그렇다면 이때《일본서기》의 편자는 이소노가미 신궁에 남아 있던 칠지도 관련 유래 및 전승 기록을 파기했을 것이다. 아니면 스가가 칠지도 명문을 발견하고 해석하면서 칠지도 전승기록을 폐기하고 명문을 훼손했을지도 모른다.

야마토 왕권에 대한 백제왕의 칠지도 헌상설을 내놓은 스가 이후에 일본에서는 칠지도 헌상설이 주류가 되면서 칠지도는 일본의 한반도 식민 지배를 증빙하는 물증으로 간주되어 왔다. 반면에 한국에서는

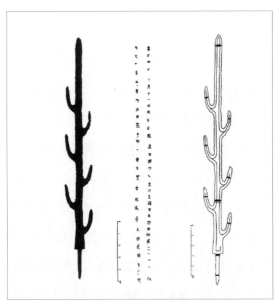

**칠지도 및 칠지도 실측도** ǀ 다량의 글자를 금은으로 상감하는 고도의 기술을 요하는 이러한 철검류는 5세기 후반 내지 6세기 초의 것일 가능성이 크다고 한다. 현재 나라박물관에는 현대에 복제된 칠지도 복제품 2점이 있는데, 모두 국보이다. 사진 출처 : 위키피디아 재팬

백제가 왜국에 칠지도를 하사한 것으로 해석하고 있어 칠지도에 관한 한일 양국의 헌상설과 하사설 입장은 좁혀지지 않고 있다. 그럼에도 이소노가미 신궁은 칠지도가 신궁의 신체라는 이유로 공개하지 않고 접근을 철저히 금하고 있어 칠지도에 대한 공개적인 조사나 연구가 제대로 이루어지지 못하고 있는 점은 큰 유감이다.

오늘날 이소노가미 신궁의 신고에는 칠지도와 함께 고구려에서 전래된 전세품傳世品으로서 철방패鐵盾가 있다. 철방패의 유래에 관해 《일본서기》에는 고려국高麗國, 고구려를 의미이 철방패와 철과녁을 헌상했다는 기사가 있다仁德天皇 12년, AD324.

《일본서기》에 철방패가 등장하는 324년은 고구려 미천왕美川王, 재위 300~331 때로 314년 대방군을 합병하고 요동을 공격했던 고구려의 전성기였다. 여기에 2주갑을 더해서 444년이라 해도 장수왕長壽王, 재위 412~491의 남하 정책에 의해 신라, 백제, 가야국이 멸망 일보 직전까지 압박을 받던 고구려의 최전성기였다. 이러한 시대에 고구려가 왜국에 철방패를 헌상했다는 《일본서기》의 기록은 황당하며 사실에 근거한 기록으로 볼 수 없다.

아마도 가야와 왜병을 추적하던 고구려 병정이 전쟁터에서 떨어뜨린 철방패를 왜병이 주워와서 이소노가미 신궁에 봉납한 것을 8세기 《일본서기》의 편자가 이소노가미 신궁에서 이를 보고 고구려가 철방패를 헌상 운운했을 것으로 추정된다. 이러한 방패 헌상 기사는 칠지도 헌상설과 같은 《일본서기》의 날조된 이야기로 보아 마땅할 것이다.

이소노가미 신궁은 중세 무가정권의 수많은 전란에서 소장 보물과 무기가 수차 도난과 약탈을 당했다고는 하지만 결과적으로 고대로부터 천황의 전용 무기고이자 보물고로서의 대단한 명성과는 달리 이곳에 남아 있는 보물은 빈약하기 짝이 없다. 한반도에서 건너온 칠지도와 철방패를 제외하면 중세 무가시대에 헌납된 몇 점의 무구武具, 메이지 초기 신궁의 금족지에서 스가가 출토했다는 몇 개의 녹슨 검과 한 줌의 구슬 등 정체불명의 출토품이 있을 뿐이다. 일본 최초의 신궁으로서 천황의 무기고이자 보물고였다는 이소노가미 신궁의 명성이 무색하다.

**철방패** | 중요문화재 복제품. 길이 143.32cm, 폭. 중앙 67.57cm, 도쿄국립박물관 보관. 5~6세기 제 작품으로 추정되는 원본은 현재 이소노가미 신궁 소장. 사진 출처 : 위키피디아 재팬

이 신궁의 존재 가치는 오직 희대의 주검呪劍 칠지도의 명성에만 의존해 온 것이 아니었겠는가? 그런데도 이소노가미 신궁이 야마토 정권에 복속된 고대 일본 각 지역 지배자로부터 헌상된 보물이나 무기를 수장한 천황의 보물고였다는 점은 오늘날 일본에서 국민적 상식으로 통용되고 있다.

일본 학계에서 아직도 유통되고 있는 보물 헌상설,

즉 고대 일본에 존재했던 보물은 왜왕권에 대한 헌상이며 복속의 증
표라는 해석을 바로잡을 필요가 있다. 현실적으로 일본에 있는 한반
도계 고대 보물은 왜왕권에 대한 헌상품이라기보다는 한반도로부터
왜왕권에 대한 하사품이라고 해석하는 것이 올바른 해석일 것이다.
고대사회에서는 대체로 신속臣屬 의 증표로서 보물위세품, 장신구 등 의 사
여賜與 에 의한 지방의 지배와 통치가 관행이었으므로[19] 칠지도와 같
은 보물의 이전은 헌납이 아니라 사여賜與 로 봐야 할 것이다.

일본에서 통용되고 있는 천황에 대한 보물 헌상설의 기조는 이른
시기에 일본 중부 야마토 지역에서 일어난 천황가에 의해 일본열도가
통일되는 과정에서 지역의 세력들이 복속되면서 복속의 증표로 보물
을 바쳤다는 것이다. 천황가에 의해 통일된 일본열도는 남북으로 팽
창하며 지역 세력을 규합하여 남쪽으로는 바다 건너 한반도를 정복했
다는 것으로 귀결된다.

8세기 편찬된《일본서기》에 기록된 3~4세기 야마토 지역에서 통
일 야마토 왕권의 성립이라는 고대 왜국의 기원과 야마토국의 한반도
출병과 정복이라는 조작된 국수주의적 기록과 전승은 근대 일본국가
형성기였던 메이지시대에 확대 재생산되어 더욱 굳어졌고, 오늘날에
도 국민적 상식으로 끈질기게 통용되고 있다.

백제왕의 야마토 왕권에 대한 칠지도 헌상설을 내놓은 데 이어서
스가 마사토모는 그 무렵 만주에서 발견된 광개토대왕 비문의 해석을
시도하면서 왜가 바다를 건너 백제와 신라를 신민臣民 으로 삼고 지배
했다고 주장했다. 그는 또한 가야에 관한 〈임라고任那考 〉라는 글을 발

표하여 고대 일본의 한반도 남부지배설을 입증하려고 시도했는데, 여기에 메이지시대의 군부와 학자들이 가세했다. 그러나 그들의 주장은 8세기 초 편찬된 《기기》의 국수주의 사관에 꿰맞춘 해석일 뿐 이를 뒷받침하는 어떠한 물증이나 다른 사료도 존재하지 않는다.

# | 2 |

# 신보에서 현세적 보물로
## – 고분의 부장품

신보와 신화적 보물은 신화나 설화 상으로 창조되고 전승되어 왔지만 현실적으로 이런 보물은 일본 전역에 산재한 수많은 고분에서 나온 부장품이 대부분이다. 도래인들이 대거 건너온 기원 전후의 야요이시대 중반에는 여느 씨족사회와 마찬가지로 일본열도에서도 분구墳丘를 가진 씨족장의 무덤이 출현했다. 이는 대륙으로부터 장묘문화가 유입된 야요이시대에 생겨난 조상 숭배의 유산이다. 지역을 개척한 조상을 신으로 받들고 제사지내는 조령祖靈 신앙은 조몬시대의 정령精靈 신앙에 더하여 일본의 토속신앙 신도의 핵심 요소가 되었다.

조령 신앙은 조상의 위대한 영력靈力을 계승하는 인물을 신성시함으로써 지배의 정통성을 확보하는 수장제首長制를 탄생시켰다. 수장에 대한 공동체의 제사가 행해지면서 사회적으로 특별히 중요한 보물을 수장의 무덤에 부장하는 관행이 정착되었고 집단의 우열과 부강이 분묘의 크기로 나타났다.


## 일본의 고분시대
; 수수께끼의 시대, 광개토왕 비문

야요이시대BC3~AD3 이후, 일본 전역에는 4~7세기 약 400년에 걸쳐 축조된 고분이 오늘날에도 16만 기 정도가 남아 있다. 이같이 엄청난 수의 분묘를 만들었던 시기를 일본 역사에서는 '고분시대古墳時代'라 칭한다. 일본의 고분시대에는 한반도에서도 일본에 못지않은 수많은 고분이 축조된 시기였지만 가야를 비롯하여 고구려, 백제, 신라가 활약했던 국가의 시대인 점에서 통상 '삼국시대'라 부른다.

일반적으로 선사시대와 고대의 시대 구분은 도구에 의한 구분 방식이 세계 보편적이다. 흔히 구석기, 신석기, 청동기, 철기시대로 구분하는 데 비해 일본에서는 조몬시대신석기, 야요이시대청동기 고분시대철기시대라는 세계에 유례가 없는 독자적 시대 구분법을 쓰고 있다. 이러한 일본의 유별난 시대 구분 방법은 타국에 비해 일본열도에서 늦게까지 지속된 석기 시대와 늦게 개시된 청동기 시대, 철기 사용과 국가 성립이 늦었던 사실을 감추기 위한 것이라는 시각이 있다.[20]

고대 일본의 역사 내지 신화와 전승은 8세기 초《기기》의 기록이 최초이므로 일본에서 대체로 모든 오래된 기록은 그 연원을《기기》에 두고 있으며《기기》의 조작된 내용과 국수주의 사관을 그대로 반영하여 서술되고 해석된 것이다. 그렇기 때문에《기기》가 편찬된 8세기 이

전 축조된 일본의 고분과 그 부장품은 극히 중요한 사료적 존재이다.

## 수수께끼의 시대

400여 년에 달하는 일본의 고분시대에서 특별히 3세기 중반부터 5세기 초까지 중국과 한반도의 사서에서 일본에 관한 기록이 사라지는데 이렇게 일본 기록의 공백기인 약 150년을 '수수께끼의 시대'로 부른다.

중국 사료《삼국지三國志》위서동이전魏書東夷傳, 왜인조倭人條에는 3세기 무렵 일본열도규슈 지역에 존재했던 야마타이국邪馬台国의 왕녀 히미코卑彌呼의 후계자 토요臺與가 266년 중국에 조공사를 파견했다는 기록 이후 왜국의 존재는 중국 사서에서 사라졌다. 그러다가 413년 왜왕 산讚이 동진에 조공했다는 기록이 5세기 말 중국 사서 송서이만전宋書夷灣傳 동이조東夷條 일본에서는 송서왜국전宋書倭國傳으로 지칭함에 나오기까지 147년 동안 왜국 기록의 공백기이다.

그런데 중국 사서에 등장하는 야마타이국이나 왕녀 히미코, 토요, 왜왕 산은《기기》에는 등장하지 않으며 또한 송서에 나오는 왜왕 산을 비롯한 이른바 왜 5왕讚·珍·濟·興·武도《기기》에는 전혀 언급이 없다. 이로 보아 이 시기 야마타이국이나 왜 5왕은 야마토 왕조와는 관련이 없는 규슈지역에 존재했던 국가와 왕들이었을 것으로 추정된다.

문자 기록이 없어 수수께끼의 시대로 불리는 3~5세기의 고분시대는 일본열도 최초의 통일국가로서 야마토 왕조가 태동하는 일본 역사상 매우 중요한 시기이다. 그러나 이 문자 공백 시기 150년 동안 일본열도에서 실제 어떤 일이 일어났는지, 어떤 과정을 거쳐 통일 야마토 왕조가 성립하게 되었는지 아직도 실상이 분명치 않다. 《기기》이외에는 기록이 전혀 없기 때문이다. 그렇지만 신빙성이 아주 낮은《기기》의 기록으로는 이 중요한 시기를 해석하거나 재구성할 수 없다.

그런데 이 수수께끼의 4~5세기에 제작된 문자가 새겨진 중요한 유물이 몇 점 있다. 칠지도, 광개토대왕 비문, 스다하치만 신사隅田八幡神社의 인물화상경人物畵像鏡, 그리고 몇몇의 고분에서 출토된 철도鐵刀와 철검의 명문이 있다. 문자의 사용은 원시 제단권祭壇圈의 지배자가 국가에 이르는 광역 지역을 지배하는 정치적 통치자로 출현하는 계기임에 비추어 문자 상감의 유물은 일본에 중앙 정치권력이 출현한 사실을 반영하는 것이 확실하다.

이들 유물이 제작된 5~6세기 무렵은 한반도로부터 많은 유력자들이 건너갔고, 여러 분야의 문물과 첨단기술이 전해진 때인 만큼 야마토 왕권의 형성은 한반도와 깊은 관련이 있다고 추정된다. 더구나 명문이 새겨진 이들 유물은 광개토대왕 비문을 제외하면 모두 백제와 관련되고, 명문은 백제식 이두를 혼용한 것으로 간주되고 있다. 따라서 이들 유물은 야마토국의 형성이 백제와 직접 관련이 있음을 시사하는 매우 중요한 단서가 된다.

그러나 광개토대왕 비문을 제외한 이 같은 4~5세기 유물을 독점적으로 소유하고 있는 일본에서는 여전히 메이지시대의 황국사관에 입각하여 철저한 국수주의적 시각으로 명문을 해석하고 있기 때문에 명문과 관련된 역사적 사실은 아직도 정확히 해명되지 않아 한일 양국의 역사 분쟁의 큰 원인이 되고 있다. 오늘날에도 이 수수께끼 시대에 태어난 야마토국의 기원과 당시의 한일관계는 미궁에 빠져 있다.

물론 일본 전역에 존재하는 4~7세기 고분의 부장품을 조사하면 거의 모든 사실이 밝혀질 것임은 분명하다. 고분과 그 부장품은 일본의 고대를 말해 주는 가장 확실한 물증이며 중요한 고고자료인데 일본에서 고분의 조사와 발굴은 엄격히 통제되어 있다. 고분 중에는 많은 왕묘가 포함되었기 때문에 발굴이 제한되는 것이라고 하지만 직접적 원인은 일본사회가 고분에서 드러나는 적나라한 일본의 고대 역사를 수용할 태세가 되어 있지 않기 때문이라고 봐야 할 것이다.

## 광개토대왕 비문[*]

광개토대왕비는 문자가 없던 일본의 고분시대에 고구려에서 제작된 웅대한 비문이다. 특히 일본에 관한 문자 기록이 사라진 4세기 말에서 5세기 초까지 수수께끼의 시대 한일 관계를 기록한 유물로서 고대 일본의 한반도 지배 물증 확보에 광분했던 메이지시대에 출현했다.

이 비는 고구려 최전성기를 이룬 장수왕이 부왕 광개토왕 사후 3년이 되는 414년에 만주 지린성 지안시吉林省 集安市 에 조성된 능묘 옆에 건립한 것으로 사각형 비석에 1,775자의 비문이 새겨져 있다. 비

---

[*] 다음 글은 이성시李成市 일본 와세다대학 교수의 논문 〈표상으로서의 광개토왕비문〉《만들어진 고대》, 이성시 지음, 박경희 옮김, 삼인, 2001 에서 주로 참조했음을 밝힌다.

圖版六　高句麗好太王碑

――三國時代高句麗――

三國時代に於ける最古にして最大なる記念碑として高句麗集上
土面に千八百餘字を刻して好太王の功事を綴綿せる史蹟の開けたるを尋ぬるところ多く皆朝百濟加羅伽倻等との関係の詳述せられたるところによつて特に貴重な史料でせられることは本文に述べた通りである。

**광개토대왕비** | 사진 출처 : 대한민국 전자정부 누리집 2004. 8. 23.

문의 내용은 고구려의 건국과 왕통, 대외관계와 피지배 민족을 활용
한 고구려의 수묘守廟 제도에 관한 것으로서 5세기 동아시아의 국제
관계와 이민족 지배 등 고구려의 정치, 문화, 사회상을 알려준다. 이
비는 그 웅장한 모습과 함께 풍부한 역사적 내용을 담은 5세기 동북
아시아 문화의 기념비적 존재라고 할 것이다.

　이 비문은 특별히 수수께끼 시대였던 당시의 일본열도와 삼국시대
한반도의 관계를 보여줄 뿐 아니라 고대 왜국의 기원까지도 유추할
수 있는 내용을 지닌 극히 귀중한 사료인 만큼 메이지시대 국수주의
역사가들과 함께 일본 군부가 비문의 해석을 시종 주도했다.

광개토대왕비의 존재는 그 어떤 기록에도 없고, 고려와 조선의 국경 밖에 있어 누구도 알지 못했고 관심을 두지도 않았었다. 그러던 중 일본의 만주 침략이 본격화되면서 이 비석의 정체가 알려지고 큰 주목을 받게 되었다. 1883년 만주 일대에서 활동하던 일본의 밀정이자 육군 포병 대위 사코 가게노부酒勾景信가 비석의 쌍구가묵본雙鉤加墨本, 탁본이 아닌 비문의 모사본을 입수하여 일본 육군 참모본부에 바쳤고, 참모본부는 비밀리에 해독 작업에 들어가 2년 후 연구 결과를 간행했다. 광개토왕 비문에 대한 해석은 오늘날까지 한일 간의 역사 분쟁의 하나로 남아 있는데, 논란의 중심은 비문의 이른바 '신묘년조391년'의 문장이다.

백잔, 신라는 본시 속민이어서 조공을 했다. 그런데 왜가 신묘년에 바다를 건너오니 백잔 □□ 신라를 격파하고 신민으로 삼았다.

이를 해석한 일본 참모본부는 신묘년에 야마토 군대가 한반도에 출병하여 백제와 신라를 정복하고 신민으로 삼았다고 해석했다. 그 이래 이 해석을 일본학계가 답습하여 아무런 의심 없이 오랫동안 통용되었고, 이는《일본서기》에 기록된 진구왕후의 한반도 남부 정복설을 뒷받침하는 물증이자 사료로 굳어졌다. 그런데 왜군의 한반도 출병이 가능하려면 군사를 동원할 수 있는 통일 야마토 왕권이 배후에 존재해야 할 것이므로 광개토대왕 비문은 메이지 일본이 그토록 원했던 통일 야마토 왕조의 4세기 이전 성립이라는 일본의 기원을 증명하는 귀중한 일급 문헌사료로 크게 각광을 받았다.

일본의 신묘년조 해석에 대해 1950년대부터 한국으로부터 꾸준히 반론이 제기되었다. 한국의 일관된 논점은 고대 한일관계의 맥락은 왜국의 한반도 지배가 아니라 그 반대로 한반도에서 건너간 도래인들에 의한 문명 전파와 일본열도의 개척과 지배, 건국이었다는 점에 근거한다. 아울러 비문에 나오는 '왜倭'는 한반도 연안에 흩어져 살던 왜인 용병, 즉 토착왜구이며 왜국에 속한 왜군은 아니라는 전제가 한국 측의 해석에 놓여 있다. 또한 한국 측은 백제와 신라를 신민으로 삼은 신묘년조의 주체는 왜가 아니라 고구려라고 해석한다.

이어서 비문은 경자년400년 고구려군의 가야 공격으로 왜가 크게 괴멸되었다고 적고 있다. 일본은 이 부분을 해석하며 왜가 백제, 신라를 속민으로 지배했기 때문에 고구려와 싸웠고, 그 결과 왜가 크게 패했다는 것이다. 이러한 해석에 착안한 일본 육군과 학계는 광개토왕비를 일본에 반입하여 제실박물관에 진열하려는 계획을 세웠다. 일제가 30톤이 넘는 비석의 반입을 추진한 데는 당면한 러일전쟁을 앞두고 국민 계도에 절실히 필요했기 때문이다.

역사학자 시라토리 구라키치白鳥庫吉 는 4세기 왜군이 한반도에 출병하여 백제, 신라를 정복했으나 고구려에 패하여 한반도에서 물러난 것은 일본으로서는 돌이킬 수 없는 실패였고, 마찬가지로 당면한 러일전쟁에서 일본이 패하면 또다시 한반도에서 후퇴할 수밖에 없으며 이는 일본의 장래 진로를 크게 제약할 것이라고 경고했다. 따라서 왜국이 고구려에 패해서 한반도에서 물러났다는 뼈아픈 역사를 기록한 광개토왕 비석을 일본에 가져와 전시하여 일본이 당면한 엄중한 미래

를 일본 국민들에게 주지시켜 러일전쟁에서 전의를 다질 계기를 마련해야 한다고 주장했던 것이다.[21]

　군부는 시라토리의 견해를 수용했지만, 청나라의 반대로 비석의 일본 반입은 좌절되었다. 여기서 일본이 5세기 비문을 해독하여 20세기 러일전쟁 당시의 상황에 맞추어 해석하고, 나아가 일본의 장래와 연결시킨 점은 과거의 유물을 국가의 이데올로기에 맞추어 자의적으로 활용하는 일본의 태도를 잘 보여 주고 있다.


## 일본의 대표적 고분

; 전방후원분

일본 전역에 산재한 십 수만 기의 고분 중에는 일본 고분시대의 대표적 분묘 형식인 거대한 전방후원분前方後圓墳, 분묘의 모습 때문에 '열쇠구멍 분묘'라고도 불린다이 약 5,000기 정도 존재한다. 원형의 분묘 앞에 사각형의 둔덕이 접속된 전방후원분은 장례식에 사용된 사각형의 제단이 분묘에 접속되어 생겨난 것으로 추정되고 있다. 이런 형식의 분묘는 왜국의 지방 호족이나 부족장, 왕이나 왕족의 묘로 추정되고 있으며 부장품은 대체로 한반도 계통의 청동제기 또는 호화스런 위세품이다.

　일본에서는 전방후원분이 야요이 사회의 발전에 따라 야요이 분구묘가 계승, 발전되어 성립한 것이라는 주장이 있다. 더 나아가 일본 역사학자들은 거대 전방후원분이 나라, 오사카 등 긴키 지역을 필두로 규슈와 동북 지역에 이르기까지 전국에 산재해 있는 점을 들어 전방후원분은 나라에서 출발한 야마토 왕권이 긴키 지역을 중심으로 일본 전역을 통일해 나가면서 각 지역 호족들의 분묘 형식을 통일하여 성립시킨 야마토 왕권의 독자적인 분묘 형식이라고 주장한다.* 전방후원분의 부장품은 도외시하고 오직 분묘의 통일된 외형만을 강조하여 이를 일본 고대국가 성립과 직결시켜 고분을 정치사적인 측면에서 다루는 것이다.

　전방후원분은 일본 고유의 묘제라고 해도 그 원형이 밝혀지지 않고 완성된 형태로, 돌연 일본열도에 출현한 점에서 여전히 일본 역사의 미스터리로 남아 있다. 전방후원분은 이전 시대의 고분과는 묘제 관념이나 축조 공법이 크게 다르고 부장품은 대륙계, 거의 한반도제 첨단 호화 유물이다. 또한 이들 거대 분묘는 선진 토목 기술, 철제 장비와 공구, 다수의 노동력을 수반하여 축조되었다는 점에서 일본열도를 개척한 도래인 호족의 존재를 상정할 수밖에 없다. 그 지역을 개발한 도래인 호족이 자신의 권력과 업적의 과시용으로 거대 분묘를 축조했을 것으로 설명되는 것이다. 야요이 사회의 발전에 따른 새로운 분묘 형식이라는 내적 발전론에 비해 외부에서 온 사람들과 새로운 기술에 의한 축조라는 점에서 분묘 발생의 외적 요인이 강조되는 것이다.

* 전라남도 영산강 유역에는 5세기 후반~6세기 초에 걸쳐 축조된 것으로 추정되는 전방후원분이 10여 기가 남아 있다. 현지에서 장고형長鼓形 무덤이라 불리는 이들 전방후원분의 축조 세력이나 배경에 관해서는 아직도 정확한 해명이 이루어지지 않았다.

## 초기 고분과 부장품

; 3~4세기 나라 지역, 검경옥과 최고의 부장품 거울

한반도의 초기 삼한시대에 해당하는 야요이 후기3세기부터 일본열
도에는 대형 분구를 가진 고분이 처음 북 규슈에서 출현하여 열도
전체로 확산된다. 그리고 4세기 무렵에는 나라 분지 동남쪽 야마토
아스카 지역에서 대형의 전방후원분 형식의 고분이 처음으로 나타나
기 시작한다.

초기 고분군은 3~4세기 아스카촌 동북쪽의 마키무쿠纏向 지역과
이보다 약간 늦게 아스카 북쪽의 덴리 지역과 나라 지역에 등장했다.
마키무쿠 지역은 '야마토'의 성산聖山 이라 불리던 미와산 일대에 형
성된 3~4세기 고대인의 대규모 취락터로 추정되며 야마토 왕권의 최
초 도읍지라는 주장이 있다.

그런가 하면 마키무쿠는 야마토 왕조 이전에 존재했던 미와三輪 왕
조의 소재지라는 설도 있다. 미와왕조설은 전후戰後 일본 역사학계에
서 야마토 왕조의 만세일계를 부정하면서 고대 일본에서 왕조 교체가
있었음을 인정하여 내놓은 설이다. 마키무쿠에는 고대 원시 제단의 유
적이 있고, 여기에서 제사 유적과 유물이 발굴된 바 있다. 미와산 일대
는 고대 신라계 이주민들인 하타秦 씨*의 집촌으로도 알려져 있다.

---

\* 파차波旦−경상도 울진의 옛 지명를 본거지로 하는 하타秦씨의 선조 유즈키노기미弓月君 는 일본의 15대
오진왕應神王, 201~310, 실존 인물이라면 5세기 활약 시대 120현의 민중을 이끌고 백제와 가야를 거쳐 일
본에 건너가서 유즈키노악弓月岳 이라 불렸던 미와산 일대의 마키무쿠에 집단 거주했다고 한다《일본
서기》 應神 14年, 16年條. 마키무쿠에서는 닭 모양의 4세기 하니와토우가 출토되기도 했다.

한편 일부 일본 역사학계에서는 마키무쿠가 3세기 중국 사서三國志魏書東夷傳, 倭人條에 등장하는 30여 개 야요이 소왕국의 맹주였던 야마타이국邪馬台国의 소재지일 가능성이 있다고 주장한다. 야마타이국명과 야마토 지역의 명칭이 비슷하다는 이유일 것이다. 삼국지에는 또한 야마타이국의 무녀巫女 여왕 히미코卑彌乎가 경초景初 2년238년 위魏에 조공하여 친위왜왕親魏倭王이라는 금인金印과 동경 100매를 하사받았다 하며 히미코가 사망하자 큰 무덤을 조성했다는 기사가 나온다.

삼국사기에도 왜의 여왕 히미코가 신라 아달라왕 20년173년에 사절을 보냈다는 기록이 있다. 그러나 정작 일본의 사서《기기》에는 야마타이국이나 히미코에 관해 전혀 언급이 없다. 야마토 왕조와는 무관한 국가이기 때문일 것이다.

한일 역사학계에서는《기기》에 등장하는 진구왕후가 히미코의 대역으로 창작된 인물이라고 추정하고 있다. 중국과 신라의 역사서에는 기록되었지만 일본 역사서에는 존재하지 않는 히미코가 어쨌든 야마토국과 관련된 존재임을 암시하기 위해《일본서기》에 가공인물인 진구神功皇后, 170~269,《기기》의 행적으로는 4세기 인물를 등장시켜 중국 사서에 등장하는 히미코여왕으로 보이게끔 조작했다고 추정하는 것이다.

그런데 야마토국의 발생지로 추정되는 마키무쿠 지역에는 일본 최초의 본격적인 전방후원분이라고 하는 하시하카箸墓 고분이 있다. 일부 국수주의 일본학자들은 히미코가 죽은 후 거대한 무덤을 만들었다는 중국의 기록에 근거하여 하시하카 고분이 히미코의 묘이며, 이 고분이 소재하는 마키무쿠 지역은 3세기 야마타이국의 소재지라고 주장하고 있다.

따라서 야마토국은 야마타이국의 계승국으로서 고대 일본열도의 정치적 중심지가 규슈에서 기나이畿內 지역으로 이동했다고 암시하는 것이다. 어떻게 해서든 이른 시기에 일본 중부 지역에서 강력한 통일 왕조가 존재했음을 주장하려는 의도지만 이를 뒷받침하는 증거는 기록이건, 물증이건 아무것도 없다.

일본의 국수주의 학자들은 3~4세기 초기 고분시대에 야마토 왕권이 긴키 지역에서 통일정권을 이루었다는 증거로 하시하카 묘를 내세우고 있다. 그러나 하시하카 묘의 축조 연대에 대해 갖가지 조사를 하면서도 이 묘를 조성한 세력에 관해서는 침묵하고 있다.

**하시하카**箸墓 **고분의 공중사진** ㅣ 3세기 말~4세기 초, 마쿠무쿠에 축조된 일본 최초의 본격적인 전방후원분. 2013년 일본고고학회의 요청으로 발굴된 부장품으로는 장송의례용葬送儀禮用 토기의 파편이 있다. 2017년 국가 사적으로 지정되었다. 사진 출처 : 위키피디아 재팬

하시하카 고분의 유래와 관련하여 젓가락箸, 하시에 관한 전설이 개재되어 있지만 일본에 젓가락이 유입된 것은 8세기 나라시대로 간주되고 있다. 대다수 일본학자들은 하시하카의 '하시'는 고분 축조와 토기 제조에 종사했던 백제계 도래인 집단 하지씨土師氏에서 유래된 이름으로 보고 있다.

하나의 거대한 고분이 야마토 지역에 존재한다 하여 이 고분과 아무런 근거도 밝혀지지 않은 야마토 왕조의 성립을 주장하는 가설에 집착하는 이유는 그 가설의 방향이 왜국의 한반도 출병 기록과 관련되기 때문이다. 한반도 출병은 필연적으로 4세기 통일 왜왕권의 성립을 전제로 하는데, 통일된 왜 왕권을 뒷받침하는 3~4세기의 물증이라면 거대한 하시하카 고분보다 더 적합한 것은 없기 때문이다.

마키무쿠 원시 제단에 축조된 초기 대형 고분의 부장품은 대체로 주술적 제사 도구였던 검, 경, 옥 등의 신보, 석제품 장신구와 목제 농구農具였다. 그러나 마키무쿠 고분군보다 약간 늦게 축조된 덴리 지역의 고분군에서는 이소노가미 신궁 금족지에서 출토된 물품과 유사한 환두대도環頭大刀와 함께 철검, 경, 옥류 등 유물이 출토되었고 그 외에도 박래품 금반지 등 장신구도 출토되었다.

## 초기 고분과 최고의 부장품, 거울 : 거울 분배설

일본열도 초기 고분시대의 대표적 유물은 검, 경, 옥 등의 제기祭器인데 그 중에서도 청동경이 압도적이다. 가히 '동경銅鏡의 시대'라 불릴 만큼 동경은 일본의 초기 고분시대 최고의 보물로서, 이 시대에 축조된 거의 모든 지배자의 무덤에 부장되었다. 일본에서 출토된 가장 이른 시기의 거울은 기원 전후 제작된 한반도 유래의 다뉴세경多紐細鏡이다.

그러나 2~3세기, 야요이 중후반기가 되면 일본에 유입되는 거울은 중국제 거울, 즉 한경漢鏡으로 바뀌는데 규슈 지역의 왜인들이 한반도를 통해 중국에 보낸 조공사가 반입한 것으로 추정된다. 일본 역사가들은 이같이 무수히 부장된 한경을 일본과 중국 양국의 오랜 교류의 증거라고 소개하지만 출토 거울의 대부분은 조잡한 복제경이다. 부장품 수요를 감당하기 위해 한경의 대량 복제가 이루어진 것으로 보인다.

지금까지 일본 전역의 고분에서 출토된 거울은 약 4,000매 이상인데, 이중에서 약 400매가 삼각연신수경三角緣神獸鏡이다. 이 거울은 가장자리가 삼각형으로 조형되고 뒷면에 신수神獸의 그림이 새겨진 중국제 동경이지만 대부분 복제품들이다. 일본에서는 이 거울이 3세기 위서동이전왜인조의 기록대로 238년 북위北魏에 조공사를 보낸 야마타이국의 여왕 히미코에게 위나라 황제가 하사했다는 동경 100매이거나 그 복제품일 것이라는 주장도 있지만 아무런 근거도 없다.

부장품으로서 삼각연신수경은 북 규슈에 집중되었다가 점차 긴키 지역에 집중되고 있는 것으로 밝혀졌다. 일본의 일부 고고학자들은 이들 거울이 긴키 지역에 집중되었을 뿐 아니라 중국과 교류가 전혀 없던 지역을 포함하여 일본 전역에서 출토된 점에 주목하여 3세기 무렵 중국의 기물을 입수할 수 있는 교역권이나 외교권을 장악했던 야마토 왕권이 이 거울을 위세품으로 독점 입수하여 각지의 호족에게 분배함으로써 중국의 권위에 기대어 일본열도의 통일을 추진했다는 소위 '거울분배설'을 주장하기도 했다.[22]

이러한 분배설은 종래 일본학계에서 주장되었던 헌상설, 즉 보물은 복속의 징표로서 지배자에게 바친 것이라는 주장과는 정반대되는 설이다. 보물의 헌상설이나 분배설과 같이 상반된 주장이 나오는 것은 모두 야마토 왕권의 이른 시기 일본열도의 중부 지배를 입증하기 위해 유물을 자의적으로 해석하여 이용했던 일본학계의 패착이다.

오늘날 일본학계에 의하면 삼각연신수경은 대량 복제된 조잡한 거울로서 중국 황제가 수여한 위세품이 아닐 것이라는 주장이 대세이다. 그런데 일본에서 그토록 대량으로 출토된 삼각연신수경은 아직 중국이나 한반도에서는 발견된 바 없어 그 유래는 여전히 의문에 쌓

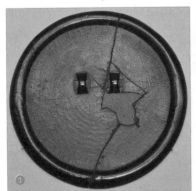

❶ **다뉴세경** I 중요문화재. 지름 15.6cm, 가장자리 두께 0.6~0.8cm, 기원전 4~1세기, 도쿄국립박물관 소장. 가야계 도래인 거주지로 알려진 나라현 고세시 御所市 출토. 사진 출처 : 위키피디아 재팬
❷ **삼각연신수경** I 중요문화재. 직경 21cm. 1885년 나라현에서 출토. 궁내청 소장. 사진 출처 : 위키피디아 재팬

여 있다. 아마도 일본열도에서 고분 부장용으로 대량 복제된 거울이 시중에 유통되지 않고 무덤으로 직행하여 그대로 부장되었기 때문에 오직 일본에서만 발견되는 것이 아닌가 추측될 뿐이다.

한편 보수적인 일본 역사학계 일각에서는 긴키 지역에 다수 존재하는 초기 전방후원분을 긴키 지역에서 이른 시기 야마토 왕권의 형성을 뒷받침하는 증거로 제시하며 야마토 왕권의 고대 한반도 남부 지배까지 비약하고 있다. 그렇지만 이들 학자들은 일본의 고분에서 출토된 부장품의 거의 대부분이 한반도제라는 사실은 도외시하고 고분이 긴키 지역에 몰려 있다는 이유만으로 야마토 왕조의 긴키 지역 통일을 주장하고 있다.

일본 최초의 통일국가로서 야마토 왕국의 형성과 발전 과정의 진면목을 이해하기 위해서는 당시 한반도로부터 건너온 많은 호족들이 일본 곳곳을 개발하고 통치했던 역사적 사실을 고려해야 할 것이다. 야마토 왕국의 성립은 5~7세기 일본열도의 수많은 전방후원분의 조성 과정과 거기서 나온 부장품을 조사하고 연구하는 과정에서 밝혀질 것이다.

## 고분의 전성기

; 5~6세기 오사카 지역의 대형 전방후원분

5~6세기가 되면 4세기 나라 분지의 야마토아스카에서 조성된 전방후원분이 퇴조하고, 대신 오사카 지역에 대규모 전방후원분이 떼를 지어 나타난다. 오사카 지역에 나타난 대형 전방후원분은 선진 기술로

축조되고 호사스러운 부장품을 가진 백제식의 횡혈橫穴, 무덤의 옆으로 관을 넣음 구조를 가진 왕묘군이다. 횡혈식 분묘에는 대량의 마구와 철제 무기가 부장되었으며 이러한 거대 고분군은 5~6세기 다시 오사카에서 기노카와紀の川 강을 거슬러 나라 지역으로 이동한다.

이같이 대형 왕묘군의 오사카 출현과 나라 분지로의 이동을 두고 나라 분지 아스카에서 탄생한 야마토 왕권이 가와치河內, 오사카 동부지역로 이동했다가 다시 나라 분지로 복귀한 것인지, 또는 오사카에서 일어난 새로운 가와치 왕조가 아스카로 진군하여 야마토 왕권을 접수한 '왕권 교체'인지는 의견이 갈리고 있다. 그러나 통상 천황의 능묘는 천황의 주거지 근교에 조성된다는 점에서 가와치의 거대 분묘가 아스카에 근거를 둔 야마토 왕들의 능묘라고 보기는 어려울 것이다.

나라 분지의 초기 고분 출토품이 대부분 주술적 청동기물임에 비해 5~6세기 오사카 대형 고분의 부장품은 방대한 양의 철제 무구와 농기구, 금은 장신구, 마구, 도기 등이다. 주요 부장품이 주술적 기물에서 점차 정치 군사적, 현세적 보물로 변모하고 있음을 보여준다. 이로써 이 시기 일본열도는 주술에 의한 제단사회에서 무기에 의한 정복사회로 이행했을 것이라는 추정이 가능하다.

하여튼 무기와 마구가 다량 부장된 이러한 대형 능묘의 출현은 일본열도를 지배했던 대호족들의 부족 연맹 정권이 5세기에 이르러 군사력이 압도적인 호족을 중심으로 가와치에서 본격적으로 통일 왕조를 형성해가는 과정을 보여 주는 것으로 간주될 것이다.

일본의 대형 고분이 나라에서 5~6세기 오사카로 이동한 후, 기노카와를 거쳐 다시 나라로 복귀한 궤적과 관련하여 일본의 고고학자 모리 코이치森浩一, 1928~2013 는 1972년 경주를 방문하여 큰 감명을 받았다는 소감을 피력한 바 있다. 그는 일본에서 4~6세기 200~300년간 고분군이 계속 이동했던 것과는 달리 4~6세기 신라고분은 경주에서 200~300년간 안정적으로 조성되었음을 지적했다.

모리 코이치 교수는 일본에서는 지금도 3~4세기 진구왕후의 신라 정벌이나 4~5세기 야마토 왕권의 한반도 출병을 기록한 역사서로 학생들을 교육하고 있는데, 이 시기 신라가 정치, 군사적으로 외세의 압박을 받고 있었다면 이같이 한 장소에서 수백 년 간 평온하게 고분군 조성이 가능했을지 일본의 역사 교육에 강한 회의를 표하면서 향후 고대 한일관계에서 대담한 가설을 세울 필요가 있다고 역설한 바 있다.[23]

## 대표적인 거대 고분 : 오진왕 및 닌토쿠왕 고분

오사카 지역에는 2개의 거대 고분군이 있다. 오사카만의 모즈百舌鳥 고분군과 그 동쪽 가와치 지역의 후루이치古市 고분군이다. 후루이치 고분군의 대표 무덤은 15대 오진왕應神王, 201~310 의 능이라고 하는 곤다야마譽田山 고분이며, 모즈 고분군의 대표는 오진의 아들인 16대 닌토쿠왕仁德王, 257~399 의 능이라고 하는 다이센릉大仙陵 고분이다. 오진과 닌토쿠는 일본 고대사에서 '수수께끼의 시대'로 불리는 4~5세기에 활약했던 것으로 《기기》에 기록된 가장 대표적인 왕들이다.

《일본서기》에 의하면, 오진의 시대는 대륙에서 문자와 말, 도기 등 고급 문물을 가지고 새로운 도래인들과 유력인사들이 건너왔던 시기였다.* 5세기 후반에 이르러 야마토 왕권은 일본열도의 패자로 부상하는데, 이때는 고구려의 침공이 임박하자 개로왕의 명으로 461년 왜국에 파견된 백제의 왕자 곤지昆支, 440~?, 백제 21대 개로왕의 아들가 가와치에서 활약하던 시기였다.

아스카노기미安宿公로 불렸던 곤지는 오진왕의 능이라고 하는 곤다야마 고분이 위치한 하비키노시羽曳野市 아스카베飛鳥戸 마을 일대를 지배했던 도래인 수장이었다. 그는 백제 무령왕을 비롯하여 일본에서 5명의 아들을 두었는데, 곤지의 일족이 가와치 왕조를 건설했다는 설도 있다.[24]

다른 한편으로는, 곤지왕자가 건너온 직후에 고구려의 침공으로 한성 백제의 위례성이 괴멸되어 백제가 웅진으로 천도할 무렵 신라에 원군을 청하기 위해 문주

오사카 지역의 모즈 고분군과 후루이치 고분군

---

* 《기기》에 의하면 오진왕의 시대에 백제계 유력인사들과 대호족들이 도래했는데, 오진 8년에는 백제 왕자 직지直支, 백제 18대 전지왕腆支王가 도일했고 오진 14년에는 신라계 도래인 하타씨秦氏의 조상 유즈키노키미弓月君와 가야계 도래인 아야씨漢氏가 다수의 민중을 이끌고 건너왔다고 한다. 또한 오진 15년 8월에는 왕인박사가 논어와 천자문을 가지고 건너왔다. 또한 같은 시기에 백제왕이 보낸 아직기阿直伎가 양마良馬 2필을 가져왔다. 한편 《고사기古史記》에는 백제 근초고왕이 와니키시和邇吉師, 왕인 편에 천자문 1권과 논어 10권을 헌상했다고 기록되어 있다.

왕과 함께 남하한 개로왕의 신하 목협만지木協滿智, 또는 소가마치蘇我滿智라고도 함가 475년 왜국에 건너온 것으로 보인다.[25] 일본 역사학계에서는 곤지와 소가마치, 이 두 인물을 중심으로 가와치에서 백제계 도래계가 세력을 일으켜 야마토 아스카로 진출했다는 설도 유력하다.

## 거대 고분의 세계유산 등재

오사카 지역에 있는 두 개의 거대 고분군 중 모즈 고분군의 대표 무덤으로 오진의 아들 닌토쿠왕仁德王의 묘라고 하는 다이센릉 고분은 일본 최대의 전방후원분이다. 길이 486m, 원분 직경 250m인 다이센릉은 이집트 쿠푸Khufu 피라미드, 진시황릉과 더불어 세계 최대의 분묘로 지칭되어 일본인들의 크나큰 자랑이다. 무엇을 기준으로 세계 최대 분묘라고 하는지는 확실하지 않지만, 무덤이 깔고 앉은 땅의 면적을 기준으로 거대한 3중의 호濠, 해자 수면 아래 땅의 체적까지 합해서 세계 최대 분묘라는 것인 듯하다.

이들 고분은《기기》의 전승을 토대로 메이지시대에 궁내성이 자의적으로 오진릉, 닌토쿠릉으로 지정한 것이지만 실제 피장자가 누구인지는 학술적으로 전혀 확인된 바 없고 정부가 피장자라고 말하는 오진왕이나 닌토쿠왕은 그 실재가 의심되는 왕들이다. 그렇기 때문에 많은 일본인들은 이들 고분의 명칭을 오진릉, 닌토쿠릉으로 부르는 것을 거부하고 지명地名에 따라 곤다야마릉 고분이나 다이센릉 고분으로 부른다.

그렇다면 이 수수께끼 시대의 중심인물인 오진왕과 닌토쿠왕의 무덤이라 하는 두 왕릉과 그 부장품을 조사, 연구하면 수수께끼의 이 시대를 확실히 밝히겠지만 천황릉이라는 이유로 이들 두 능은 일본 메이지시대 이래 조사가 금지되었고 오늘날에도 조사, 연구는 물론 접근조차 금지되어 있다.

일본의 학계와 시민단체에서는 국민의 문화재로서 이들 거대 고분을 유네스코 세계유산에 등재시키라는 압력을 가해왔다. 유네스코 세계유산제도는 국내적으로 학술 조사를 거쳐 국보나 문화재 지정에 의한 문화재법의 보호를 받아야 하는 것을 전제조건으로 규정하고 있으므로 유네스코 제도를 통해 국내적 학술 조사와 법제화를 강제하여 능묘의 공공화를 꾀하려는 시도였다. 한편, 일부 역사학자 및 시민들은 피장자도 가릴 수 없는 정체불명의 세계 최대 고분은 일본의 수치라 하며 세계유산 등록에 반대했다.

일본의 역사학계 및 고고학계가 국민의 문화재로서 능묘의 조사와 개방을 정부에 강력히 요구한 데 응하여 2007년 일본정부<sub>궁내청</sub>는 능묘 보수 시 학자들의 일부 참여, 분묘 정상에서 사진 촬영 허가 등 학술적 조사를 약간 완화했다. 능묘의 유네스코 세계유산 등록을 앞두고 발표한 유화적 조치였다.

2008년 일본정부는 49기의 거대 고분이 몰려 있는 모즈百舌鳥 고분군과 후루이치古市 고분군을 유네스코 세계유산으로 신청했다. 2019년 유네스코 세계유산 자문기관 이코모스ICOMOS, 국제기념물유적협의회는 이들 고분군이 고대 일본인들의 장묘 전통과 정치, 사회적 구조를 증명하는 걸출한 유적이라고 인정했고 두 고분군은 유네스코 세계유산에 등재되었다. 이는 일본의 고분으로서는 최초로 유네스코 세계유산에 등재된 것이다. 일본 전역에 산재한 엄청난 고분의 수약 16만 기를 고려하고 유네스코 세계유산 등재에 대한 일본정부의 큰 열의를 볼 때 향후 일본정부는 유네스코 세계유산에 일본의 고분을 대거 신청할 것으로 예상된다.

메이지시대 궁내성은 천황릉이 '어령御靈 이 안식하는 성역'이라는 논리로 궁내성 관리 능묘 900여 기 중 500여 능을 황실 재산에 편입시켰다. 이 때문에 능묘는 황실의 사유재산으로 관리되어 공공의 문화재 범주에서 제외된다. 능묘 이외의 기타 고분이 국가의 문화재로서 문화재보호법의 적용을 받는데 비해 능묘는 경관법景観法 에 의해 보호를 받는다.

궁내성에 의한 자의적인 천황릉 지정은 천황의 존재를 전제하는 능묘가 천황의 실재를 담보하는 도착적인 능묘 정책임은 말할 것도 없다. 천황 계보에서 초대 진무왕 다음으로 2대부터 9대까지 8명은 사적史蹟 이 전혀 없는 '결사缺史 의 천황'이며 《기기》에 등장하는 천황 대부분이 가공의 인물이라는 것이 오늘날 일본 역사학계의 통설임에도 만세일계 신화를 뒷받침하기 위해 《기기》에 나와 있는 천황의 순서대로 능묘가 지정되었던 것이다.

**일본 최대 고분 다이센릉 고분의 공중 촬영 사진** | 16대 닌토쿠왕의 묘라고 하지만 실제 피장자가 누구인지는 학술적으로 확인된 바 없다. 사진 출처 : 위키피디아 재팬

이런 식으로 3세기 신라를 정벌했다는 진구황후 역시 오늘날 역사 학계에서는 조작된 가공의 인물로 간주되지만 진구神功 의 능陝城盾列池上陵, 奈良市 을 지정함으로써 일본에서 진구는 실재인물이 되었고 신라 정벌도 실제의 역사로 보이는 것이다. 또한《기기》의 기록에 모순되지 않도록 시기적으로 능묘를 나라, 오사카 등 긴키 지역에서 주변 지역으로 퍼져나가는 식으로 비정하여 황국사관을 뒷받침하기도 한다.

그런데 일본의 많은 고분은 존황사상이 부상했던 에도시대 말기 천황릉 개조사업文久의修陵, 1861~1864년간 시행된 능묘 복구사업 에 의해 국가에 의한 대대적인 개편 작업을 거쳤다. 천황릉을 장엄하게 보이기 위해 원래의 원분圓墳 앞에 가공의 전방前方 을 만들어 다수의 능묘를 전방후원분으로 변조하거나 거대한 호를 파서 분위기를 바꾼다거나 참배길, 예배소, 신사와 같은 시설물을 신축하고 주변의 방해되는 시설을 파괴하여 다수의 고분이 원형을 상실했거나 전혀 다른 능묘로 개변되었음은 일본에서는 공공연한 비밀이다.[26]

## 오사카 대형고분의 부장품
; 경질토기와 마구, 철제 무구, 공구

초기 나라 분지 고분군의 부장품이 대부분 검, 경, 옥류였던 데 비해 후기 오사카 지역의 거대 고분에서 나온 부장품의 대부분은 무기류와 금은제 기물, 도기들이다. 오사카의 거대 고분의 부장품 중에서 5세기

초의 부장품은 주로 가야 계통이지만 5세기 후에는 백제계통이 대부분이다. 이것은 당시 한반도의 정세를 대체로 반영한다고 볼 수 있다.

광개토대왕 비문에서 보듯, 고구려 침공에 의해 가야와 백제가 멸망으로 내몰렸던 5세기 초, 금관가야가 멸망한 이후 김해 대성동 금관가야 지배층의 묘역은 더 이상 축조되지 않고 끝났다. 가야의 지배층은 어디로 사라져서 어디에서 죽었고, 어디에 묻혔는가? 475년에는 고구려의 공격으로 한성이 초토화되어 백제는 웅진으로 천도했고 한성 거주 백제 지배층이 대거 남하했다.

이로부터 100년이 지나 일본열도의 규슈와 가와치, 나라 지역에는 가야 계통의 물품이 부장된 다수의 가야식 고분군이 등장하며 부장품으로는 가야계 한식토기, 즉 경질토기硬質土器 와 도질토기陶質土器 가 일본에 처음 나타나는데 이는 일본 도자기의 원형인 스에키須惠器 *로 발전한다.

좀 지나서는 일본열도 곳곳에 백제식 횡혈석실橫穴石室 묘제를 가진 고분군이 등장한다. 이들 오사카의 대형 고분군에서 출토된 부장품 중에서 가장 주목할 만한 출토품은 대량의 무기, 무구와 함께 한반도 제작의 마구 등 승마 도구이다. 특히 말과 관련된 부장품이 곤다야마 고분전 오진왕릉 의 배총陪塚 마루야마 고분丸山古墳 에서 처음 나왔다.

---

* 스에키는 고분시대 가야에서 전래된 경질토기를 원형으로 일본에서 생산된 청회색 도질토기인데 메이지시대까지 '조선朝鮮토기'로 불렸으나 전후 고고학계에서 현대의 도기와 구별하기 위해 스에키須惠器라는 이름으로 칭했다.

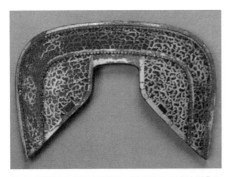

**국보, 금동투조 장식 말안장** | 곤다야마 고분의 배총陪塚 곤다마루야마譽田丸山 고분의 출토품. 근처의 콘다하치만궁譽田八幡宮 소장. 일본 출토 말안장 중에서 최우수품으로 일본이 소장한 고대 공예예술품의 최고봉으로 간주된다. 고령가야 고분 출토 말안장과 동종으로 간주된다. 사진 출처 : 콘다하치만궁 팸플릿

3세기 삼국지 위서동이전왜인조에는 일본열도에는 말이 없다고 기록되어 있고,《일본서기》는 오진왕 15년285년, 2주갑 올리면 405년에 백제에서 아직기阿直岐가 말 2필을 가지고 왔다고 기록한 것으로 보아 말은 5세기 일본열도에 처음 들어온 것이다. 가와치 지역의 5세기 고분에서 출토된 대량의 무기, 무구, 마구와 같은 유물은 이 시기 일본열도에 건너온 도래인 세력이 기마군단과 같은 무장 집단임을 시사한다. 이것이 바로 고고학자 에가미 나미오江上波夫 1906~2002 도쿄대 교수 등이 제창한 기마민족의 일본열도 정복설이 나온 배경일 것이다.

그런데 오진왕의 아들 닌토쿠왕의 능이라는 다이센릉의 부장품 일부가 보스턴박물관에 소장되어 있는데* 그 중 청동손거울宜子孫手帶鏡과 칼자루換頭柄는 백제 무령왕릉 출토품과 동종이라는 사실이 밝혀

---

* 다이센릉 출토품은 당시 폐불지사廢佛知事로 악명을 떨쳤던 사이쇼 아츠시稅所篤 나라현 지사가 계획적으로 발굴하여 또는 1872년 폭우로 인해 고분이 무너졌다는 설도 있음 부장품을 빼돌린 것을 1906년 오카쿠라 덴신岡倉天心이 교토의 고물상에서 구입하여 보스턴미술관에 매각한 것이라고 한다.

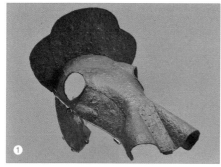

❶ **말머리투구** I 국보. 5세기 말 추정. 도쿄국립박물관 소장. 일본에서 유일한 말머리투구이다. 고대 도래호족 기씨족 紀氏族. 木協 또는 蘇我씨로 간주됨의 분묘지로 알려진 오타니 고분和山県 大谷古墳 출토품. 경상남도 합천의 옥전동 玉田洞 가야 고분 출토 말머리가리개5세기 초와 동종으로 추정된다. 한반도계 유물로 주목받는 오타니 고분 부장품 석관. 동경. 옥. 마구 등 전체가 중요문화재로 일괄지정되어 있다. 사진 출처 : 위키피디아 재팬

❷ **말머리가리개** I 경상남도 합천 옥전동 출토품. 길이 49.5cm 국립김해박물관 소장. 사진 출처 : 네이버 지식백과

졌다. 그렇다면 다이센릉의 피장자는 6세기 무령왕과 긴밀한 관계의 인물인 것이다.

고대 유물의 수집에 혈안이었던 메이지정부는 대형 고분의 출토품으로서 5세기 일본열도에 갑자기 나타난 마구를 비롯하여 무기류, 경질토기 등 이들 고대의 뛰어난 선진기물을 국보로 지정했다. 고고학적 근거에 의거하여 이러한 유물이 모두 한반도에서 만들어진 것임을 인정하지 않을 수 없었던 당시 메이지정부는 물론이고 오늘날까지 잔존한 황국사관에서는 이러한 유물은 칠지도와 마찬가지로 백제왕이 헌상한 유물이라고 설명되고 있다. 위키피디아 재팬〈大仙陵古墳 副葬品〉참조 그러나 실상은 정반대임은 물론이다. 5세기 당시 일본열도의 지배자들이 도래인이었기 때문에 4~6세기 일본 고분문화의 핵심인 이들 고급 한

반도제 유물은 도래인과 함께 나타난 정치적, 문화적 현상인 것이다.


## 기노카와 유역의 고분
; 호족을 따라 이동한 도래민중들의 발자취

거대 고분이 오사카에서 나라 지역으로 이동하는 경로로서 기노카와 紀の川 유역에는 거대 고분과 함께 횡혈식 현실을 갖춘 작은 분묘가 밀집된 군집분群集墳이 다수 존재한다. 이 같은 군집분의 존재는 대호족을 따라 오사카와 나라 분지로 이동한 5~6세기 가야, 백제계의 새로운 도래인들의 행적이다.

5세기 전반의 기노카와 유역의 군집분에서 나온 유물은 주로 갑옷, 투구, 철제 창, 칼, 도끼, 쇠망치, 대패, 끌, 정과 같은 무기류와 공구류이며 5세기 이후에는 금동제 마구, 금동투조 장식과 드리개가 달린 장신구, 반지 등 호화스러운 위세품들이다. 이러한 물품을 가지고 아스카에 도착한 새로운 도래인들, 즉 이마키今來들은 또한 첨단 기술을 가진 고급 기술자로서 아스카 지역의 이마키군今來郡, 오늘날 다카이치군高市郡의 히노쿠마檜隈에 정착했다.

다양한 생산 활동

**기노카와**紀の川 **유역의 고분군 및 유적지**

에 종사하며 번영했던 이들 새로운 도래인들에 의해 그때까지 미개지였던 나라 분지 동남쪽의 아스카가 개척되고 발전되어 야마토국의 왕도가 된다. 도래인들의 거주 중심 지역 히노쿠마檜隈에서 1972년 발굴된 다카마쓰카高松塚 고분은 7세기 말 번

**다카마쓰카 고분 벽화 중 여성 인물군** ㅣ 국보. 8세기 초. 이 지역에서 번창했던 도래인의 문화를 보여준다. 사진 출처 : 위키피디아 재팬

성했던 도래인 사회를 묘사한 극채색의 벽화가 발견되어 큰 주목을 받은 바 있다.

## 스다하치만 신사의 인물화상경

오사카에서 나라 분지를 향해 기노카와를 거슬러 올라가다 보면 나라 분지 조금 못 미친 강 상류 유역에 스다하치만 신사隅田八幡神社가 나온다. 이 신사에 소장되었던 인물화상경人物畵像鏡은 거울 테두리에 백제 무령왕과 그의 동생 왜왕과의 관계를 언급한 48자의 명문이 새겨져 있는 것으로 유명하다. 거울의 명문은 해석에 이설이 있지만 대체적인 내용은 '계미년癸未年, 503년 사마斯麻, 무령왕가 남제왕男弟王, 26대 繼體王의 장수를 기원하며 청동경을 만들었다'는 뜻으로 해석되

고 있다.

오늘날 일본학계에서는 '남제왕'을 26대 게이타이왕繼體王으로 비
정하는데, 게이타이왕은 과거의 야마토 왕계倭王系와는 다른 출신으
로 현재 일본 황실의 직계로 간주되는 인물이다. 이 거울은 1834년
스다하치만 신사 근처의 고분에서 출토되어 신사에 봉헌된 것이라고
하는데, 5~6세기 오사카에서 기노카와를 따라 야마토로 진격한 도래
인 수장이 지녔던 것이 아닐까 하는 추측도 가능하다.

일본의 고분시대와 고분문화는 격동하는 4~7세기 중국 남북조의
혼란기와 한반도 국가들의 흥망성쇠가 전개되는 고대 동아시아 정세
를 배경으로 하고 있다. 이 시기 일본열도에 나타난 거대 고분군과 그
부장품은 왜국이 부족연맹 국가체제로부터 통일왕권 고대국가로 이
행하는 과정에서 일본열도 각지를 지배했던 도래인 호족들의 정치,
사회, 문화적 영향력을 반영하는 물증이다. 그럼에도 일본정부가 능
묘와 부장품에 대한 학술적인 조
사를 극히 제한하고 있어 거의
모든 능묘의 피장자가 정확히 밝
혀지지 못했음은 일본 고대역사
와 문화의 기념비적 존재인 거대
고분의 치명적인 문제점이다.

궁내성이 지정한 900여 개의
능묘 중에서 현재 피장자가 확실
한 능묘는 4~5기에 불과하다고

**인물화상경** | 국보, 지름 19.9cm, 스다하치
만 신사 소장이었으나 현재는 도쿄국립박물
관에 기탁 중. 사진 출처 : 위키피디아 재팬

한다. 이러한 고분이나 능묘는 일본 국민의 재산일 뿐 아니라 그 시대 일본열도에서 활약한 인간들이 남긴 공공의 문화재이다. 최근 일본의 능묘공개 운동을 펴고 있는 교토대학 다카기 히로시高木博志 교수는 '일본의 거대 능묘는 4~6세기 동아시아 세계의 주요 구성원들에 의해 축조된 만큼 한국, 중국의 고고학자들도 일본 능묘의 공개를 요구할 필연성이 있다'는 주장을 제기하고 있다.[27] 향후 일본의 전향적인 문화재 정책을 기대해 본다.


## 고분시대 일본 고유의 유물 탄생

; 하니와埴輪

도래인 호족들이 활약했던 일본열도의 고분시대, 도래인과 함께 엄청난 박래품이 도래했던 이 시대에 일본 최초의 일본제 기물器物 이 등장한다. '하니와埴輪'라고 하는, 흙을 구워 만든 토우土偶, 테라코타의 일종이다. 하니와는 복제품이 아닌 일본의 독자적 제품으로는 아마도 최초의 사례일 것이다. 조몬시대의 신석기 원주민 유적에서 발견되는 인물이나 동물 형상의 토우와 구분하여 하니와는 특별히 고분시대에 제작된 일본 고유의 토제품을 가리킨다.

하니와는 주로 원통圓筒 하니와 및 형상形像 하니와로 대별된다. 원통 하니와는 전방후원분의 발생과 관련된 것으로 추정되는데, 일반적으로 분구의 정상이나 경사면에 나란히 세워져 고분의 경계를 구획하는 울타리 역할을 하고 있다. 일본 최대의 고분 다이센릉에는 무려

3만 개의 하니와가 있었던 것으로 추정되고 있다.

형상 하니와는 인물, 가축, 집, 물건을 형상화한 것으로서 고대인의 모습이나 그들의 의복, 가옥 등 고대의 생활 모습을 보여주는 중요한 사료적 물증일 뿐만 아니라 그 조형의 예술성도 높게 평가되고 있는 일본 독자의 귀중한 문화재이다. 또한 하니와의 편년은 고분의 연대 결정에도 중요한 기준이 되는 만큼 사료적 가치가 매우 큰 유물이다. 현재 하니와는 국보 23점, 중요문화재 41점이 지정되어 있다.

하니와의 기원은 3세기 야요이시대 수령의 묘에서 제례용으로 사용된 그릇의 받침대가 발전한 것으로 추정되고 있다. 지배자 묘의 장송 의례와 성역 구획에 주로 사용되었던 하니와는 전방후원분의 융성과 함께 대량 제작되었으나 불교 전래 후 전방후원분의 소멸과 함께 사라졌다.

문헌상으로는 《일본서기》에서 11대 스이닌왕垂仁天皇, BC69~AD70, 실

**원통형, 인물형, 형상 하니와** | 중요문화재. 6세기 전반 쓰카마와리塚廻り고분군, 群馬縣 太田市 4호 전방분에 설치되었던 하니와군 및 그 중의 인물 하니와의 복원. 사진 출처 : 위키피디아 재팬

존인물이라면 4세기 인물 시대에 분묘 축조의 기술자로서 도래인 하지씨土師氏 의 선조라는 노미노스쿠네野見宿禰 가 스이닌 왕비의 장례에 순장 대신에 인마人馬 하니와를 세울 것을 제안하여 하니와가 탄생되었다고 한다. 그러나 이 기록은 노미노스쿠네의 후예들이 조작해 낸 이야기라고 한다. 분묘 축조와 토기 제작을 업으로 했던 하지씨들이 불교 수용 후 거대 분묘와 하니와가 사라져 자신들의 정체성이 상실되는 데 대한 위기감으로 순장을 종결시킨 공로자로 자신들을 내세우기 위해 꾸며낸 이야기라는 것이다.

그렇지만 이것은 하지씨가 꾸며낸 이야기라기보다는 일본에 토기와 하니와가 일찍 출현했음을 암시하고자 《일본서기》에서 하지씨와 순장을 연계시켜 꾸며낸 이야기일지도 모른다는 지적이 있다. 하지씨가 출현하는 것은 11대 스이닌왕 때가 아니라 그보다 한참 지난 5세기 이후, 오사카에 거대 고분이 축조되며 백제계 도래인 토목 기술자들이 대형분묘 축조를 위해 가와치 지역에 집단 거주하게 되면서 중앙의 지배자로부터 하지씨라는 성이 부여되었다는 것이다.[28]

# | 3 |

# 일본의 불교시대와
# 아스카 불교 문화

6세기 중반 백제 왕실로부터 왜 왕실에 불교가 전래되고, 7세기에 이르면 일본열도에 불교식 화장火葬이 도입되어 거대 고분의 축조가 종말을 고한다. 일본의 역사는 고분시대를 끝내고 불교시대로 이행하며 무덤을 대신하여 사찰의 축조가 대세가 된다.

불교를 수용한 야마토 왕조가 거대 고분의 축조는 국부의 낭비라는 인식 하에 646년 분묘 축조와 보물의 부장副葬을 금지하는 박장령薄葬令을 시행한 이후 고분 축조 능력이 있던 호족들은 고분에 대신하여 사찰을 축조하면서 씨신을 위해 고분에 부장되었던 검, 경, 옥, 장신구, 무기류 등의 보물에 대신하여 사찰에 바치는 불상이나 불구佛具 등 불교 예술품이 새로운 보물로 사찰에 봉헌되기 시작했다. 그 이래로 일본의 보물은 지하에 부장되는 것이 아니라 지상에서 전세되어 왔다.

## 불교의 전래와 수용

중국 대륙에서 위진남북조의 혼란기가 끝나고 거대한 통일제국 수隋 나라가 탄생할 무렵이던 6세기 말, 한반도에서는 삼국통일의 기운이 싹트기 시작했고 일본열도에서도 야산과 골짜기마다 거대 고분을 축조하던 호족들의 연합정권 체제가 끝나가며 야마토 왕실을 중심으로 통일왕권의 기운이 무르익었다.

새로운 통일 야마토 왕조의 기틀을 다지기 위해 대륙으로부터 적극적으로 신문물의 수용을 모색하던 야마토 왕실에 백제 왕실로부터 불교가 공식 전해졌다. 지역과 집단을 넘어서는 보편주의 불교는 중앙집권적 체제를 이룩한 대륙의 문화와 정신을 일괄 대표하는 새로운 사상이었다. 조몬시대 이래 천지만물에 존재하는 정령과 야요이 씨족 집단의 조령祖靈을 받드는 신도神道에 대신하여 보편 사상으로서 불교의 수용은 일본열도에서 정치, 사회, 문화 각 방면에서 혁명적 변화를 예고하는 것이었다.

일본에 불교가 전래된 시기와 관련하여《일본서기》는 552년 킨메이왕欽明王, 재위 539~571 때 백제 성명왕聖明王, 聖王, 재위 523~554이 백제의 고위 관료이자 승려 노리사치계怒利斯致契를 파견하여 불상과 불구, 경전을 보냈다는 불교 공전公傳의 기록을 전한다. 그러나 이 같은《일본서기》의 불교 공전 시기에 관한 기록은 조작된 것으로 간주되고 있다. 552년 불교가 들어왔다는《일본서기》의 기록에는 703년 한역漢譯된 경전《금광명최승왕경金光明最勝王經》의 문구가 그대로 인용되어 있기 때문이다.

오늘날 통설은 일본 최초의 사찰인 간고지元興寺, 아스카사의 창사 기록元興寺伽藍緣起幷流記資財帳에 의거, 538년 공식적으로 일본 왕실에 불교가 전해진 것으로 보고 있다. 그렇다면 왜《일본서기》는 백제로부터의 불교 공전을 538년이 아니라 552년으로 기록하고 있는가? 《일본서기》가 편찬된 8세기 초, 당나라에서는 석가의 입멸入滅을 기원전 949년이라 하여 석가 입멸로부터 1501년에 해당하는 552년은 말법末法이 시작되어 미래불이 출현하고 불법이 재흥하는 기점이라는 말법설末法說이 널리 퍼져 있었다.

8세기 초 일본열도에서는 야마토 왕조를 멸하고 일본국이 성립하여 국가의식이 한창 고조되던 때였다. 중국에서 말법末法이 시작된 해에 오히려 일본은 불교를 수용하여 융성을 이루었음을 과시하고자 일본에 불교가 전래된 시기를 중국에서 말법이 시작된 552년으로 조작하여《일본서기》에 기록했다는 설명이 있다. 이를 두고 일본의 역사학자 다무라 엔쵸田村圓澄는 중국의 말법설에 대항하는 일본의 종교적 내셔널리즘이라고 설명한다.[29] 그러나 6세기 일본이 중국에 대항하는 자세를 취했다는 설명은 오늘날 일본인의 과대망상이고 역사의 조작을 내셔널리즘으로 미화하는 작태일 뿐이다.

통설적으로 불교가 전해졌다고 보는 538년은 백제의 성왕이 백제 중흥을 내걸고 웅진에서 부여로 천도하고 왜국과의 긴밀한 연대 구축을 모색하던 때였다. 불교를 왜 왕실에 전한 성왕의 부친 무령왕武寧王, 462~523은 곤지왕자의 아들로서 일본에서 태어났으며 스다하치만 신사의 거울 명문에서 보듯 왜왕 게이타이継体의 형으로 간주된다.

따라서 불교를 왜 왕실에 전한 성왕과 당시의 왜왕 킨메이왕欽明天皇, 509~571, 케이타이왕의 아들 은 사촌 간으로 간주된다.

이같이 국가 중흥을 천명하며 왜국과의 연대를 모색했던 백제는 왜국에 대해 불교 전파라는 적극적인 증여 외교를 펼쳤다. 국가적 차원에서 불교의 전파는 일회적 기증으로 끝나지 않는다. 우선 견본이 되는 불상과 경전의 제공, 조사, 조불 기술자 파견, 그리고 불교 교육과 의례를 시행할 승려의 장기 파견이 뒤따르는 등 끊임없는 후속 증여가 필수적이다. 불교의 공전公傳 은 왜를 장기간 묶어둘 수 있는 백제의 장기적 외교 포석이었던 것이다. 더욱이 당시 백제가 조공하고 있던 양나라 무제梁武帝 는 대단한 호불好佛 군주였으므로 백제가 왜국 포교에 성공한다면 양무제에 대한 외교에서도 큰 성과를 거두는 것이었다. 그런 점에서 백제의 불교는 '외교와 예술의 불교'라 불리고 있다.[30]

《일본서기》에 의하면, 백제 성왕은 금동석가여래상 1구와 번개幡蓋, 깃발과 우산 모양의 불구 및 경전과 함께 서신을 보냈다. 서신에서 성왕은 '불법佛法 은 이해하기는 어렵지만 뜻하는 대로 이루어주는 보물, 즉 수의보隨意寶 로서 이 보물을 가지면 뜻대로 이루어지지 않는 것이 없는 묘법의 보물'이라며 불교를 권유했다긴메이천황欽明天皇 13年 10月條. 보물을 좋아하는 일본인의 심리를 간파한 전략이었을 것이다.

빛나는 금동불상을 처음 접한 킨메이왕은 '백제가 헌상한 불상은 전에 볼 수 없었던 아름답고 장엄한 모습이다. 이를 경배해야 할 것인가?'라고 신하들에게 물었다. 불교의 교의보다는 도금되어 광채를 내뽐는 불상의 시각적 조형미에 단연 감동한 것이다. 종교적 상징물이기보다는 영이靈異의 예술품으로 출현한 아름다운 불상은 일본의 전통 보물인 청동제 검, 경, 옥과 같은 녹슨 쇠나 자연석과는 차원이 다른 인공의 조형물이었다. 이러한 미지의 신종 보물은 고대 일본사회를 지배했던 신보 관념에 일대 변혁을 가져왔다.

원래 일본의 신은 자연의 정령과 조상의 영령에 깃들어 존재하므로 사람에게는 보이지 않는 존재이다. 그래서 일본의 신도는 불교가 유입되기 이전에는 신사神社나 신상神像이 없었다. 다만 신이 제사를 받기 위해 내려와 머무를 때 임시로 거처할 수 있는 상징물로서 자연 속의 기암괴석이나 거수 괴목, 오래된 쇳조각 등을 신체神體로 상정했을 뿐이었다. 신의 임시 거처였던 신체로서 오래된 돌, 칼, 구슬, 거울과 같은 상징물은 또한 최고의 보물이었다. 이런 맥락에서 일본에 처음 전래된 불교는 기존의 보물과는 차원이 다른 아름다운 예술품으로서 그 조형적 기술과 미감이 야기한 충격과 숭배에서 종교적 신앙으로 발전한 것으로 볼 수 있다.

새로운 보물이 표상하는 새로운 신은 당시 일본열도의 정치 상황과 맞물려 큰 파장을 낳았다. 불교 전래 당시 호족들의 느슨한 연대에 왕권의 기반을 두었던 야마토 왕실은 불교 수용에 대한 결단을 내리지 못했지만, 이 문제에 관한한 야마토 왕실의 일차적 목표는 종교적 교의가 아니라 대륙에서 전개되는 새로운 통합 사상과 선진 기술의 유입이었다.

도래계 고위관료 소가 이나메蘇我稲目는 서번西藩, 서쪽의 국가들의 모든 국가들이 불교를 믿으니 일본도 이를 수용해야 한다고 주장했다. 당시 중앙집권적 통일국가 움직임이 본격화되고 있던 중국과 한반도의 정치 발전의 대세를 간파했던 것이다. 이에 대해 야마토왕의 보물고인 이소노가미 신궁을 관장하며 국가의 제사를 주관했던 수구파 호족 모노베 오코시物部尾興는 이국에서 온 번신藩神을 받들면 국신國神의 분노를 가져온다면서 불교를 극력 배척했다. 당시 밀려오는 도래인 이마키 신세력에 대항하여 수구세력이 자기존재를 과시하기 위해서는 고래의 신을 적극 내세울 수 밖에 없었던 것이다.

당시 '국신'이었던 전통 토속신앙은 특별한 이름이 없었고, 훗날 불교가 정착되면서 불교에 대응하여 '신도神道'라는 이름이 부여된 것이다. 불교 수용 문제는 전통 신보와 국신을 수호하는 수구세력과 대륙에서 전래된 새로운 보물인 불상으로 상징되는 근대화 세력의 권력 투쟁으로 발전했다.

불교가 공식 전래된 지 50년 가까이 되어 야마토 왕실은 불교 수용으로 방향을 굳혔다. 587년 야마토 왕실의 개명파 세력 쇼토쿠태자聖德太子, 본명은 우마야도厩戸, 574~622, 쇼토쿠태자는 후세의 시호와 호불 개명 귀족 소가씨의 연합군이 모노베의 가와치河內 본거지로 쳐들어가 모노베 본가를 멸망시켰다.

이로써 불교를 등에 업은 백제계 세력이 보수적 반불反佛 호족을 구축했을 뿐 아니라 여타 도래계 세력을 압도하여 왜국의 최고 세력으로 부상했다. 이미 야마토 왕실에 독점적으로 후비后妃를 보내 야마토 왕실의 왕위 계승 체제를 성립시킨 소가씨는 불교 수용을 통해 야마토 왕실이 기존의 호족 연합체제에서 야마토 통일왕권으로 나아가는 데 결정적인 역할을 하게 된 것이다.

## 초기 아스카 불교문화 유산
; 일본 최초의 사찰과 불상의 탄생

불적佛敵 모노베가 토벌되고 마침내 불교가 공인되자 야마토 왕실과 개명 귀족으로 대표되는 호불 세력의 새로운 권력을 표상하기 위해 백제로부터 선진 기술이 적극 수용되어 조불, 조사造寺 사업이 대대적으로 전개되었다. 찬란한 불상과 장엄한 법구는 귀족들의 권위의식과 사치 성향을 자극하여 사찰에 바치는 공물로서 대량의 불상과 불구의 제작이 뒤따랐다. 일단 일본에 불교가 수용되자 불교를 물적으로 표상하는 조사, 조불 사업이 중시되면서 일본 불교의 특징은 물신적物神的 성격이 두드러지게 되었다는 관점이 있다.[31]

588년, 백제로부터 불사리를 받은 것을 계기로 소가씨는 도래인의 땅 아스카에 자신의 씨사로서 호코지法興寺, 통칭 아스카사飛鳥寺 의 건립을 시작했다. 성왕을 이은 백제 위덕왕은 소가씨의 사찰 건립을 위해 조사공造寺工, 금속공露盤博士, 기와공瓦博士, 화공畵工 등 백제의 기술계 관료들을 파견하여 596년 절 전체를 완성시켰다. 불교 공전 50년이 지나 이루어진 일본 최초의 정식 사찰이고 일본 최초의 기와 건물이다.

593년 5중 불탑현존하지 않음이 세워지고 심초석心礎石 에 불사리가

❶ 일본 최초의 사찰 아스카사의 현재 모습 ｜ 아스카사는 710년 일본의 나라 천도에 따라 718년 나라에 이전되어 간고지元興寺로 개명되었다. 아스카에 남은 원래의 아스카사는 1196년 벼락을 맞아 탑과 금당이 전소되었는데, 1632년 불타 버린 아스카사 금당터에 안고인安居院이라는 암자가 들어섰다. 오늘날 아스카사 터는 국가 사적으로 지정되어 있다.

❷ 아스카사 본존불 동조석가여래 좌상, 속칭 아스카 대불 ｜ 중요문화재. 일본에서 제작된 최초의 불상, 1196년 벼락으로 불상은 얼굴 상반부와 하반신만 남기고 파손되었는데, 1632년 청동과 점토로 복원되어 1825년 안고인에 안치되었다. 사진 출처 : 위키피디아 재팬

❸ 718년 아스카사를 나라에 옮겨 놓은 간고지元興寺의 본당極楽坊과 선실禪室 ｜ 국보. 7두 건물의 지붕에는 아스카사 건립 시 백제가 파견한 와박사의 작품인 원래 아스카사 지붕의 기와 수백 장이 아직도 남아 있다. 사진 출처 : 위키피디아 재팬

안치되었다. 신이 내리는 거대한 나무기둥의 모습으로 수도 아스카에 우뚝 솟은 불탑은 신불神佛의 접점으로서 새로운 정치, 새로운 권력의 출현을 상징했다. 596년 사찰이 완성되자 백제에서 보낸 미륵석불현존하지 않음이 안치되고, 소가의 아들 젠토쿠善德가 절을 관리하며 고구려 승려 혜자惠慈와 백제 승려 혜총惠聰이 주지로 임명되었다.

606년에는 백제계 도래인 후손 돌이불사止利佛師, 통칭 토리불사에 의해 장육불丈六佛, 16척, 약 4.8m의 동조 석가여래좌상釋迦如來座像이 제작되어 금당의 본존불로 안치되었다. 속칭 '아스카 대불'로 불리는 이 불상 제작을 위해 고구려의 영양왕도 금 300량을 기증했다. 불교 공전 50여 년 만에 태어난 일본 최초의 사찰과 최초의 불상으로 상징되는 일본의 초기 불교문화, 이른바 아스카문화는 일본의 고분문화와 마찬가지로 한반도의 강력한 영향 하에 태어난 것이다.

아스카 대불을 제작한 토리불사는 일본 최초의 불사佛師, 불상 제작 기술자로, 그의 기법은 당나라 이전의 북위北魏의 양식으로 간주된다. 그는 6세기 일본에 건너온 백제계 도래인 시바타츠토司馬達等의 손자인데 이 집안은 조금彫金, 피혁, 칠공예 등을 합친 총합 기술인 마구馬具의 기술자 집단으로 일본의 최고급 장인 가문이었다. 오늘날 서구의 명품 제작사가 원래 중세의 마구 제작 가문에서 출발한 것과 유사한 상황이다.

1957년 아스카사 절터가 발굴되어 사리탑 심초心礎에서 대량의 사리 매납물이 출토되었다. 사리 용기 일괄과 함께 출토된 매납물은 금은제 장신구, 구슬, 곱은 옥, 대롱 옥, 말방울, 손칼, 철기, 갑옷으로 구성된 검경옥류劍鏡玉類와 무구 등인데 흡사 후기 고분의 부장품으로 간주될 만한 갖가지 보물들이다. 일본의 보물이 고분에서 사찰로 넘어가기 시작한 것을 상징하는 이러한 사리 매납물은 고분시대와 불교시대의 경계를 보여주는 것으로 호족들의 씨신을 받들었던 고분시대는 곧장 호족들의 씨사 불교시대로 이행한 것이다. 한반도에서 유래한 도래호족의 고분문화는 도래호족의 불교문화로 이어진 것이다.

불적佛敵 모노베가 토벌된 후 소가씨를 본받아 호족들과 왕실이 적극 선도하는 숭불의 새 시대가 시작되었다. 거대 고분에 대신하는 새로운 권력의 기념비로서 높은 불탑과 기와지붕에 채색된 주랑柱廊을 갖춘 화려한 사찰이 줄지어 나타났다. 사찰에는 또한 전에 볼 수 없던 새로운 보물로서 한반도에서 들어온 불상과 경전, 사치스러운 불구공예품 등 진귀한 보물이 수장되어 새로운 신으로 숭배를 받으며 민중의 참배가 이어졌다.

## 아스카문화는 일본문화의 시원인가?

'아스카'라고 하면 처음부터 고대 일본, 즉 야마토 왜국의 수도였다고 생각하기 십상이나 야마토 왕국이 아스카에 처음으로 궁궐을 설치한 것은 왕실에서 불교를 정식 수용한 33대 스이코여왕推古天皇, 재위 592~628 때였다. 6세기 초 28대 센카왕宣化王, 재위 536~539은 산술算術과 문자, 행정의 지식을 가지고 있던 백제계 도래인 소가마치蘇我満智의 지도하에 그때까지 궁도가 있던 미와산三輪山 일대의 토착 원시 제사권祭祀圈을 벗어나 가야, 백제계 도래인이 개척해 놓은 아스카 서

남쪽 히노쿠마檜隈에 궁을 두었다.

불교를 받아들인 6세기 말, 소가마치의 아들 소가이나메蘇我稲目와 소가이나메의 외손녀인 33대 스이코여왕 때 호족의 저택이 즐비한 아스카를 처음으로 왕도로 삼았다. 아스카시대를 개막한 주인공은 소가씨蘇我氏와 스이코여왕推古天皇, 스이코여왕의 황태자이자 소가 이나메의 외증손 쇼토쿠태자였다. 이들의 주도로 시행된 조사, 조불 사업이 도래인의 지역 아스카를 중심으로 일본의 새로운 정치와 문화시대를 전개했다. 이른바 '아스카시대'가 펼쳐진 것이다.

아스카시대라는 시대 구분은 메이지시대 건축사 및 미술사가들이 만들어낸 용어이다. 이 시대에 갑자기 나타난 다수의 불교 건축물과 불상, 불구 등과 같이 일본에서 처음으로 조영된 선진적인 건축물과 예술 공예품의 출현이라는 전대미문의 현상에 미술사가들이 이 시대를 주목한 것은 당연한 일이었다.

근대 일본 민족국가 형성기의 메이지시대는 서구에 맞서서 일본의 문화적 아이덴티티 확립을 위해 일본 전통문화와 고유문화의 발굴과 확보에 전력을 경주하던 때였다. 그런 만큼 일본 최초의 통일정권이었던 야마토 왕권 하에서 처음으로 피어난 문화다운 문화였던 아스카 문화는 일본문화의 시원으로 간주되어 일본인의 정신적 고향이며 문화적 원형으로 자리 잡게 되었다.

아스카시대는 흔히 587년모노베 멸망 야마토 왕실의 불교 수용에서 710년 수도를 아스카에서 나라로 천도하여 나라시대가 열리기까지의 약 120년 기간을 말한다. 그러나 일반적으로는 아스카시대를 세분

하여 6세기 말 불교 수용에서부터 야마토 왕국의 최대 권력자 소가씨가 멸망하는 645년의 '잇시노헨乙巳の変, 을사의 변乙巳の変. 메이지시대에 다이카 개신大化改新이라는 미칭으로 부름'까지의 초기 아스카시대와 소가씨 멸망 이후부터 나라 천도까지의 후기 아스카시대, 즉 하쿠호白鳳. 40대 덴무천황 시대의 비공식 연호 시대로 나눈다.*

초기 아스카문화가 백제 불교의 색을 진하게 보인다면 후기 아스카시대 50여 년은 한반도를 통일한 통일신라의 호국불교 문화의 강력한 영향이 나타난다. 그렇기 때문에 한반도 불교문화와 조사, 조불 기술을 그대로 이전하거나 모방하여 성립된 아스카문화를 일본문화의 원점이거나 원형이라고 말할 수 있을지는 의문이다.

당시 수도 아스카 인구의 8~9할이 도래인이었고, 게다가 왕족과 귀족 등 지배계층 대부분이 도래인이거나 도래인과 혈연관계에 있던 야마토 왕조의 아스카시대는 일본이라는 민족적, 역사적, 문화적 의식이 매우 희박한 때였다. 진정한 일본문화의 개시는 야마토국에서 일본국으로 전환하여 일본인의 민족적 자의식과 미의식이 탄생한 나라시대 이후라 할 것이다.

메이지 학자들은 일본열도에서 처음으로 문화다운 문화가 피어났던 아스카시대를 일본문화의 원형으로 내세우면서도 아스카시대를

---

* 초기 아스카시대와 후기 아스카시대의 구분을 호류지가 방화로 소실된 670년을 기준으로 보기도 한다. 불에 탄 쇼토쿠태자의 씨사 호류지를 국가가 재건한 것은 씨족불교와 국가불교를 구분하는 기준이 되고, 이것은 또한 아스카 전기와 아스카 후기를 구분하는 기준이라는 것이다.

주도하며 일본 불교문화의 원점에 자리 잡은 한반도 및 도래인 문화
는 철저히 배제하고 은폐했다.

아스카 불교는 백제의 지원으로 백제 불교를 모범으로 삼고 시작되
었지만 격동하는 대륙의 정세에 유의하며 신라와 고구려와도 밀접한
관계를 유지했던 쇼토쿠태자는 고구려와 신라로부터 각종 물품과 기
술, 인력을 제공받았다. 특히 신라에서 쇼토쿠태자에게 보낸 미륵불
상을 계기로 일본 불교는 미륵신앙을 수용하고 통일신라의 호국불교
를 본받아 씨족 불교를 극복하고 국가 불교로 나아가게 되었다.

따라서 아스카시대 일본의 불교 문화유산은 강력한 백제색의 기반
위에 신라, 고구려, 최종적으로는 통일신라를 아우르는 한반도 색채
가 농후한 위에 고구려, 백제를 통해 소화된 당나라 이전의 위진魏晉
남북조 중국 양식이 더해졌다. 그렇지만 일본에서는 고대 일본 불교
를 논할 때 한반도 불교를 배제하고 인도, 중국, 일본의 삼국 불교로
접근하는데, 이는 일본 불교와 불교미술에 대한 올바른 이해를 저해
하고 왜곡하는 심각한 문제가 아닐 수 없다.

# | 4 |

## 아스카 불교의 전령
−한반도 불상의 존재 방법

《일본서기》를 비롯하여 다수의 일본 기록은 불교 전래 초기 한반도에서 건너온 불상에 대해 기록하고 있다. 552년 백제의 성왕이 킨메이 왕에게 금동석가불상 1구를 보냈고, 이후 신라 진평왕이 579~623년 3구의 불상을 보냈다는 기록이 있지만 이러한 기록 말고도 일본의 불교 수용 무렵, 한반도로부터 수많은 불상이 건너갔을 것으로 추정된다. 일본에 불교를 전파한 전령으로서 이들 한반도에서 건너온 일본 최초의 불상들은 어떤 대우를 받고, 어떤 길을 걸어갔을까?

### 한반도 불상의 비불화
; 비불, 비불조사상, 비신상

상고시대 일본에 청동기 기물이 전래되면서 대륙에서 건너온 물건은 그 희소가치 때문에 최고로 존숭되는 보물이자 욕망과 동경의 대상이었다. 오랜 세월이 흘러도 대륙으로부터 오리지널 물품을 입수하려는 염원은 사라지지 않았기에 도래물, 즉 박래품舶來品의 가치는 절대적이었다.[32]

일본에 불교가 전래된 이후에는 대륙에서 건너온 초기 도래불이 최고의 영험을 지닌 보물로 존숭을 받았다. 일본에서는 특별히 귀하거나 영험이 있는 비보와 신보는 공개하지 않고 영구 보존을 위해 매립하거나 밀봉하여 창고에 은닉하는 오래된 비장 관습이 있다. 불상도 특별한 영험이 있는 보물로서 영구보존을 위해 은닉했던 신보의 하나였다.

불교가 처음 일본에 전래되었을 때, 일본인들은 부처를 신도의 여러 가미神 중 하나로 받아들였고, 또한 불상을 신이 머무는 신체로 이해했다. 그렇기 때문에 신이 머무는 특별한 불상은 비밀이 보장되어야 한다는 점에서 공개하지 않고 평소 사람들에게 보이지 않는 곳에 은닉해 보관하는 관행이 점차 비불祕佛로 발전했다. 이러한 비불 관행은 다른 불교국가에는 없는 일본 불교만의 특이점이다. 현재 일본에는 비불을 소장한 사찰이 900개 이상이며, 국보 비불이 10여 점, 중요문화재로 지정된 비불이 100여 점에 달한다.[33]

비불은 불상으로만 존재하는 것은 아니다. 신상神像, 또는 저명한 조사상祖師像의 경우에도 다수 존재한다. 일본에서 아주 오래된 저명한 비불은 대체로 도래 금동불이거나 한반도와 관련된 연기緣起를 지니고 있다. 그런데 저명한 비불은 대개 절대 공개될 수 없는 절대 비불이 되었기 때문에 제대로 된 조사가 행해지지 않아 비불의 유래나 형상이 확인되지 않고 미궁에 빠진 것이 대분이다.

## 3대 절대비불

현재 일본의 가장 유서 깊은 비불로서 '3대 절대비불'이 있다. 이들은 나가노현長野県 젠코지善光寺 의 일광삼존아미타불一光三尊阿彌陀佛, 도쿄 센소지淺草寺 의 비불 성관세음보살상聖観世音菩薩像, 나라 도다이지 니가츠도東大寺 二月堂 의 소관음상小観音像 인데, 그 유래로 보아 모두가 도래불로 간주된다.[34] 이들 초기 한반도 불상이 비불이 된 시기는 일본 불교가 밀교화했던 12세기 무렵일 것이다.

젠코지 본존불 아미타삼존상아미타여래, 관음, 세지보살의 세트은《일본서기》에서 552년 불교 공전 시 백제에서 일본에 전해졌다고 기록된 바로 그 최초의 불상이라는 전승이 있다. 현재 불상은 국보이며 절대 비불이다. 비불을 넣어 봉한 주자厨子, 궤짝 앞에는 가마쿠라시대鎌倉時代, 13~14세기 에 제작된 목조 복제품의 주자가 놓여 있는데 복제품 또한 비불이며 중요문화재이다. 복제품 비불이 7년에 한 번씩 공개될 때마다 엄청난 참배객이 모여든다.

센소지淺草寺 의 비불 성관세음보살상聖観世音菩薩像 은 아스카시대 도쿄만의 스미다가와隅田川 에서 고기를 잡던 히노쿠마檜前 어부 형제의 그물에 걸린 순금 관음상이라는 전승이 있지만, 에도시대의 조사에 의하면 불상은 약 20cm의 불에 탄 흔적이 있고 양팔이 없는 동조銅造 관음상이라고 한다. 857년 엔닌円仁, 제3대 天台座主 지카쿠대사慈覚

**젠코지 일광삼존아미타상의 13세기 복제품 ┃** 중요
문화재. 중앙의 아미타여래 42.2m, 우협시 관세음보살
33.2cm, 좌협시 지세보살 32.8cm 및 배후에 대형 광배가
있다. 후쿠시마현 뇨라이지如来寺 소장이었으나 도쿄국
립박물관에 기탁. 사진 출처 : 위키피디아 재팬

大師이 이 비불을 목조
상으로 복제했는데, 이
복제품 또한 비불로 간
주되어 공개되지 않는다.

도다이지 니가츠도東
大寺 二月堂의 본존은 대
소 관음상 2구인데 둘
다 저명한 절대 비불이
다. 비불 소관음상小觀音
像은 니가츠도의 창건자
신라승 짓추實忠의 기도
에 응하여 소관음 금불
상이 나니와難波, 오사카
앞바다에 출현한 것이라
는 전승이 있지만, 이 불
상은 신라승 짓추의 염

지불이었을 것이라 한다.

## 비불 조사상祖師像

비불은 불상으로만 존재하는 것은 아니다. 신상神像, 또는 저명한 조
사상祖師像의 경우에도 비불이 다수 존재한다. 조사상의 대표적 비
불로는 수백 년 절대 비불로 전해져 오다 메이지시대 개봉된 호류지

126

몽전夢殿의 구세관음상救世觀音像을 들 수 있다. 쇼토쿠태자의 등신상이라는 이 상은 도쿄대 초빙교수 미국인 어네스트 페놀로사Ernest Fenollosa가 1884년 개봉했다는 전승으로 유명하다.

당시 호류지 승려들은 이 목상이 스이코여왕推古天皇, 7세기 때 한반도에서 전해졌고 지난 200년간 개봉한 적이 없는 비불이라며 개봉을 거부했지만 페놀로사는 '칙명勅命'을 외쳐대며 승려들을 강요하여 이 목상을 칭칭 감고 있던 500야드의 목면을 풀고 솜에 쌓여 있던 상을 개봉했다고 한다.

이 불상이 최초로 기록된 8세기 호류지 문서法隆寺東院資財帳에는 이 상이 '쇼토쿠태자 등신의 관음목상'이라고 등재되어 있다. 그 다음의 기록인 10세기 호류지 문서法隆寺東院緣起에는 '태자 생시 제작된 어영御影 구세관음상'이라고 나와 있다. 첫 기록으로부터 200여 년이 지나서 쇼토쿠태자 '생시'에 제작된 태자상이라는 설명이 추가됨으로써 이 상은 일본에서 제작된 것임을 암시하고 있다.

그러나 이 목상은 백제 위덕왕이 일본에 불교를 전한 성왕의 존상尊像을 만들어 왜 왕실에 보낸 것이라는 전승이 오랫동안 전해져 왔다.[35] 이같이 몽전의 비불이 성왕의 유상인 동시에 쇼토쿠태자의 초상이며 또한 관음상이라는 여러 설로 언급되는 이유는 쇼토쿠태자 신앙 때문일 것이다.

8세기 일본에서는 일본 불교의 개조開祖로 추앙되는 쇼토쿠태자 574~622가 불교를 왜 왕실에 전한 백제 성왕504~551이 환생하여 태어난 성자이며, 또한 쇼토쿠태자가 관음의 화신이라는 태자 신앙이 급속히 확산되고 있었다.

이 상은 739년 호류지 승려 교신이 쇼토쿠태자의 이카루가궁斑鳩宮을 재건하면서 호류지 동원가람 태자의 묘실로서 몽전을 조영하고 안치한 것이라고 한다. 12세기 초 불교학자 오오에 치카미치大江親通의 기록七大寺日記 및 七大寺巡禮私記에 의하면, 원래 몽전의 주자에는 휘장이 드리워져 목상의 실견을 막았다고 한다.[36]

처음 목상을 안치했던 몽전의 주자는 4개의 기둥 위에 지붕만 있고 여기에 휘장을 둘렀던 것으로 보인다. 호류지는 1696년 몽전을 수리하며 주자에 문짝을 달았다고 하는데, 수리 기간 중 목상을 백포로 감아두었다가 몽전 수리 후 백포에 감은 목상을 주자에 다시 넣고 주자 문을 폐쇄하여 철저한 비불화가 이루어졌을 것으로 보

**구세관음보살입상**救世觀音菩薩立像, 통칭 몽전 비불 ㅣ 국보, 높이 178.8cm, 장목칠상樟木漆像, 일목조一木造. 6세기 말 아스카시대 작품. 매년 봄, 가을 2회 특별 공개되는 비불이다. 사진 출처 : 위키피디아 재팬

이며, 이를 1884년 페놀로사가 풀었던 것으로 보인다. 호류지 승려들의 말과 같이 실로 200년 만의 개봉인 것이다. 현재 몽전의 주자는 1940년 쇼와대수리昭和大修理 시에 새로 제작된 것이다.

구세관음상의 비불화 과정은 이카루가궁斑鳩宮, 호류지 동원가람을 재건하면서 이 상을 필요로 했던 호류지 승려 교신의 면밀한 각본에 따라 이루어진 듯하다. 처음 일본 불교의 개조 쇼토쿠태자는 일본에 불교를 전한 백제 성왕의 환생遷生이라는 허구가 만들어졌고 다음에는 이 목상의 지물持物을 강조하여 이 상을 관음상이라고 칭했으며, 마지막으로 세상을 구제하려고 했던 쇼토쿠태자는 관음의 화신이라는 소문이 유포되어 결국 성왕의 유상인 이 상은 성왕의 환생이자 관음의 화신 쇼토쿠태자의 상으로 바뀌었을 것이다.

승려 교신은 178cm의 키에 이국적인 용모와 복장을 갖춘 성왕의 존상을 쇼토쿠태자의 상이라고 하면 사람들이 믿지 않을 것이므로 이 상을 안치한 몽전에 휘장을 둘러 사람들의 실견을 금지했고, 오랜 기간 실견이 금지되면서 비불화가 진행되었을 것이다.[37] 모든 것은 호류지 부흥을 위해, 또는 정치적 목적을 위해 쇼토쿠태자 상이 필요했던 승려 교신이 꾸며낸 일련의 조작으로 이해해야 할 것이다. 그 결과 백제에서 온 성왕의 존상은 일본에서 제작한 쇼토쿠태자 '생존 시의 등신상'이라는 거의 살아 있는 태자의 실물이라는 환상을 줄 수 있을 만큼 강력한 우상으로 다시 태어난 것이다.

몽전을 조영한 교신은 원래 간고지願興寺, 나라에 이전된 아스카사飛鳥寺 출신 승려로 권력자의 비호를 받아 748년에 최고 승직 대승도大僧都

**8각원당의 건물 몽전**夢殿. 유메도노 ㅣ 국보. 구세관음상이 안치된 쇼토쿠태자의 묘실廟室이다. 739년 호류지 승려 교신行信이 조영. 이후 여러 차례 대폭 개조되었다. 전각 이름이 몽전인 이유는 이 전각에서 경전을 공부하던 쇼토쿠태자의 꿈에 스승인 고구려 혜자慧慈, 백제의 혜총慧總 스님과 같은 귀인이 현몽하여 경전을 풀이했다는 전승에 따른 것이라고 한다.

에 올랐으나, 주술을 행하여 승직을 박탈당했던 정치 괴승이다. 당시는 율령정치의 일환으로 칙원사敕願寺, 천황이 발원한 절가 등장하여 국가의 전폭적 지원을 받는 관사官寺의 지위를 누리고 있었다. 호류지 재건에 나선 교신으로서는 호류지도 관사에 준하는 대우를 받기 위해서는 강력한 태자 신앙을 기반으로 호류지의 위상을 격상시킬 필요가 있었다.

그는 당시 일본의 최고 권력자 후지와라 후히토藤原不比等, 쇼무천황聖武天皇의 부인 고묘시光明子의 부친로부터 자금을 받아 643년 소가씨의 공격으로 전소된 이카루가 궁터에 739년 동원가람을 재건했다. 후지와라 집안으로서도 순조로운 천황 승계가 이루어지기 위해서는 민심을 얻고 쇼토쿠태자 신앙의 후광을 빌릴 필요가 절실한 때였다. 민심을 얻기 위해서는 천황 승계에서 밀려나 억울한 죽음을 맞은 황실의 정적 나가노왕長屋王을 진혼할 필요가 있었다. 그렇지만 이에 앞서 원혼의 진원지인 이카루가궁을 재건하여 200여 년 전 이카루가궁에서 정치적 죽음을 맞은 쇼토쿠태자 후손의 원혼을 먼저 진혼해야 했다.

이런 맥락에서 교신은 태자 신앙의 본거지로 쇼토쿠태자의 이카루가궁에 호류지 동원가람을 재건하고 몽전을 세워 쇼토쿠태자 일가의 원혼을 진혼했다. 그런 다음 태자 관련 유품을 정비하여 태자신앙을 확립해나가는 과정에서 쇼토쿠태자는 성왕의 환생이며 관음의 화신이라는 소문이 유포되며 태자 신앙의 우상으로 비불 구세관음이 태어났을 것이다.

한편 구세관음상은 6세기 말에 제작된 아스카 불상인데, 737년 재건된 동원가람의 몽전에 안치된 것으로 처음 등장한다. 그렇다면 이 불상이 제작되어 몽전에 안치될 때까지 100년 이상 어디에 보관되어 있었단 말인가? 이 상은 백제에서 제작되어 아스카사 완공 축하사절단으로 597년 일본에 건너간 위덕왕의 아들 아좌태자阿佐太子, 572년~645년가 가져갔을 것으로 추정하는 설이 있다.[38]

승려 교신이 원래 아스카사였던 간고지願興寺 출신 승려였다가 호류지로 옮겨갔음에 비추어 일리가 있는 설이라 하겠다. 교신은 아스카사에 안치되어 있던 성왕의 훌륭한 유상을 탐냈고, 후에 쇼토쿠태자는 성왕의 환생이라는 태자 신앙을 주장하며 성왕의 유상은 곧 쇼토쿠태자상이라 하여 이 상을 아스카사에서 호류지로 옮겨왔을 것으로 추측할 수 있다.

일본미술사학계는 구세관음상의 백제 제작설에 대해 구세관음상은 일본에 자생하는 쿠스노키樟木, 녹나무로 제작된 일본제 불상으로서 한반도 제작설은 호류지에 전해 오는 구전일 뿐이라며 일축하고 있다. 그러나 6세기 말, 사찰도 불상도 희귀했던 아스카시대 일본에서 최고 수준의 칠도금 불상이 불쑥 나타났는데, 이를 두고 일본 작품이라는 설은 수긍하기 어렵다. 양손을 가슴에 모아 보주를 들고 있는 모습은 백제계의 상에 그 사례가 많다.

어쨌든 오늘날 큰 키에 높은 코를 가진 이국적인 모습을 보이는 구세관음은 호류지의 또 하나의 보물 구다라관음百濟觀音과 마찬가지로 8세기 이후 일본적인 화려한 불상이 나오기 이전의 작품이다. 이러한 목상은 고구려에 전해진 북위北魏 양식을 기본으로 한 백제 불상이라는 것이 통설이다. 그러나 이러한 목상이 한국이나 중국에 남아 있는 것이 없기에 이 상의 기원은 여전히 미스터리로 남아 있다.

## 비신상으로 탄생한 산신령

일본 동북지방의 후나가타산船形山, 미야기현宮城県과 야마가타현山形県의 접경 지역의 오래된 신사인 후나가타야마 신사船形山神社는 예로부터 유명한 비신상秘神像 금강보살금동입상을 가지고 있다. 이 비신상은 이 지방에서 받드는 후나가타야마의 산신령의 신체로 간주된다. 이 산신은 봄 농사철에 산에서 내려와 밭의 신이 되어 풍작을 보호하고 추수가 끝나면 다시 산으로 돌아가 산신이 된다는 전승이 있다.

주민들은 이 비신상을 평소에는 후나가타 산속 비밀의 동굴에 은 닉해 두었다가 매년 5월 1일 후나가타야마 신사의 제일祭日에 비밀의 동굴에 숨겨 놓은 비신상을 꺼내 와서 산중의 신사에 안치한다. 신상 이 개봉되면 주민들이 참배하고, 제사가 끝나면 비신상은 다시 극비 리에 동굴에 매납된다.

1979년 일본의 불상 전문가 구노 다케시久野健가 이 비신상을 조 사한 바 있다. 높이 15cm 전체 높이는 19.4cm 의 이 비신상은 아미타여래, 관음, 세지보살을 세트로 하는 일광삼존아미타상一光三存阿彌陀像에 서 떨어져 나온 협시불 관음상으로 추정되며 불에 탄 흔적이 있다고 한다.

불상은 북위北魏 형식의 아스카 불상으로 6세기 한반도 삼국시대 의 불상으로 추정되는데, 이런 형식은 호류지 헌납 보물 48체불 중의 도래불로 간주되는 143호 여래삼존상 및 부여 규암리 출토 보살입상 과도 똑같은 형식이다. 이 비신상은 도래불인 것은 확실하지만 어떤 경로로 동북지방의 후나가타야마에 도래했는지는 알 수 없다.

에미시아이누족의 거주지였던 이곳은 도래인들이 8~9세기 개척했 던 지역이기도 하다. 개척시대에 활약했던 도래인 조상을 신으로 모 시며 도래인 조상이 지녔던 염지불의 영험을 숭배했던 지역 주민들의 신앙이 풍작을 지켜주는 후나가타야마 산신의 전승을 낳았을 것으로 짐작된다.

불상 전문가 구노 다케시는 고대 불상을 비불이나 비신상이라 하 여 극비리에 은닉하는 이러한 신앙 형식이 앞으로도 계속된다면, 과

❶ 후나가타야마 신사船形山神社 비신상을 동굴에서 꺼내 신사에 안치하는 마쓰리梵天ばやい ｜ 미야기현의 무형민속문화재로 지정되어 있다. 사진 출처 : 미야기현 공식 홈페이지, 2021.4.30.

❷ 후나가타야마 신사船形山神社 비신상 금강보살금동입상 ｜ 사진 출처 : 미야기현 공식 홈페이지, 2021.4.30.

비신상과 유형이 비슷한 충남 부여 규암리 금동관음보살입상 ｜ 한국 국보 제293호 사진 출처 : 위키백과

연 이같이 귀중한 고대 불상이 무사히 보전될 수 있을지 일본의 비불전통에 의문을 표하고 있다.[39] 구노의 염려대로 일본의 비불 관행으로 인해 초기 한반도에서 건너온 희귀한 불상의 많은 수가 그 실체가 제대로 밝혀지지 않고 영원히 미궁에 빠져 버렸을 것이다. 오늘날 일본에는 비불 국보만도 10여 개에 달하는데 도쿄국립박물관에서는 비불 전시회도 개최되어 국가 차원에서 비불 관행을 장려하는 인상마저 풍기고 있다.

## 일본의 비불 관행

; 마레비토來訪神 론, 도래인 조상의 기억*

'비불祕佛'이란 공개하지 않는 불상을 말한다. 일본의 많은 불교 사찰은 영험이 있다고 알려진 불상을 본당에 공개적으로 안치하는 대신 겹겹의 궤짝廚子에 넣어 자물쇠로 밀봉하고 수미단의 뒤쪽 으슥한 곳에 숨겨두는데, 이것이 바로 비불이다. 많은 경우, 비불을 넣은 주자 앞에는 비불의 복제품을 넣은 궤짝이 다시 설치된다. 소위 마에다치 본존前立 本尊이라 하는 이 복제품 역시 비불로 취급될 만큼 비불의 영험은 강력하다.

비불을 소유한 사찰은 '카이초開帳'라 불리는 사보寺寶 공개 행사를 통해 특정 기간에 비불을 공개하는데, 카이초 행사에는 영험이 있다고 소문난 비불을 보기 위해 엄청난 참배객이 모여들어 입장료를 지불하므로 사찰 측은 막대한 재원이 조성된다. 카이초는 비불을 소유한 사찰에서 열리기도 하지만 보다 많은 참배객을 끌어들이기 위해 보통은 대도시 사찰을 빌리거나 전국 순회 개장을 연다. 개장 회수는 수십 년에 1회, 매년 1~2회, 또는 계절별로 개최되는데 기간은 보통 3일에서 60일 정도이다. 에도정부는 사찰의 카이초 허가를 통해 종교에 대한 통제권을 갖고 지방의 다이묘들을 조종했다.

비불 중에는 복제품도 없이 절대로 공개되지 않는 절대비불이 있

---

* 다음은 허남린의 〈비불의 전시와 일본의 종교문화 : 개장開帳〉《종교와 문화》 14호, 2008에서 주로 참조하였음을 밝힌다.

는데, 이것은 사찰의 최고 성직자도 볼 수 없다. 매년 한 차례 주자궤짝를 청소하는 경우에 한해서만 배견할 수 있지만 그것도 직접 얼굴을 맞댈 수 없고 등을 돌리거나 눈을 감아야 한다. 이같이 비불의 비밀성, 신비성이 절대화되고 이를 어길 경우는 목숨조차 앗길 수 있다는 신앙이 형성되면서 절대비불은 볼 수도, 사진 촬영도 허용되지 않는다. 따라서 절대비불이 파손되면 불상의 존재 여부나 그 형상은 영원히 미궁 속으로 사라지게 된다.

비불과 카이초는 불교국가들 중에서 일본에만 있는 특유한 종교 현상이다. 불상을 궤짝에 봉하여 일정 기간에만 공개함으로써 참배객을 유인하고, 흔히는 웃돈을 내는 신도에게는 좀 더 가까운 거리에서 대면을 허용하는 사찰의 노골적인 유객 활동이다. 이러한 비불 관행은 비록 그 돈이 사찰의 보수나 유지를 위해 사용된다 하더라도 보편적 구제를 설파하는 불교의 가르침에 어긋나는 비신앙적 행태이며 반불교적 행위라고도 볼 수 있다.

카이초 행사는 많은 군중이 운집한 가운데 비불의 스토리를 과장해서 소개하는 출판물이 배포되는 한편 불교와는 관련이 없는 우키요에浮世絵 서민용 풍속화 전시회나 가부키, 인형극, 만담, 서커스 등 공연이 열리고 술집, 목욕탕, 유곽 등 각종 유흥업이 참여하는 대중문화의 장을 제공한다. 이 같은 사찰의 비불 공개행사는 종교행사라고 하기에는 너무나 속되고 점차 타락해간 면이 있다. 비불 공개 행사에서 웃돈을 내는 사람만이 불상을 가까이서 보거나 만지게 하는 관행을 빗대어 석존釋尊도 돈만 지불한다면 유곽의 창기娼妓와 다를 바 없다는

탄식이 나올 정도였다. [40]

오늘날에도 일본에서 카이초 행사는 사찰의 유서 깊고 진기한 고물과 보물 등 볼거리를 제공하는 대중문화 행사로서 성황을 이루지만 때로는 도쿄 국립박물관에서도 문화재로서의 비불전시회가 개최되고 있다. 최근에는 카이초가 사찰이나 공공시설보다는 백화점과 같은 번잡한 상업시설에서 개최되어 상업적으로 대성공을 거두고 있어 일본의 비불 관행은 더욱 융성해가고 있다. 카이초 행사는 불상의 신비한 영험을 체험하고자 하는 신자들의 욕구와 재원을 조달하려는 사찰의 경제적 동기가 맞아떨어진 현상이지만, 비불관행의 근저에는 불상과 같은 도래물을 재보로 간주하여 은닉해 온 일본인들의 오래된 보물관이 있다고 할 것이다.

비불문화의 더 큰 배경으로는 불교와 신도의 상호 영향 속에서 탄생하여 발전해 온 일본 특유의 신불습합의 종교문화를 지적해야 할 것이다. 일본에서 신도神道의 신은 눈에 보이지 않는 존재로 특정 제사 기간 중 강림하여 신사의 신체에 임시로 머문다. 신이 머무는 신체는 비밀이 보장되어야 하기 때문에 사람들의 눈에 보이지 않도록 신사의 으슥한 구석에 안치하고 신이 제사를 받으러 오는 마쓰리祭り에만 개방한다.

일본에서 불교 전래 초기의 사찰은 불교 철학과는 무관하게 씨족 조상신을 제사 지내는 장소였고, 불상은 신이 머무는 신체이며 사찰에 바치는 공물의 일종이었다. 영험이 뛰어나다고 믿어지는 특정 불상에 커다란 신비성을 부여한 데서 비불 관념이 생겨났으며 9세기 이후 극단적 신비주의와 현세적 이익을 추구하는 밀교가 전래되면서 본격적인 비불 관행이 정착된 것으로 보인다.

비불의 첫 번째 요건은 영험이 큰 불상이다. 영목靈木으로 깎은 불상은 우선적으로 비불로 간주되지만 원래 일본의 비불은 목조 불상보다 훨씬 오래된, 반짝이는 금동 재질의 작은 불상이 대다수이다. 번쩍이는 청동기물을 숭배했던 무속신앙이 청동불을 숭배하는 불교 신앙으로 발전했을 것이다.

청동불은 대체로 한반도에서 떠 내려와 물가에서 건졌다는 전승을 지녔거나 도래인과 관련되었다는 유래가 있는데, 이는 불상의 도래 원천을 시사한다. 비불의 의상이나 장신구의 형식이 대체로 고대 한반도에서 제작된 불상의 특징을 보이는 것도 비불의 원형이 도래불인 점을 강하게 암시한다. 도래인이 다수 거주했던 야마토 지역이나 동해 연안에 면한 지역北陸에서 비불 사례가 많다는 점에서도 비불은 도래인이 지녔던 염지불念持佛의 영험을 숭배했던 일본인들의 무의식이 반영된 것으로도 볼 수 있을 것이다.

메이지시대의 저명한 민속학자 오리구치 시노부折口信夫, 1887~1953는 비불에 관한 설명으로 '마레비토來訪神' 이론을 제시했다. 일본에는 예로부터 '도코요常世'라는 이향異鄉에서 지혜와 복을 가져오는 영적 이인靈的 異人이 내방한다는 신앙이 존재했는데,《기기》에서 신보를 가지고 건너왔다는 신라의 왕자 아메노히보코天日槍도 그러한 이방신의 하나였다.

오리구치는 그의 저술《고대연구古代研究》에서 이같이 이향으로부터 드물게 오는 이신異神, 즉 '마레비토稀人, 客人'는 자신의 영원한 거처, 도코요常世, 異鄕로부터 특정한 시기에 잠시 인간세상을 방문하여 지혜와 행운을 선사하고 다시 자신의 영원한 거처로 돌아간다는 것이다. 여기서 일본 고대신화의 배경이 된 도코요, 즉 마레비토의 영원한 거처는 바다 저쪽의 나라이다. 오리구치는 고대 민족 이동의 역사에서 일본에 정착한 고대인들이 이별하고 떠나온 바다 저쪽의 영원한 땅한반도이겠지만, 오리구치는 중국 남부라고 추정에 대한 기억과 그리움이 내방신의 관념을 만들어냈다는 것이다.

일본인들의 마쓰리는 조상신에게 바치는 제사로서 타계에 거처하는 조상신이 손님으로서 잠시 인간세상을 방문할 때 그를 맞이하는 행사이며, 이때 신이 잠시 쉬어가는 신체로서 비불이 설정되었다는 것이다.[41] 이처럼 타계에서 찾아온 신, 마레비토의 영접과 관련된 비불 관념은 일본인의 마음 깊이 드리운 도래인 조상에 대한 기억을 강하게 암시한다고 할 수 있을 것이다. 기원전 3세기 무렵부터 백제가 망하는 7세기 말까지 건너와 일본인과 일본을 만들었던 조상을 기억하며 숭배하는 일본인들의 원초적 신앙이 비불에 담긴 것으로 이해될 수 있을 것이다.

일본인들의 무의식에 깊이 저장된 도래인, 도래물과 궤를 같이 하는 신보, 비보 및 비불 관념은 수백 년 지속된 고분시대와 불교시대를 거치며 특별한 영험의 보물을 지하의 묘실에 부장하거나 사찰이나 신사에 깊이 은닉하는 비보 및 비불 관행으로 발전했고, 이러한 관행은 오늘날 일본문화재의 기본구조를 잘 보여준다.

첫째, 비보와 비불 관행은 일본에서 그토록 많은 고물들이 오늘날까지 잘 보전되어 온 좋은 근거가 된다. 일본에서는 지진, 화산 폭발, 태풍과 같은 천재지변이 끊임없이 엄습하는데다 전쟁으로 날이 지샜던 중세 무가武家 시대와 근대 여명기의 센코쿠戰國 시대에는 수없는 내전으로 수도를 비롯하여 일본 전역이 초토화되었고 메이지 초기에는 폐불훼석의 광란으로 무수한 고물이 파괴되었다.

그럼에도 불구하고 일본의 고대, 중세 문화재는 중국이나 한국, 다른 그 어떤 나라에 비해서도 너무나 온전히 보존되어 있다. 그것은 귀중한 보물을 솜에 싸서 여러 겹의 궤짝에 넣고 봉하여 땅에 파묻거나 창고 깊이 은닉하고 공개하지 않는 오래된 관행 덕분일 것이다. 더구나 보물의 영속화를 위해 복제품을 제작하여 원본과 마찬가지의 가치를 부여하는 관행은 세계에 유례가 없는 일본만의 독특한 관행이다.

둘째, 일본의 비보와 비불 관행은 일본의 문화재를 공개된 문화재와 은닉된 문화재로 나눈다. 전자는 박물관 등 공공에 개방되어 국민의 문화재로 공인된 일반적 문화재이며, 후자는 공공으로부터 은닉된 문화재, 예를 들면 사찰의 비불이나 신사의 신체, 황실의 재산으로서 어물이라든지 천황릉과 같이 비밀에 쌓인 비공개 문화재이다. 이같이 문화재가 공개, 비공개 문화재로 나뉘어져 있는 상황 또한 일본만의 특이한 문화재 제도이다.[42]

# 성형을 한 신라불상

## ; 코류지 미륵보살반가상

교토 코류지廣隆寺 의 본존은 일본 국보 제1호 목조 미륵보살반가상彌勒菩薩半跏像 으로, 통칭 보관미륵寶冠彌勒 이다. 보관미륵의 유래에 관해서는 쇼토쿠태자의 후원자였던 신라 도래계 호족 하타노 가와카츠秦河勝 가 신라에서 받은 불상을 코류지의 전신인 교토의 사찰하타데라秦寺와 하치오카데라蜂岡寺 에 안치했다는《일본서기》의 2개의 기록이 있고, 더불어 코류지의 본존 미륵보살반가상은 신라에서 온 불상이라는 전승이 코류지 내에 오래 전부터 확립되어 있었다.

보관미륵은 고대 일본 불상에는 유례가 없는 적송赤松 으로 조각되었고, 얼굴부터 손가락까지 하나의 나무로 조각된 매우 우수한 조각술을 보인다는 점과 한국의 대표적 미륵반가상국보 제83호과 형상이 아주 비슷하다는 점에서 일본 내에서도 한반도에서 건너갔다는 것이 통설로 되어 있다.

현재 코류지에는 본존인 보관미륵 외에 또 다른 미륵불상으로 관이 없는 보계불상寶髻彌勒, 통칭 우는 미륵, 泣き彌勒, 국보이 존재한다. 이 보계불상은 일본에 자생하는 쿠스노키樟木 로 제작되었다. 그런데 보계미륵은 한국의 또 하나의 대표적 미륵반가상국보 제78호과 흡사하기 때문에 이 불상 또한 신라에서 전해진 불상 중 하나가 아니라면 한반도 원본을 모사한 작품으로 추정되고 있다.

메이지시대 중기인 1880년대, 일본이 선진국 대열에 진입하게 되면서 메이지정부는 문화재 확보와 보호 차원에서 전국에 소재하는 주

❶ **보계불상**寶髻彌勒 ㅣ 우는 미륵 사진 출처 : 위키피디아 재팬
❷ **미륵반가상** ㅣ 한국의 국보 제78호. 사진 출처 : 위키백과
❸ **코류지 보관미륵** ㅣ 사진 출처 : 위키피디아 재팬
❹ **금동미륵보살반가사유상** ㅣ 한국의 국보 제83호. 사진 출처 : 위키백과

요 국보의 수리와 복제 사업을 중요한 문화 정책으로 시행했다. 이 같
은 복제 사업은 메이지시대 문화계의 지도자 오카쿠라 덴신岡倉天心
이 고미술 보존과 복원을 위해 1898년 설립한 일본미술원에서 전담

했다. 오늘날 현존하는 일본의 고대 불교 예술품은 거의 모두 일본미술원의 손을 거쳐 수리되었거나 복제되었다고 봐도 무방할 것이다.

1904~1905년 일본미술원의 고古 불상 복제 전문가 니이로 추노스케新納忠之介 가 코류지 보관미륵을 한 차례 수리 복구한 적이 있다. 소위 메이지수리明治修理 이다. 당시 보관미륵상의 발 부분이 퇴락하여 불상을 창고로 옮겨 놓고 발을 새로 복구했다고 한다. 그런데 불상의 발 복구 작업이 끝나고 나서 불상의 얼굴과 체격 등 보관미륵의 전체적인 인상이 확 변했다. 즉, 복구 작업에서 발만 수리한 것이 아니라 불상의 얼굴과 몸집에 대대적인 성형이 은밀히 이루어진 것이었다.

종래 보관미륵은 한국의 국보 제83호 금동반가사유상과 얼굴이나 몸체 전반의 인상이 꼭 닮은 쌍둥이 불상으로 정평이 나 있었는데, 메이지 수리를 거친 보관미륵은 원래의 통통한 얼굴과 다부진 체격이 주는 투박한 한국적 분위기가 사라지고 섬세한 얼굴과 가냘픈 체격, 소위 샤프한 일본인의 모습으로 변한 것이다. 보관미륵의 성형 사실에 관해서는 일본에서 공공연히 거론되지 않았고, 지금도 쉬쉬하는 분위기이다. 더욱이 성형의 배경에 관해서는 알려진 것이 거의 없고 단지 추측만이 가능할 뿐이다.

당시는 최초로《일본미술사Histoire de l'art du Japon》가 출판되어 1901년 파리 만국박람회에서 금상을 수상한 계기로 일본미술에 대한 국제적 관심이 고조되던 때였다. 그 무렵 일본의 문화예술계를 주도했던 오카쿠라 덴신은 일본문화의 뿌리를 찾아 중국과 인도를 방문한 후, 일본은 동양의 모든 문화를 받아들여 이를 보존 전수해 온 동양문화의 중심이라고 주장하며 인도, 중국, 일본 동양 3국이 이끌어 온 동양문화는 일본을 중심으로 구미문화에 맞서야 한다는 주장을 내비치고 있었다.

덴신을 비롯한 일본의 대부분의 학자들은 인도, 중국, 일본의 삼국 불교나 동양문화를 논하면서 일본의 불교 문화예술의 원점에 존재하는 한반도의 불교에 관해서는 철저히 언급을 회피했다. 따라서 일본의 저명한 불상에 뚜렷이 보이는 조선의 이미지는 제거되어야 했을 것이다. 이것이 메이지 수리에서 보관미륵의 얼굴이 바뀐 이유라고 추측할 수 있다. 메이지수리를 담당한 니이로 추노스케는 오카쿠라 덴신의 동료이자 후계자로서 그는 덴신의 뜻을 간파했을 것이다.

1924년 불상 전문 사진작가 오가와 세이요小川晴暘 는 메이지 수리 이후 새로이 태어난 보관미륵의 흑백사진을 찍어 일본의 고미술 잡지 〈불교미술佛教美術〉의 창간호 권두에 실었다. 불상의 상반신을 비스듬히 찍은 이 사진은 양미간이 높고, 콧날이 날카로우며, 평평한 가슴과 호리호리한 체격에 평온한 미소를 띠며 명상에 잠긴 아름다운 불상을 완벽하게 재현했다.

뺨에 닿을 듯 말 듯, 섬세하고 나긋나긋한 손가락까지 포함하여 청초하고 이지적이며 기품 있는 이 불상은 일본인의 미적 감성과 조형감각을 여실히 보여주는 것이라는 세평을 받으며 일본 국민들에게 보관미륵의 압도적인 매력을 어필했다. 그때까지 특별히 유명하지 않았던 보관미륵은 이 사진을 계기로 일본을 대표하는 불상으로 폭발적인

인기를 끌어 모으며 일
약 일본의 국민 불상으
로 부상했다. 보관미륵은
당시 제1차 세계대전의
승전국으로서 약진하는
일본의 강력한 전투적
이미지에 더하여 모던하
고 섬세하며, 이지적이
라는 일본인의 희망적인
자화상을 충족시켜 주었
음에 틀림없다.

오가와 세이요 반가상 ㅣ 사진 출처 : 코류지廣隆寺 영보전
靈寶殿 입구의 안내 사진

　그런데 전후 1980년
대 일본사회에서 경제부
흥과 함께 문화재에 대한 관심이 집중되면서 국보 제1호인 코류지의
보관미륵은 그 대중적 인기에도 불구하고 불상의 가슴이 너무 납작하
여 상반신과 하반신이 조화를 이루지 못하며 손가락이 너무 가늘고
무엇보다도 적송으로 제작된 불상이라면 도래불일 텐데도 얼굴 표정
은 너무도 일본적이어서 석연치 않다는 의문이 피어났다. 또한 보관
미륵의 얼굴이 예전 모습과는 다르다는 사실도 웬만한 불상 전문가들
은 다 알고 있었다.

　때마침 NHK는 일본 각지의 국보를 소개하는 〈국보여행國寶への
旅〉이라는 프로그램을 방영하고 있었는데, 보관미륵의 성형 의혹에

관한 소문도 확실히 하고 보관미륵과 한국의 국보 83호와의 관계도 밝힐 겸 보관미륵을 아스카시대 제작 당시의 모습으로 되돌려보는 복원 작업을 시도했다.

1986년 NHK는 메이지 수리 전의 사진과 남아 있던 석고 마스크를 참고하여 반가상의 원래 모습을 회복하는 작업을 스튜디오에서 촬영하여 방영했다. 복원 작업은 일본미술원 국보 수리부장 니시무라 고초西村公朝, 1915~2003가 총지휘했는데, 그는 1960년 관람객에 의해 훼손된 보관미륵의 손가락 복원을 담당했던 불상 복원의 제일인자였다.

전문가들이 메이지 수리 이전의 사진1901년 촬영을 참조하여 석고 모형의 가슴과 목, 얼굴에 톱밥 칠乾漆을 덧칠했다. 얼굴에만 무려 4~5mm 두께의 건칠이 더해졌고, 가슴은 훨씬 더 두텁게 덧칠되었다. 그 결과 복원된 불상은 가슴이 지금보다 훨씬 부풀러졌고, 얼굴은 통통해졌다. 얼굴과 몸체의 볼륨이 살아나면서 보관미륵상은 한국의 국보83호 반가상과 꼭 같은 모습을 보여주었다. 덧칠한 손가락도 지금보다 더 통통하여 원래의 모습은 한국의 국보 83호 불상과 마찬가지로 손가락이 뺨에 닿아 있었을 가능성도 있다.

NHK 복원 작업의 책임자 니시무라는 원래의 보관미륵불상은 가슴에서 얼굴, 목과 손가락까지 두터운 톱밥 건칠木屎漆이 되어 있었지만 보관미륵의 발을 수리했던 메이지 수리 때 불상의 건칠이 깎여 나간 것으로 추정했다. 메이지 수리 작업에 참여했던 후지무라 신지로藤村新次郎라는 조각가는 벌레 먹고 문드러진 나무 표면에 톱밥을 밀어 넣고 단단히 눌러서 매끄러운 피부결로 살려내기 위해 불상 표면의 건칠을 대폭 벗겨내며 나무결을 다듬고 코와 눈썹을 깎아냄으로써 이 과정에서 불상의 얼굴이 변했을 것임을 인정했다. 복원에 참여한 사람들이 불상의 얼굴을 일본풍으로 바꾸어 놓기 위해 대담한 수법을 불사했음은 의심의 여지가 없다.[43]

불상의 얼굴을 일본인 얼굴로 변형시킨 것은 불상에 나타난 조선의 흔적을 지우려는 목적이었을 것이다. 그렇지만 불상 변조의 진짜 목적은 불상에 나타난 조선인 이미지를 지우려는 목적보다는 일본인의 얼굴 모습을 보여 주는 이 불상이야말로 조선인이 아닌 일본인이 제작한 일본제 불상이라는, 불상에 대한 강렬한 소유욕이 성형의 더 깊은 배경이 아니었나 생각된다. 그래서였을까? 이 불상은 얼굴 모습이 일본적으로 변형된 후에 거리낌 없이 1951년 국보 제1호에 지정되었다. 그때까지 일본 국보 제1호는 백제에서 건너왔다는 전승이 있는 호류지의 구다라관음상百濟觀音像 이었다.

그런데 1904년 메이지 수리 당시 담당자들은 보관미륵의 재질이 쿠스노키樟木 라고 믿고 있었다. 아스카시대의 거의 모든 목불상의 재질이 쿠스노키였기 때문이다. 메이지 수리에서 훼손된 보관미륵의 발을 수리했던 총책임자 니이로 추노스케조차 적송의 보관미륵 몸체에 쿠스노키를 잇대어 불상의 발을 복구했다고 한다.

불상의 목재가 적송임이 밝혀진 것은 1960년대에 이르러서였다. 치바千葉 대학 교수이자 목재학자인 고하라 지로小原二郎 가 코류지로부터 보관미륵의 내부에서 긁어낸 소량의 목재 부스러기를 얻어 이를 과학적으로 분석하고 그 결과를 학술지에 발표했다. 그 결과 처음으로 보관미륵의 재질이 적송임이 밝혀지고 일본에서 제작된 불상이 아닐 것이라는 학술적 의견이 공표된 것이다.

이때 일본 문화청은 재빨리 '국보 제1호는 쿠스노키'라는 증서를 코류지에 교부하여 더 이상 불상의 재질에 관한 논의를 봉쇄하는 한편, 적송임을 밝힌 고하라 교수에 대해서는 망설妄說을 발표했다고 엄중히 질책하면서 재질은 적송이지만 조선 제작설은 취소하는 것으로 결론을 내라고 압력을 가했다고 한다. 코류지 보관미륵이 도래불상일 것이라는 의문이 학계에 만연했는데, 여기에 적송 재질이 발표되자 일본 국보 제1호의 한반도 제작설이 굳어지기 시작한 것이다.[44]

제2차 세계대전이 끝난 직후인 1945년 가을, 패전국 일본을 방문한 독일 철학자 칼 야스퍼스Karl Jaspers는 코류지 미륵불상에 대해 다음과 같은 최고의 찬사를 표했다.

지상의 모든 시간적 속박을 초월하여 얻은 인간 실존의 진실로 청정한, 평화로운, 영원한 모습을 구현한 이 불상은 인간 실존의 최고 이념을 표상한 구극究極의 예술작품이다.[45]

그의 이 유명한 찬사는 그가 교토의 코류지를 방문하여 불상을 대면하고 받은 감명을 전한 것이 아니라 오가와의 흑백사진을 보고 남긴 소감이다.[46] 야스퍼스의 이러한 찬사에 일본인들이 크게 고무되었음은 물론이다. 이를 계기로 일본인들은 모든 것이 파괴되고 사라진 패전국 일본이지만 그래도 남아 있는 일본문화재를 활용하여 향후 일본은 세계문화와 평화에 기여해야 할 것이라는 각오를 다짐했을 것이다.

그런데 유태인의 남편이라는 이유로 나치의 박해를 받았던 실존철학자 야스퍼스는 제2차 세계대전 후 여러 강의와 저술을 통해 법적, 정치적, 도덕적 측면에서 전쟁 책임에 대한 냉엄한 자기반성을 촉구했던 선구적인 전쟁 책임론자였다. 그러던 그가 전쟁 도발의 결과로 원자폭탄을 맞은 전범국 일본에서 코류지 불상을 통해 역설적으로 평화의 이념을 이끌어낸 것은 이를 통해 일본인들에게 깊은 성찰의 계기를 촉구하기 위해서였을 것이다.

패전국 일본에 한 구의 불상을 통해 그토록 너그러운 평화의 메시지를 전한 야스퍼스에게 일본의 지식인, 문화인들이 구체적으로 어떤 반응을 보였는지는 알려지지 않았다. 적어도 일본은 야스퍼스가 그토록 평가한 불상의 유래에 관해 솔직히 털어 놓음으로써 야스퍼스의 관용에 대해 정직함으로 화답할 수 있었을 것이다. 그런데 야스퍼스가 본래의 코류지 미륵상, 한국적 풍모의 불상을 보았다 해도 동일한 인상을 받았을지 자못 궁금하다. 메이지 수리 이전의 통통한 한국적 얼굴의 불상에서도 야스퍼스는 인간 실존의 최고 이념을 보았을까?

메이지 수리의 성형으로 태어난 새로운 불상의 매력에 빠진 대다수 일본인들은 이러한 보관미륵 얼굴 모습의 변화를 별 반감 없이 받아들이고 있다. 그러나 저명한 미술사가 안도 코세이安藤更生는 이것이 당시 최상의 수리 방법이었는지, 그러한 변형이 일본인의 취향에 따른 것이었는지 많은 의문이 남는다는 비판적인 입장을 표명하기도

했다. 또한 복원 작업을 실시하여 원래의 모습을 밝혀낸 NHK는 '오늘의 현대인의 감성에나 맞는 저런 얼굴을 좋아하는 병적인 감각이 실제로 아스카시대에 있었다면 이것은 일본미술 사상 중대한 문제일 것'이라고 평한 바 있다.[47]

그런가 하면 이러한 미륵상의 성형에 대해 일본미술사가 나가이 신이치永井信一는 '고치기 전에는 한국인의 얼굴이었는데 일본인의 얼굴로 고쳐서 일본인에게 더 사랑받게 된 것이다. 그리고 이러한 행위를 했다고 해서 국보의 가치를 손상했다고는 생각지 않는다'고 말했다.[48] 1천 년 이상 보존되어 온 국보급 불상의 얼굴을 국가의 의도대로 뜯어고쳐 훼손하는 폭력적 문화정책도 큰 문제지만 이를 별 문제 없다고 말하거나 모른 척하는 일본 지식인 사회의 문제점은 더욱 크다 할 것이다.


## 복제된 백제불상

; 호류지法隆寺 구다라관음百濟觀音

일본에 불교가 공식 전래되어 일본 최초의 사찰 아스카사가 태어난 6세기 말 무렵, 아스카 북서쪽의 이카루가斑鳩에는 쇼토쿠태자의 씨사인 호류지法隆寺가 세워졌다. 호류지에는 불교 수용 초기 한반도에서 건너온 것으로 보이는 뛰어난 고불상이 여럿 있는데 대부분 언제 누가 제작하여 어떻게 호류지에 오게 되었는지 유래가 알려지지 않은 불상들이다.

그중의 하나가 호류지 구다라관음百濟觀音이다. 신장 2m의 보기 드문 장신에 고졸한 미소를 머금은 이국적인 불상으로서 1897년 일본 최초의 국보 제도를 시행했을 때 국보 제1호로 지정되었던 뛰어난 불상이다. 모습이 이국적이고 백제에서 전래되었다는 오래된 전승과 소문이 있어 도래불상으로 알려져 왔지만 일본에 주로 자생하는 쿠스노키로 제작되었다는 이유로 현재 일본에서는 이 불상이 일본에서 제작된 7세기 아스카불이라고 설명되고 있다.

그렇지만 7세기 불교 수용 직후의 야마토국에서 이같이 수준 높은 불상이 제작되었다고 보기는 어려울 것이다. 이 불상에 관한 최초의 기록은 1698년에 작성된 호류지 문서法隆寺佛體數量記인 것으로 보아 이 불상은 17세기쯤 다른 사찰에서 옮겨 온 것으로 추정된다. 그러나 어느 사찰에서 누가 어떤 상황에서 옮겼는지는 전혀 알 수 없다. 최초의 기록에는 이 불상이 인도에서 제작되어 백제를 거쳐 일본에 전래된 허공장보살虛空藏菩薩이라고 기록되어 있다. 이 또한 불상의 한반도 제작 유래를 감추기 위해, 또는 불교 발생지 인도와의 친연성親緣性을 과시하고자 인도 제작설을 조작해 낸 것으로 추측할 수 있다.

그런데 1911년 호류지 창고에서 우연히 불상의 보관寶冠이 발견되었다. 한반도계 유물의 증표라 할 수 있는 금동투조의 보관에는 관음의 특징인 화불化佛, 작은 여래형如來形 불상이 새겨져 있어 이 불상이 한반도 유래의 관음상임이 확인되었다. 이 불상은 호류지 몽전의 구세관음상과 마찬가지로 도래인 제작의 증표로 간주되는 일목조 불상一木造 佛像, 하나의 나무를 깎아 불상 전체를 제작이다.

**구다라관음** | 높이 209.4cm, 국보. 재질은 구노스키 일목조, 표면은 톱밥 건칠에 채색. 불상은 원래 호류지 금당에 있었지만, 1895~1941년 나라국립박물관에 기탁되었다가 지금은 호류지 대보장원 구다라관음당 1909년 축조에 안치되어 있다. 사진 출처 : 위키피디아 재팬

1886년 메이지정부는 호류지 보물 조사에서 이 불상을 '조선 풍風 관음'으로 기재했고, 1897년 국보 지정 시의 정식 명칭은 '관세음보살건칠입상, 전백제인작觀世音菩薩乾漆立像, 傳百濟人作'이었다. 불상에 나타난 강력한 백제의 이미지를 숨길 수 없었을 것이며 일단은 백제인 작품설이 있다는 식으로 결론을 내린 것으로 보인다. 1920년대 이후 와츠지 데츠로和辻哲郎를 위시하여 저명한 메이지시대 문인들이 이를 구다라관음百濟観音으로 부르면서, 구다라관음이라는 명칭이 일본사회에 정착되었다. 현재의 정식 명칭은 '목조관음보살입상 구다라관음'이다.

이 불상을 구다라관음으로 불렀던 와츠지 데츠로和辻哲郎는 일본의 고대 불교문화에 관한 기념비적인 저술《고사순례古寺巡禮》1919에서 이 불상에 관해 다음과 같은 미려한 찬사를 바쳤는데, 그는 불상을 인도, 중국 등 이국정서로 설명할 뿐 한반도와의 관련성은 모른 척했다.

… 인도, 간다라 서역 미술이 중국에서 수용될 무렵 이국정서에 대한 동경과 이국의 신을 받아들이는 마음을 보여주는 이 불상은 추상적인 신을 구상적인 불로 전화한다. 인체의 아름다움과 마음의 자비심을 감동적으로 영접한 사람들은 무한한 신비를 느끼면서 인체의 외형에 내재하는 초인적 존재를 이해할 수 있게 되었다….

불교의 원천인 인도와 백제를 경유했다는 신비한 전승을 지닌 이 불상은 일본의 저명한 문필가, 미술사가들의 저술을 통해 일본을 대표하는 불상으로 위상을 굳히면서 그 명성은 외국에도 널리 알려졌다.

관음상의 보관이 발견되기 전, 1905년 독일의 제실박물관帝室博物館이 보관 없는 구다라관음상의 복제품을 구입해갔다. 1929년에는 대영박물관에서 제작비에 훨씬 못 미치는 비용으로 7,000파운드, 오늘날 약 2,000만 원 구다라관음상의 복제품을 요청했다. 불상 복제의 거장이었던 니이로 추노스케는 그의 고향 사츠마의 번주薩摩藩主 소유 사유림에서 수령 300년의 쿠스노키를 기증받아 복제품을 제작했는데, 이때 추노스케는 일본 제실박물관의 명령으로 복제품 하나를 추가로 더 제작했다.

그런데 추노스케는 구다라관음의 복제품 제작에 앞서 구다라관음의 반신상 복제품을 먼저 만들어 미술원 작업실에 가져다 놓고 이 반신상 복제품을 모델로 영국 및 일본에서 의뢰한 복제품을 제작했다. 그러니까 영국, 일본의 국립박물관 소장 구다라관음상은 원래의 구다라관음을 복제한 반신상의 복제품으로서 복제품의 복제품인 것이다. 오늘날 이들 세 복제품은 각각 독일 영국, 일본의 국립박물관에 전시되어 있는데 대영박물관에서는 '7세기 후반 고대 일본 불교예술의 최고 걸작품 구다라관음의 실물 크기 복제품'으로 소개되어 있다.

일본과의 문화교류를 적극 희망했던 프랑스의 시라크 대통령은 구다라관음상을 루브르박물관에 전시하고 싶다는 뜻을 일본정부에 수차 피력하여 1997년 프랑스에서 열린 '일본의 해'의 상징으로 구다라관음이 루브르박물관에서 전시되었다. 아스카 고불로서는 최초의 해외전시였다.[49]

전시장을 둘러보던 시라크 대통령은 '일본의 불상에 왜 구다라관음이라는 명칭이 붙여졌는가?'라는 질문을 했다. 이에 하시모토 류타로橋本龍太郎 수상을 수행한 당시 호류지 주지 다카다 료신高田良信은 '백제 양식이기 때문에 그렇다'는 답변을 내놓았다고 한다.[50]

백제 양식을 따라 일본에서 제작한 불상이라는 뉘앙스를 풍기는 설명이다. 그러나 다카다 주지의 답변은 석연치 못하다. 일본에서 백제 양식을 공인하거나 거론한 적이 있었던가? 일본의 고미술품에 뚜렷이 나타난 한반도 양식을 감추거나 외면하는 데 급급했던 일본 미술계는 한반도 양식을 모두 대륙의 양식이라거나 조선을 경유한 중국 양식으로 불러오지 않았던가? 백제에서 온 불상이라는, 또는 백제인 작품이라는 전승이 있어 구다라관음으로 불렀다는 답변이 정직하고 떳떳하지 않았을까?

이러한 일본 측의 답변은 문화재를 국가의 의도대로 변형, 복제하거나 그 유래를 조작할 수 있다는 국가주의적 발상에서 나온 것이다. 이같이 중동이나 중국, 인도에 비해 일본과 조선의 고미술에 대해 깊은 지식이 없는 서구의 국가들을 상대로 일본의 고미술을 멋대로 선전했던 메이지시대 일본문화재 정책은 오늘날에도 계속되고 있다할 것이다.


## 일본의 복제문화
; 이세신궁과 유네스코 무형유산 탄생

문화재는 유일무이한 존재이므로 '진정성authenticity'이 문화재의 핵심이다. 문화재가 가짜나 복제품이 아닌 진짜여야 함은 문화재의 불가결한 요소라는 것이다. 그러나 이러한 원칙은 20세기 들어서 국제사회에서 문화재에 대한 뚜렷한 인식이 성립된 이후의 일이다. 동서양을 막론하고 문화재, 즉 보물의 복제는 그 역사가 오래되었고 문화의 계승을 위해 원본의 복구는 필수적이다. 고전의 재생으로서 복제가 창조 정신의 원동력이었음은 인류의 역사가 말해 주고 있다.

역사적으로 일본에서 보물의 복제 관행은 뿌리 깊게 만연한 현상으로, 일본인 스스로도 일본의 문화는 고대로부터 모방과 모사에 의해 육성된 복제문화임을 자인하고 있다. 대륙으로부터의 문화적 충격에 의해 청동기 문명시대로 이행한 일본의 경우 청동기 도래물, 즉 박래품과 그 모방에서 기물器物 이 성립되었던 만큼 원본의 모방은 일본문화의 원천이고 출발점이었으며 보물의 대량 복제는 필수적이고 너무나도 당연한 관행이었다.

이러한 일본의 복제문화 이면에는 물건은 소멸되지만 혼魂 은 영원히 계속되고 재생, 계승된다는 원시 애니미즘 종교관이 자리 잡고 있어 일본인들은 복제문화 관행을 오래된 일본문화의 한 부분으로 받아들이고 있다. 오히려 일본인들은 가까이는 한반도, 중국, 멀리는 실크로드를 건너온 문화를 수용, 모방, 변용하여 독자의 문화를 창출해 냄으로써 모방을 통해 원래의 문화보다 더 우수한 문화를 구축했다고 자부하고 있다.[51]

메이지시대에는 서양문명에 대항하여 일본문화의 기원과 그 발전과정을 설명할 수 있는 미술품을 확보하려는 목적에서 일본정부는 전통 보물의 모조와 복제를 국가적 사업으로 추진했으며 대량 복제된 희귀한 고대 문화재를 내세워 일본문화의 저력과 국력의 증표로 과시했다. 가히 복제에 의한 문화재의 인해전술을 구사했다고 할 것이다. 그 결과 고대 문화재가 풍부한 나라로 자타가 인정했던 일본은 스스로를 동양문화를 보존해 온 동양문화의 지도자로서 동양의 대표자이며 맹주라는 야심을 공공연히 드러내기 시작했다.

특히 세계 무비의 보물이라고 자랑하는 쇼소인 보물은 1875년 나라박람회에서 처음 공개되었을 때부터 궁내성에 의해 복제가 행해졌고, 오늘날에는 궁내청 관리 하에 인간 문화재급 장인들에 의해 본격적으로 복제되고 있다.

1949년 화재로 소실된 호류지 금당벽화도 완전 복원되어 2014년 공개된 데 이어, 2017년 일본정부는 '실크로드 기획전'을 열고 여기에 호류지 금당벽화와 함께 고구려 고분 강서대묘江西大墓와 돈황 막고굴敦煌 莫高窟 제 57굴, 2001년 이슬람 원리주의자들이 파괴한 아프가니스탄의 바미안 석불의 복제품 등을 전시하여 문화재 복제 기술대국으로서 일본의 위상을 과시했다.

오늘날 일본은 복제품 제작을 통해 세계 어느 나라도 따라갈 수 없을 만큼 고대의 우수한 문화재를 다량 보유하게 되었다. 그뿐 아니라 복제품 제작을 통해 사라져가는 전통 공예나 회화의 기법을 꾸준히 보존 계승해 온 일본은 고대문화의 원천이 되는 중국과 한반도에서는 이미 단절되고 사라진 기법을 되돌릴 수 있는 기술을 쌓아왔다. 그런 점에서 일본이 세계적으로 위기에 처한 전통예술의 보존과 수복, 계승에 공헌하고 있음은 정당히 인정받아야 할 것이다. 어쩌면 이제 일본은 문화의 모방자가 아니라 복제문화의 발신자로서의 위상을 갖고 있는지도 모른다.

여기서 주목해야 할 점은 어느 국가도 따라올 수 없는 일본의 복제 기술이다. 오늘날 일본은 단지 문화재의 현재 상태의 복제뿐 아니라 제작 당시 원본이 구현했던 원래 상태의 복제를 목표로 하고 있는데, 더 나아가 고도의 디지털 복제 기술을 이용하여 원본의 결손 부분까지도 복원한 이른바 '오리지널의 초월'이라 할 수 있는 완벽한 원본 문화재의 복제품을 창출하는 길로 나아가고 있다. 이것은 유일무이한 문화재가 궁극적으로 소멸하는 현실에 비추어 원형 문화재의 존재를 영원히 간직하는 새로운 길의 개척이 될 것이다.

2018년 일본은 국립박물관과 문화재연구소를 관할하는 문화청 산하에 '문화재활용센터'를 설치했다. 이 조직은 첨단기술을 이용한 복제 문화재의 개발과 활용을 담당하는 독립 행정법인이다. 이 법인은 원본 문화재의 유전자를 가지고 자기복제를 하는 클론clone 문화재 제작에 관한 다수의 특허권을 취득했다.

이 분야의 선구자인 미야사코 마사아키宮廻正明 도쿄예술대학 명예교수는 '클론 문화재 관련 특허는 인류 문화재의 계승을 위한 기술이므로 일본이 독점하려는 것은 아니다'라는 입장을 표명하고 있지만[52] 역사적으로 문화재의 소유와 독점에 대단히 집착해 온 일본이 과연 그러할지는 두고 봐야 할 것이다.

문화재활용센터는 복제한 문화재를 박물관에 기증하고, 박물관은 이를 전시하여 복제 문화재를 원본 문화재와 마찬가지로 통용시키고 있다. 오늘날 일본에서는 교육의 명분으로 상업적 복제가 횡행하며 복제 문화재 전시가 적극 활용되고 있다. 국제사회는 장차 복제 문화재가 범람하여 초래할 혼란에 대비해야 할 시점에 와 있는지도 모른다. 과거 일제는 중국 침략전쟁에서 전비 조달을 위해 청조淸朝 능묘의 도굴품을 독점 입수하고 이를 다량 복제하여 국제시장에 유통시킨 선례도 있다.

오늘날 일본은 희귀한 고대 문화재로서 쇼소인 보물이나 칠지도, 옥충주자玉蟲廚子 와 같은 국보급 문화재는 거의 모두 서너 개씩의 복제품을 만들어 복제품 또한 국보로 지정하고 박물관에서 소장하고 대여하고 있다. 문화재 보존과 확장이라는 점에서 긍정적으로 이해되기도 하지만 그 근저는 보물 소유욕, 즉 돈이 되는 문화재를 소유하려는 일본인들의 무의식적인 욕망의 발로가 아닌지 심히 우려스럽다.

문화재에 대한 뿌리 깊은 복제 관행에 대해 일본은 문화재의 복제가 문화재의 보존뿐 아니라 국보급 문화재나 이동하기 어려운 문화재를 복제하여 지방 및 해외 박물관에 대여함으로써 문화재의 보편적인 공개를 촉진할 수 있다고 강조한다. 또한 문화재 반환을 둘러싼 국제 분쟁에서도 복제 문화재는 분쟁국들이 문화재를 공유할 수 있는 유효한 방법이며 나아가 전쟁에서 파괴된 문화재의 복제를 통해 전쟁의 상처를 어느 정도 극복할 수 있다고 주장한다.

이렇게 일본의 문화재 복제 기술이 국제 평화에도 기여할 것이라는 낙관적인 입장이다. 일본의 복제문화는 유네스코 무형유산 제도를 탄생시킨 계기가 된 만큼 오늘날 일본의 복제문화는 일정 부분 국제사회의 문화재 분야를 선도하고 있음은 분명하다.

## 복제 문화유산의 표본 이세신궁 : 유네스코 무형유산 탄생

세계를 통틀어 복제 문화재의 대표적인 존재는 일본의 이세신궁伊勢神宮일 것이다. 삼종신기의 하나인 거울을 모셨다는 이세신궁은 7세기 창건 당시부터 20년마다 신궁을 정기적으로 교체하는 이른바 '식년천궁式年遷宮'을 꾸준히 시행해 왔다.

식년천궁은 이세신궁의 기존 목조건물을 해체하고 새로운 목재를 이용하여 새로운 건물로 교체하는 것이지만 신궁 본래의 건축 양식과 기법을 고수하여 원래의 신궁 모습을 그대로 재현하는 것이기에 신궁의 철저한 복제라 할 수 있다. 창건 당시 원형의 모습이 그대로 남아 있는 이세신궁은 일본의 건축과 신사의 원형이라는 점에서 일본인들의 정신적, 문화적 원류로 추앙을 받으며 일본 고유의 복제문화를 상징한다.

1992년 유네스코 세계유산 협약에 뒤늦게 가입한 일본은 열정적으로 일본의 문화유산을 유네스코 세계유산에 등록했다. 1993년 일본은 최초의 세계유산으로 호류지와 히메지성姫路城, 兵庫県 을 등록했는데, 호류지와 히메지성은 전후 대대적 수리를 거쳐 복원된 것이다. 특히 호류지는 2차 세계대전 중에 공습을 피하기 위해 주요 건물을 해체하여 주변 마을로 소개시켰다가 전후 다시 복원한 것이고, 1949년 호류지 금당벽화 화재 이후에 대대적으로 복구된 바 있다. 호류지 외

**이세신궁 내외 2개의 정궁 중 내궁**皇大神宮 | 사진 출처 : cowardlion / shutterstock.com

에도 일본의 주요 문화유산은 거의 모두가 현대에 대대적으로 복원된 것들이다.

그런데 유네스코 세계유산의 기준은 '현저한 보편적 가치'와 함께 유산의 완전성과 진정성authenticity이 핵심 요소이다. 진정성이란 유산의 원형original을 유지해야 한다는 것으로, 한 마디로 말해서 복제된 유산을 거부하는 것이다. 이 같은 유네스코 세계유산의 진정성 기준은 해체 수리와 복구가 다반사인 일본의 문화유산의 진정성에 심각한 의문을 제기했다.

이세신궁의 경우, 유네스코 세계유산으로 등록될 가능성은 희박하다는 것이 중론이다. 이세신궁은 일본 황실의 종묘라는 정치적 이유도 있지만 주된 이유는 무엇보다도 식년천궁의 전통에서 20년마다 해체, 수리하여 복원된 이세신궁은 원형original이라고 볼 수 없으며, 이는 어디까지나 복제 건물로 간주된다는 것이다. 더구나 유네스코에 일단 등록된 세계유산은 일체의 해체나 변경이 허용되지 않으며 유산의 수리와 복구가 필요한 경우에도 유네스코의 허가를 요한다.

일본정부는 일본 건축의 원형이자 일본의 종교문화 원점에 위치하는 이세신궁이 세계유산 기준에 자격미달이라는 불미스러운 상황을 타개하기 위해 본격적으로 세계여론에 호소했다. 일본은 우선 대리석 등 돌문화의 전통이 있는 서구와는 달리 아시아, 아프리카는 목재문화가 기본이므로 이러한 지역의 문화유산은 해체와 복원이 불가피한 점을 강조했다. 세계유산의 진정성 기준이 요구하는 원형의 유지는 돌 문화를 기반으로 하는 서구문화 중심주의라는 점을 비판하며 문화와 문화유산의 다양성을 호소했다.

1994년 11월 일본은 유네스코 전문가 회의를 나라奈良에 유치했다. 나라회의에서는 세계유산제도의 기준으로서 유산의 진정성에는 유산의 물질적 요소뿐 아니라 유산의 바탕을 이루는 정신적, 문화적 차원의 기준이 포함되어야 할 것을 촉구한 나라선언1994, Nara Document on Authenticity이 채택되었다.

나라선언은 유형문화유산과 무형문화유산을 통합한 접근방식으로 유네스코 문화유산의 진정성 기준을 확장한 것으로 평가되고 있다. 이세신궁은 식년천궁을 통해 불후의 지혜를 계승함으로써 전통의 유지와 연속성을 보존하여 건축의 영원한 생명을 유지해 왔다는 점에서 무형문화유산의 모델로 새로이 인식되었다. 이러한 국제적 논의 과정을 거쳐 이세신궁의 복제 관행에 관한 유네스코의 논의는 2003년 유네스코 무형문화재 제도를 성립시키는 계기가 된 것이다.

일본의 신사가 불교 건축의 영향을 받아 일반적으로 기와지붕에 주색朱色 기둥을 가진 건물인데 비해 이세신궁은 야요이시대의 고상식 창고高床式 倉庫, 목조 마룻바닥을 높이 올린 창고 식 건물를 기원으로 하는 신메이즈쿠리神明造라는 7세기 창건 시의 소박한 건축 양식을 유지하고 있다. 690년 시작되었다는 최초의 식년천궁은 이후 전란으로 몇 차례 중단된 적은 있으나 2013년 62회의 마지막 식년천궁까지 1300여 년 동안 계속되어 왔기 때문에 이세신궁은 오늘날에도 7세기 창건 때의 모습을 그대로 간직하고 있다 한다.

이세신궁은 제국주의 일본에서 황국사상을 뒷받침한 일본 국가 신도의 중심기관이었음에도 불구하고 일본의 건축과 신사의 원형이라는 점에서 전후 미국의 점령 통치 하에서 폐기되지 않고 살아남았다.

일본의 패전 직후 폐허가 된 국토에서 이세신궁은 1천 수백여 년 전 고대의 건물 모습을 그대로 간직한 채 불사조의 모습으로 국민 앞에 서 있었다. 일본인들은 이세신궁에서 사라지지 않은 그들의 오래된 과거를 보았고, 사라지지 않을 오래된 미래를 보았다. 일본인들의 미적, 종교적, 정신적 원형을 간직한 이 건축물이야말로 그들의 영적 고향이며 사라지지 않을 정체성의 표본이었던 것이다.

# | 5 |

# 호류지
## – 일본 고대 문화의 표상

후기 아스카문화를 대표하는 호류지法隆寺는 일본 고대 불교문화의 표상이며 초기 일본의 불교가 도달한 예술적 성취의 한 좌표로 간주된다. 이 절은 일본에서 최초로 불교를 공인한 스이코여왕의 황태자인 쇼토쿠태자의 씨사로 건립된 일본의 초기 불교문화의 살아 있는 물증이며 오늘날 세계적으로도 희귀한 7세기 불교예술의 흔적으로서 세계적인 보물이다.

이러한 명성에 걸맞게 호류지는 8세기 건조물과 더불어 7세기 불상, 불구 및 7세기 쇼토쿠태자 유물 등 엄청난 보물을 수장하고 있다. 우선 호류지 7당 가람의 주요 건축물과 그 안을 가득 채운 보물 등 국보만도 현재 약 100건 이상인데, 어림잡아 건조물 30건, 불상 30건, 미술공예품 40건으로 구성된다.

여기에는 불교 수용 초기 한반도에서 건너왔다는 삼국시대의 불상이 100여 구 가까이 소장되어 있었다고 한다. 또한 호류지는 한반도와 중국에서 건너왔거나 도래인 기술자들이 제작한 것으로 보이는 7세기 아스카 공예품 등 일본 최초의 예술 공예품을 비롯하여 서역풍의 화풍을 보이는 금당벽화 등 동서양을 아우르는 고대 문화재의 보고이다. 무엇보다도 여기에는 일본국의 기초를 놓은 대정치가이자 일본 불교의 개조라 불리는 쇼토쿠태자의 유품이 대거 보존되어 있기 때문에 일본의 사찰로서 호류지의 중요성에 필적하는 사찰이 없다.


## 호류지의 창건과 재건, 문화적 뿌리

601년 쇼토쿠태자는 야마토大和, 나라 분지와 가와치河內, 오사카 동부 지역을 연결하는 정치외교상의 요충지 이카루가斑鳩에 그의 가문의 거점이 될 이카루가궁을 짓는데, 호류지는 바로 여기서부터 시작한다.

호류지는 동원가람과 서원가람으로 나뉜다. 동원가람의 전신은 쇼토쿠태자 일족이 거주했던 이카루가궁斑鳩宮이고, 이 궁에 잇대어 서쪽에 건축된 쇼토쿠태자의 씨사가 이카루가사斑鳩寺, 즉 오늘날의 호류지法隆寺 서원가람이다. 일본의 불교문화가 피어났던 7세기 아스카시대에는 본격적인 사찰이 46개 사가 있었다지만 이들 사찰은 모두 사라지고 오늘날 아스카시대의 사찰로서 금당金堂, 탑, 강당, 회랑, 식당, 종루鐘樓, 경장經藏 등 주요 건물을 다 갖춘 온전한 7당 가람 형식의 건축물은 호류지가 유일하다.

당풍唐風이 짙은 보통의 일본식 사찰과는 달리 고전적 정신성이 충만한 호류지는 당나라 영향 이전의 위진남북조 및 수나라, 또는 한반도 삼국시대에 유행했던 고풍의 불교 건축 양식을 보이고 있다.

서원가람 금당에 안치된 동조약사여래상의 광배에는 요메이왕用明王, 쇼토쿠태자의 부친의 발원에 따라 요메이왕의 여동생 스이코여왕과 함께 쇼토쿠태자가 607년 사찰과 금당의 본존 석가삼존상을 완성했다는 명문이 있다. 그렇지만 역사학계는 607년 호류지가 완성되었다는 이 명문이나 명문을 지닌 약사여래불상은 후세에 조작된 것이라고 보고 있다. 불상의 기법이나 명문의 문장은 한참 후대의 것으로 보이기 때문이다.

한편 금당의 본존 석가삼존상의 광배에는 '623년 쇼토쿠태자의 명

❶ **동조 약사여래좌상** ǀ 불상의 양식이나 기법은 7세기 후반으로 간주됨. 사진 출처 : 위키피디아 재팬
❷ **호류지 본존 석가삼존상** ǀ 광배에는 백제계 도래인 토리불사아스카대불의 제작자 작품이라는 명문이 있다. 사진 출처 : 위키피디아 재팬

복을 위해 토리불사가 제작했다'는 광배가 있지만, 이 명문 또한 사실 여부가 입증되지 않는다. 오늘날 호류지의 건립 시기는 일본 최초의 사찰 아스카사가 건립된 596년에 이어 아스카 대불이 준공된 606년 직후로서 대체로 607년 쇼토쿠태자가 발원하여 615년쯤에 최초의 건물이 건립되고, 628년까지는 거의 완성되었을 것으로 보고 있다.[53]

쇼토쿠태자가 창건했다는 극히 중요한 사찰임에도《일본서기》에도 호류지의 창건에 관한 그 어떤 기록도 없다. 그런데 느닷없이《일본서기》는 670년 호류지가 한 채도 남지 않고 전소했다고 기록하고 있다. 그리고 이에 앞서《일본서기》는 622년 태자가 죽고 643년에는 소가 씨의 공격으로 태자 후손이 절멸하고 이카루가궁이 전소했다고 기록 하고 있다.

메이지시대에《기기》를 열심히 연구하던 국학자들은《일본서기》의 670년 화재 기록과 호류지 자재장資財帳. 747년 편찬의 기록*에 의거하 여 현재의 호류지는 670년 화재 후에 재건되어 700년 전후로 완성된 재건축임을 주장했다. 이에 대해 건축학자들은 당나라의 영향이 짙은 일본 사찰과는 달리 한반도 영향이 현저한 호류지는 독특한 고풍 양 식, 즉 아스카 양식을 보이고 있어 호류지는 쇼토쿠태자 당시의 것이 라고 주장했다.

논란은 50년 이상을 끌다가 1939년 호류지의 발굴 조사가 이루어

---

* 693년 호류지에서 인왕회仁王會가 개최되고 711년에는 오중탑과 중문에 불상들을 봉헌했다는 기록.

져 일단락되었다. 발굴 결과 호류지 서원가람 터에 불에 탄 가람의 잔해가 드러났다. 와카쿠사若草寺로 명명된 이 불탄 가람은 스이코여왕 때 축조된 창건 호류지로 판명되었다. 이로써 현재의 호류지 서원가람은 670년 불에 탄 와카쿠사 절터에 재건된 사찰이라는 결론이 났다.

그렇지만 불교의 건축물이나 불상은 전통을 신성시하므로 재건 호류지도 원래의 호류지 건축과 크게 다르지는 않을 것으로 학자들은 보고 있다. 재건되었다고 해도 호류지서원가람의 금당, 오중탑, 중문, 회랑 등는 현존하는 세계 최고最古의 목조 건축물로 존재하며 일본문화의 원형이라는 아스카문화정확히는 아스카 후기의 하쿠호白鳳 문화의 표본적 존재이다.

**호류지 서원의 금당과 탑** | 사진 출처 : 위키디피아 재팬

이러한 호류지의 가치가 국내외적으로 충분히 인식되었던 제국주의시대에 이르러 호류지의 명성은 하늘을 찌르는 듯했다. 이미 일본은 도다이지 쇼소인東大寺 正倉院 보물의 공개로 세계 무비의 보물을 가진 나라로 부상한 데 더하여 쇼소인보다도 1백 년 이상 앞선 호류지 보물의 존재가 널리 알려지면서 보물의 나라 일본은 고대로부터 문화대국이었다는 자부심으로 일본 국민들은 한껏 고무되었다.

일본은 고립된 섬나라 국가가 아니라 일찍부터 실크로드의 종착역으로서 동서양의 외래문화를 수용하여 국제성이 풍부한 고도의 문명국이었다는 일본의 주장을 입증하는 호류지는 제국주의로 도약하는 일본인의 자부심 그 자체였다.

프랑스 미술사가 르네 그루세Rene Grousset가 처음 주장했다는 '나라奈良가 실크로드의 종착역이었다'는 설은 일본 고대문화를 재발견한 메이지시대에 대대적으로 선전되어 일본문화의 세계성을 부각시켰다. 그러나 엄밀히 말해 실크로드의 종착역은 당나라 장안長安이며, 나라는 장안에서 신라의 경주를 거쳐 연결된 실크로드의 한 지선支線의 종점일 뿐이다. 찬란했던 고대세계를 그리워하는 일본인들은 오늘날에도 실크로드라는 말에 거의 센티멘털하게 심취하는 경향이 있으며 일본에서 실크로드는 문화적 함의뿐 아니라 대단한 상업적 위력을 지니고 있다.

호류지의 발굴과 조사를 통해 호류지가 보유한 고대보물은 엄청난 대중적 관심과 숭배의 대상이 되었고 호류지에 관한 수많은 학자들의 연구가 쌓이면서 일본의 문화, 예술, 건축, 미술사나 정신사는 비약적으로 발전했다. 그렇지만 빛이 강하면 그림자도 짙은 법이다. 제국주의시대에 새로이 인식된 경이로운 호류지는 짚고 넘어갈 문제점이 한둘이 아니었다.

'호류지란 무엇인가?'라는 원초적 물음에서부터 시작해야 하는 호류지 문제는 기본적으로 호류지는 언제, 누가, 왜, 어떻게 건축하고 재건한 것인가? 수많은 불상과 불구, 그 많은 희대의 보물은 누가 언제 어디서 제작한 것이며 이를 누가 어떻게 수집하여 보존해 왔는가? 이러한 기본적인 물음은 결국 일본문화의 원형과 본질은 무엇인가에서부터 일본인은 누구인가라는 물음으로 귀결되고 있다.

## 서구문명 동점설 東漸說

청일전쟁, 러일전쟁의 승리 이후 우월한 민족이라는 강박관념을 갖게 된 일본인들은 고대로부터 타문화를 수용해 온 동화력이 풍부한 우수민족을 자처했다. 우수민족이라는 자찬에는 서구문명의 흡수를 통해 근대화에 성공한 일본인은 혼혈민족이라는 전제가 깔려 있었다. 당시 혼혈민족론은 과학의 옷을 입은 인종론으로서 일본의 제국주의 팽창에도 필요한 이론이었고 그런 만큼 국가에 의해서도 용인된 설이었다. 이런 상황에서 고대 일본과 일본인의 문화적 정체성과 우수성을 상징하는 호류지를 둘러싸고 메이지시대에는 학계뿐 아니라 문화계, 심지어 정부 내에서도 호류지를 건설한 자는 누구였는가라는 민족 논쟁이 잠복하고 있었다.

호류지의 중요성과 성격에 관한 논의에는 일본의 고대문화에 매료

된 외국인 학자들도 가세했다. 1880년대 문부성의 위촉을 받아 수차례 호류지를 조사한 도쿄대학 초빙교수였던 미국인 어네스트 페놀로사는 구다라관음상과 같은 아스카시대의 고불상에서 고대 그리스의 초기 조각에서 느낄 수 있는 이른바 '고졸한 미소archaic smile'를 지적하며 일본 고대문화에 서구 고대문화의 그림자가 숨어 있다고 주장했다. 그의 주장은 그리스문화에서 태어난 간다라 예술이 실크로드를 타고 중국을 거쳐 일본으로 들어왔다는 서구문명 동점설東漸說로 발전했고, 그를 추종했던 일본인 학자들에 의해 수용되었다.

이 무렵 일본 건축학의 태두 이토 츄타伊東忠太는 호류지 주요 건물에서 기둥의 중간 부분이 불룩한 엔터시스entasis, 배흘림라는 사실에 주목했다. 그는 이러한 호류지 기둥이 파르테논 신전의 기둥에서 나타나는 엔타시스 양식과 같은 형식이라고 지적하며 페놀로사와 마찬가지로 호류지에는 고대 서구문명의 영향이 스며있다고 주장했다. 고대 일본이 서구 문명권에 속한다는 증거로서 호류지의 존재는 서구에 대한 콤플렉스와 일본문화의 우수성에 강박관념을 가지고 있던 국수주의자들과 더불어 대중의 환호를 불러일으켰다. 이른바 호류지 버전의 탈아입구脫亞入歐인 셈이다.

서구문화 동점설은 서구 문명에 동양의 문화가 섞여서 일본에 도달한 문명이 일본의 문화가 되었다는 동양문화 합류설로부터 일본문화와 서구문화는 동일한 뿌리라는 설로 나아갔고, 급기야 일본인과 서구인은 동종의 종족이라는 인종설로 비약되기도 했다.

적어도 일본의 고대문화와 서구문명의 뿌리는 동질이라는 호류지

관은 일반대중에게 확산되었고, 서구와 문화적 뿌리를 같이 하는 일본인은 여타 아시아인들과는 다르다는 문화적 자부심과 인종적 우월감을 자극하기에 충분했다. 후쿠자와 유키치가 일본은 아시아인으로서 정체성을 버리고 유럽의 관점에서 행동할 것을 촉구하며 열등한 아시아를 떠나 서구국가들과 진퇴를 함께해야 한다는 탈아론脫亞論을 부르짖은 것도 이 무렵이었다.

## 일본 독자적 건축양식

일본 건축학의 시조라 불리는 이토 츄타는 1893년 〈호류지 건축론〉을 발표하여 호류지가 일본에서 가장 오래된 사찰 건축물이자 최초의 일본 독자적 건축양식으로서 스이코식推古式 이라고 명명했다.

이어서 건축학자 하세가와 테라오長谷川輝雄 는 호류지 가람 배치에 주목했다. 동쪽에 금당, 서쪽에 탑을 세운 호류지의 가람 배치는 고대의 중국이나 한반도 가람 배치의 모델을 따른 것이 아니었다. 탑을 중심으로 좌우, 또는 상하 대칭적으로 금당을 배치한 대륙 모델과는 달리 호류지 가람 배치는 탑 중심의 대칭이 아니라 탑과 금당이 1:1로 나란히 조영된 비대칭의 가람 배치인 것이다. 하세가와는 호류지 가람 배치의 비대칭성은 엄격한 구도에 구애받지 않는 일본의 전통미술이나 일본 정원과 마찬가지로 일본의 독자적 양식이며, 이는 쇼토쿠태자의 창의성으로 발현된 일본문화의 독창성의 표본이라고 주장했다.

그러나 탑과 가람 배치 문제는 건축 양식과는 차원이 다른 문제이다. 소가씨蘇我氏가 창건한 일본 최초의 사찰 아스카사는 1탑을 에워싼 3금당의 가람 배치인데, 그 원형은 평양 인근의 고구려 청암리淸岩里 폐사지에서 볼 수 있는 고구려 식이다. 아스카사 다음에 창건되었다는 시텐노지四天王寺는 남북 일직선상에서 탑을 중심으로 중문과 금당을 배치한 백제식 가람 배치이다. 이러한 일본 최초의 두 사찰은 금당이 탑을 에워싼 가람 배치를 통해 탑 중시 사상을 보인다. 한편 호류지 식 가람은 중문 앞에 동서로 1금당, 1탑의 배치를 통해 탑과 금당의 평등한 관계를 보인다. 그 후대의 약쿠시지藥師寺나 도다이지東大寺의 가람은 두 개의 탑이 금당 주변으로 물러나며 금당 중시를 보이고 있다.

이 같은 가람 배치의 변화는 탑과 금당의 숭배에 관한 사상의 변화를 반영한 것으로 설명되어야 할 것이다. 부처의 사리를 모신 인간적 탑은 깨달은 자를 형상화한 우주적, 대승적 불상을 모신 금당에 점차 중요성이 뒤처짐을 말해 주는 것으로서 대승불교를 택했던 중국 대륙에서 탑 숭배사상이 퇴락한 결과로 설명되는 것이다.[54]

호류지의 서구문명 동점설과 함께 호류지 가람 배치의 일본 기원설은 일본 고대문명은 서구와 다르지 않고, 아시아에서 유래하지 않은 일본 독자적이라는 해석을 낳으며 일본인의 자부심을 드높였고 제국주의로 치닫는 일본에서 국수주의 분위기에도 한몫했다. 그러나 서구문명기원설, 일본의 독자적 기원설 둘 다 오래가지는 못했다.

## 아시아 기원설

서구문명 기원설을 지지한 일본의 서구 콤플렉스는 러일전쟁 승리 후 어느 정도 해소되었다. 이어서 일본은 조선을 식민지로 삼고 서구 제국들과의 불평등조약도 개정했고, 이후 제1차 세계대전의 승전국으로 서구열강에 못지않은 제국주의 열강으로 지위를 굳혔다.

그런데 이 무렵 구미에 만연했던 황화론黃禍論의 분위기에서 1924년 미국이 아시아계 이민을 전면 금지하는 이민법을 제정하여 일본에 큰 충격을 주었다. 이 법의 원래 명칭은 '아시아인 배제법The Asian Exclusion Act'이지만 일본은 이를 배일이민법排日移民法으로 칭하며 구미 제국의 노골적인 일본 무시 정책이라고 강력하게 반발했다. 이 무렵 호류지 건축이 헬레니즘의 영향을 받았다는 서구문명 동점론은 폐기된다.

그 첫 발단을 마련한 것은 1880년대 일본문화예술계의 권위였던 오카쿠라 덴신이었다. 어네스트 페놀로사의 추종자였던 그는 호류지 건축이나 불상, 금당벽화가 그리스미술에 그 연원이 있음을 강조하며 일본미술과 서양미술의 관련성을 부르짖고 있었지만 입장을 선회했다.

1900년대를 전후하여 메이지정부의 명령으로 일본문화의 원형을 찾아 중국과 인도를 돌아본 덴신은 호류지가 간다라미술의 영향을 받은 것이 아니라 인도문명과 중국문명이 일본에 퇴적되어 태어난 아시아 독자의 예술이라고 주장했다. 호류지에 끼친 헬레니즘 영향이 부정되고, 그 대신 인도와 중국의 영향을 주장하는 아시아 기원설이 제창된 것이다.

덴신은 호류지의 기원을 인도, 중국과의 관계에서만 언급할 뿐 한반도와의 관련성은 피해갔다. 나아가 덴신은 인도의 종교, 중국의 철학, 일본의 미술이 중심이 되는 아시아 문화공동체 주장으로 나아갔다. 이러한 그의 지론은 일본의 지도하에 동양이 단결하여 서양에 맞서야 한다는 주장으로 비약했고, 이는 후에 아시아 대륙 침략을 합리화하기 위해 내세운 대동아공영권大東亞共榮圈 사상과도 연결되는 논리이다.

서구를 추종했던 메이지시대, 서구문명과 같은 뿌리라고 주창된 호류지론은 서구와의 관계 악화와 함께 돌고 돌아 결국 아시아 기원설로 회귀했다. 그렇지만 아시아 기원론을 주창한 덴신은 호류지와 인도 및 중국 건축의 직접적인 관계는 제시하지 못했다. 그가 주창한 아시아 기원론은 중국과 인도를 끌어들여 일본을 중심에 둔 동양문화를 주장하려는 일본의 문화적 패권주의의 발로였을 뿐이다.

호류지 서구문명 동점설이 부정된 데 이어서 일본 기원설도 파탄이 났다. 1939년 호류지 발굴 조사에서 현재의 호류지는 원래의 불에 탄 호류지 자리에 재건된 건축물임이 밝혀졌고, 불타 버린 최초의 창건 호류지는 탑과 금당이 남북 대칭으로 배치된 시텐노지四天王寺의 백제형 모델을 따랐음이 판명되었다. 이로써 호류지가 구현한 쇼토쿠태자의 독창성 신화나 일본의 독자적 양식설은 무너져 버렸다.

호류지의 기원을 동북아시아와 한반도를 제외하고 서구문명 동점설이나 아시아 기원론, 일본 독창설에서 찾는 한 근본적으로 진정성이 없고 공허한 것이었다. 호류지는 한반도 양식일 뿐이며 동북아시아 내지 한반도 문화의 구도 속에 들어올 수밖에 없는 것이다.

호류지 서구문명 기원설이나 일본 기원설은 1960년 이후에는 일본인 학자들에 의해 정식으로 부정되지만 일반 일본인들에게는 여전히 호류지의 서구문명 동점설이나 일본 기원설이라는 신화는 건재하고 있다. 그러나 호류지의 근본 양식이 한반도에서 기원했다는 설명은 공식적으로는 찾아볼 수 없다는 점에서 오늘날 호류지 연구의 진정한 문제점이 있다할 것이다.

7세기 초반 완공되었다는 최초의 호류지는 과연 누구의 손과 기술로 건축된 것일까? 6세기 말 일본의 불교 수용 직후 백제의 조사, 조불팀에 의해 일본 최초의 사찰과 불상인 아스카사와 아스카 대불이 완성되었음에 비추어 이와 거의 같은 시기에 호류지 건립이 추진되었을 것으로 보아 호류지 건축은 아스카사 건립을 위해 백제에서 보낸 기술팀이 그대로 호류지 조영에 투입되었거나 백제 기술팀이 육성한 도래인 기술자들이 직접 담당했다고 넉넉히 추정될 것이다.

한편 재건 호류지에 관한 《일본서기》의 기록이 나타나는 710년 무렵은 한반도 삼국통일의 여파로 백제 및 고구려 유민들이 대거 일본에 건너가 활약하던 때였다. 또한 이 시기는 일본과 통일신라의 교류가 활발한 때로서 새로이, 그리고 마지막으로 건너온 한반도 기술자들이 통일신라의 강력한 문화적 영향 하에서 호류지 재건을 담당했을 가능성이 크다.

1899년 관민합작으로 출간되어 메이지정부의 입장이라고도 할 수 있는 일본최초의 미술품 도록《신비타이칸眞美大觀》은 불타기 전의 호류지 원래의 건축양식은 전적으로 한국식이며, 사실상 한국인들에 의한 건축이라고 소개하고 있다.[55] 호류지 건축이 서구식 기법과 같다고 주장했던 일본 건축학의 태두 이토 츄타 또한 종래의 서구 문명동진설 입장을 수정하여 백제인이 최초의 호류지를 조영했다는 견해를 내놓았다.[56]

한편 호류지에 관해 선구적 글을 남기며 호류지 서구문명설에 동조했던 사상가 와츠지 데츠로는 고대 일본인은 도래인들과 혼혈이었기 때문에 멀리 인도나 중국과 같은 이국으로부터 전해진 문화를 쉽게 받아들일 수 있었다면서 호류지가 상징하는 일본 고대문화의 주체는 도래인이 아니라 도래인과의 사이에 태어난 혼혈 일본인이라고 주장했다.[57] 호류지 건립의 주체를 조선인과 일본인의 중간 지점에서 찾은 것이다.


## 호류지 금당벽화 金堂壁畫

호류지 최고의 보물로 간주되는 금당벽화는 금당 외진外陣 을 두르는 토벽 12면에 그려진 정토도淨土圖 를 중심으로 외진소벽外陣小壁 18면의 나한도羅漢圖 , 내진소벽內陣小壁 20면의 비천상飛天像 을 가리킨다. 이들 벽화는 인도의 아잔타 석굴기원전후~7세기 초 및 돈황 막고굴4~13세기 벽화와 함께 세계 3대 벽화로 손꼽힐 만큼 세계적인 명성을 자랑한다.

❶ 외진 토벽 정토도 중 6호 벽 아미타정토도阿彌陀淨土圖 상부 | 사진 출처 :
위키피디아 재팬

❷ 비천도 내진 소벽 20면 중 14호 비천상 | 사진 출처 : 위키피디아 재팬

그런데 이토록 중요한 금당벽화의 원제작자는 오늘날까지 수수께끼이다. 메이지시대 일본에서는 불타기 전의 호류지 금당벽화가 고구려 화승 담징曇徵, 579~631의 작품이라는 설을 일본의 관리와 학자, 일반인들 모두가 당연한 사실로 받아들였던 것 같다. 또한 담징 제작설 전승은 일본 곳곳에 강하게 남아 있지만, 오늘날 수구적 일본 미술사학자들은 이를 근거 없는 단순한 전승이거나 한국인들이 만들어 낸 한국 내셔널리즘의 표본이라고 평가절하하면서도 이들은 벽화의 제작자를 밝히는 데는 관심이 없는 듯하다. 그 결과 오늘날 일본에서는 원래의, 그리고 재건된 금당벽화 모두 작자 미상의 작품으로 굳어졌다.

불타기 전의 호류지 금당벽화가 담징의 작품이라 해도 호류지 화재 후 710년 전후로 재건된 현재의 호류지 금당벽화의 제작자는 누구일까? 호류지 금당벽화의 제작자를 밝히는 데 노력해 온 한국의 학자들은 당시 한반도와 일본열도의 문화적 수준을 고려하고 벽화에서 나타나는 고대 한반도풍 미술의 흔적을 감안할 때 재건된 호류지 금당벽화는 담징이 도일하여 육성한 제자나 한반도 화풍에 통달한 도래인에 의한 제작으로 추정된다고 보고 있다.[58] 그런데 오늘날 일본에서는 벽화와 같이 그림이 그려진 대형 커튼이나 장막을 '돈쵸縀帳'라고 한다. 이는 담징曇徵의 일본어 발음이다. 담징이 그린 금당벽화에 대한 강렬한 기억이 일본에서 돈쵸라는 말로 남았을 것이다.

1949년 1월 금당을 해체 수리하며 화가들이 벽화를 모사하던 중 화재가 발생했다. 외진 토벽 12면의 벽화 정토도는 그슬려져서 색체는 소실되고 윤곽선만 남았고, 내진 소벽의 20면 벽화인 비천상은 미리 해체되어 화재를 면했지만 외진 소벽의 18면 벽화 나한도는 완전히 멸실되었다. 오늘날 금당벽화는 손상을 입고 윤곽선만 남은 외진 토벽 12면의 잔재와 화재에서 무사한 내진 소벽 20면이 중요문화재로 지정되어 호류지 수장고에서 보관 중이다.

호류지 금당벽화의 예술적 가치가 외국에도 충분히 알려졌던 메이지시대부터 벽화의 모사가 시작되었다. 1883년, 1884년 프랑스와 영국이 외진 벽화를 모사해 갔다. 1887년에는 일본 제실박물관이 벽화 전체를 모사하여 현재 도쿄국립박물관에 남아 있다. 1935년에는 교토의 출판사 벤리도便利堂에서 실물 크기의 촬영을 했고, 이어서 콜로타입collotype, 다양한 색조가 가능한 인쇄 기법으로 인쇄물을 제작했던 덕분에 1949년 불탄 금당벽화의 재건에 크게 기여했다. 현재의 호류지 금당벽화외진 토벽 12면는 1967년 14명의 화가에 의한 모사작을 패널에 끼워 금당 벽에 끼워 넣은 것이다.


## 일본 최고 보물에 내재한 문제점과 일본의 고민
; 호류지 대표적 미술품과 태자유물

아스카문화를 일본문화의 원형으로 선전하며 호류지를 고대 일본문화의 표상으로 내세운 메이지정부로서는 한반도 문화의 복제품 아스카문화에 이어 호류지에 짙게 드리운 한반도 성격과 조사하면 할수록 도래인 제작이 아니면 위조품의 혐의가 짙은 호류지 보물의 문제점을 인정하지 않을 수 없었다. 일본의 최고 보물 호류지는 일본의 최대 고민이 아닐 수 없었고, 이러한 고민은 오늘날에도 계속되고 있을 것이다.

아스카시대 초기, 야마토 왕조의 기술 수준으로 볼 때 불타기 전의 최초 호류지 건축은 백제의 기술팀에 의한 것으로 암묵적으로 간주되고 있다. 전통을 중시하는 불교의 조불 조사 사업을 감안할 때 재건 호류지 건축물도 원래의 호류지 건축물과 크게 다르지 않을 것으로 보아 현존하는 재건 호류지도 토착 일본인보다는 도래인의 제작으로 간주되고 있다. 신라의 삼국통일이 이루어진 이때쯤에는 백제, 고구려 유민들이 수만 명 건너와 사라진 모국을 추모하며 모국의 기술을 필사적으로 재현했을 것이다.

한편 현존하는 호류지의 아스카시대 보물은 670년 호류지 화재로 인해 제작 당시의 원본 그대로 남아 있는 작품은 사실상 거의 없다. 호류지의 최고 보물로 간주되는 아스카시대의 회화, 조각, 공예품 등 수많은 문화재 중 제작자나 작품의 기원과 유래가 확인된 작품은 전무하며 대부분 작품은 한반도 유래이거나 한반도 색채가 강한 반면 공인된 일본인의 작품은 존재하지 않는다. 또한 현존하는 호류지의 아스카 보물 대부분이 위작이거나 날조된 모조품의 혐의가 농후한 실정이다.

이 같은 호류지 문제를 둘러싸고 메이지시대 정부와 국수주의 학자들의 갈등과 고민은 깊을 수밖에 없었다. 이것은 호류지의 명성에 비추어 일본인들로서는 참으로 개탄할 만한 실상이 아닐 수 없다. 그러나 일본인들의 깊은 고민은 호류지 유물의 불투명성이나 위작 여부보다 일본의 찬란한 고대문화 그 자체이자 세계적 문화재로서 일본 민족의 우수성을 생생하게 보여주는 호류지의 건축물과 그 안에 소장된 보물이 일본인이 아니라면 대체 누구에 의해 제작되어 그곳에 존재하는가의 문제였다. 메이지시대에 이러한 의문은 호류지에 내재한 근본적인 문제였다.

호류지의 건축물뿐 아니라 호류지 보물의 많은 부분은 작자 미상이나 근거 미상의 미스터리였지만 미스터리인 만큼이나 도래인의 제작임이 암묵 중에 인정되고 있었다. 이 문제는 당시 치열한 논쟁을 불러일으킨 일본민족론에 불을 지폈다. 일본민족론이나 일본문화론에는 도래인을 어찌 취급할 것인가의 문제가 기본적인 전제로 깔려 있었던 것이다. 그렇지만 조선의 식민지화를 추진했던 메이지시대 일본에서는 고대 한반도의 문화적 영향을 논하는 것은 금기였기 때문에 호류지 문제는 공론화되지 못했다.

패전 직후 미국의 점령통치 하에서 일본 지식층에서는 야마토나 아스카 문화가 이슈로 떠오른다면 이는 패전국 일본의 최대 위기가 될 것이라는 중론이 있었다고 한다.[59] 이것은 일본 고대국가의 발전에 미친 도래인의 문화적 영향력이 밝혀진다면 일본인들의 문화적 자립 능력을 의심받을지도 모른다는 불안감과 위기의식의 표출이었을 것이다.

오늘날에도 이러한 호류지 문제는 상존하고 있는데, 더 큰 문제점은 일본 지도층이 호류지 내지 아스카 문화 등 일본 고대문화에 드리운 의혹을 해명하려는 노력이나 자세를 보이지 않고 있다는 점이다.

언젠가는 일본 고대문화재에 내재한 근본적인 문제가 곪아터질 날이 있을 것이다.

## 호류지의 대표적 미술품과 문제점

호류지의 보물 중에는 '회화繪畵 의 국가'로 자타가 인정하는 일본에서도 최고 걸작의 고대 회화 및 미술공예품이 여러 점 존재하는데 이들 일본의 대표적인 고대문화재들이 전부 복제품, 작자불명, 위작 등의 문제점에 얽혀있다.

첫째는 전술한 세계적인 명성의 호류지 금당벽화이다. 세계적인 보물이었지만 원작자도 밝혀지지 않은 채 1949년 화재로 소실되어 지금은 복제품으로 대신하고 있다.

그 다음은 일본 최초의 초상화이자 쇼토쿠태자의 가장 오래된 초상화라는 '쇼토쿠태자와 2왕자상聖德太子 二王子像 '이다. 예배용으로 사용된 것으로 보이는 쇼토쿠태자 초상화는 18세기 에도에서 호류지 보물 출개장出開帳, 순회 전시 시에 최고의 인기를 얻은 보물이다. 이 그림은 교과서에도 등장하고 일본의 고액권 화폐에도 50년 이상 사용된 대단히 대중적인 그림으로서 가히 일본의 국민적 미술품이다.

그렇지만 이 그림은 6~7세기 중국의 초상화 화풍을 보인다거나 삼존불三尊佛 로 구성된 불화 양식의 일종이라는 설 등 여러 설이 있다. 중국식 화풍으로 보아 화가는 중국인이라는 설과 함께 쇼토쿠태자의 스승이었던 백제의 아좌태자阿佐太子, 백제 위덕왕의 아들, 597년 일본에 왔다고 한다가 그렸다는《일본서기》의 기록에 의거하여 이 그림은 두 개의 제

**쇼토쿠태자와 두 왕자상** | 지본 착색. 101.6m×53.7m. 어물. 중앙이 쇼토쿠태자. 태자의 오른쪽은 동생 에구리殖栗 왕자. 왼쪽은 아들 야마세山背 왕자. 사진 출처 : 위키피디아 재팬

목, 당본어영唐本御影 과 아좌태자어영阿佐太子御影 으로 소개되고 있다.

　이 그림은 관을 쓰고 홀笏, 관리가 입조할 때 예복에 갖추어 손에 쥐던 물건을 든 쇼토쿠태자의 옷차림으로 보아 적어도 8세기 일본에서 관료제가 확립된 후에 제작된 그림의 모사본으로 간주된다. 따라서 쇼토쿠태자의 초상화도, 일본 최초의 초상화도 아닐 것이며 정체불명의 고화古畫 일 뿐이다.

세 번째는 호류지에 전세되어 온 동양에서 가장 오래된 공예품이라는 희대의 불교 공예품 옥충주자玉蟲廚子가 있다. 기단과 불당須彌壇, 지붕 달린 궁전으로 이루어진 미니어처 3층 건물높이 23.3m 로 이루어진 옥충주자는 고대의 건축 조형과 회화 및 장식을 구현한 공예품이라는 점에서 오늘날 고대 동아시아 건축의 기원을 보여 주며 지금은 사라진 고대 회화 및 조각의 양식을 전해 주는 귀중한 유물이다. 그러나 무엇보다도 옥충주자의 독자성은 기단과 수미단의 모서리를 둘러싼 금속투조 아래에 깔아 놓은 비단벌레 날개의 장식이다.

이러한 옥충 날개 장식은 이미 5~6세기 고구려 평양의 진파리眞坡里 고분과 신라의 금관총 및 황남대총皇南大塚 에서 출토된 마구에서

**옥충주자와 외벽의 밀타화**捨身飼虎圖 ㅣ 국보, 도쿄국립박물관. 사진 출처 : 위키피디아 재팬

나타나는데, 마구 제작 기술이 불교 공예품에 이전된 것이라 할 것이다. 빛나고 화려한 색깔의 옥충 날개를 사용한 장식은 불교 전래 이전에 융성했던 조선의 오래된 무속 전통과도 관련이 있을 것이다.

옥충주자는 출토품이 아닌 전세품傳世品 으로는 동양에서 가장 오래된 최고급의 공예품으로서 더없이 귀중한 유물이지만 작자나 유래는 불명이다. 일본학계에서는 장목樟木 과 회목檜木, 노송나무 으로 제작되었음을 감안하여 일본제라고 주장한다. 궁전이나 불당을 모델로 삼은 것으로 간주되는 이 작품은 절이나 궁이 없었던 7세기 초 아스카 시대 왜국에서 제작되었다고 보기에는 무리가 있지만 일본학계에서는 이러한 종류의 주자가 한반도에서 발견된 사례가 없어서 한반도 제작설을 인정할 수 없다는 입장이다.

그런데 옥충주자의 외벽 4면에 그려진 밀타화密陀畵 에는 석가의 몸을 공양 받는 굶주린 어미 호랑이와 새끼 호랑이를 그린 유명한 사신사호도捨身飼虎圖 가 있다. 고대 일본에는 호랑이가 없었다. 호랑이를 본 적 없는 일본인이 호랑이를 그렸을 리는 없겠지만 고래로부터 호랑이가 흔했던 한국에는 호랑이 관련 민담과 민화가 수두룩하다.

1960년 일본곤충학회에서 옥충의 날개를 완벽하게 복제했고, 2008년에는 일본정부의 대대적 지원으로 옥충주자 2개가 복제되어 1개는 원래 소유자였던 호류지에 주고 다른 하나는 전국 박물관에 순회 대여하고 있다.

네 번째는 8세기 염직물 자수공예품인 천수국수장天壽國繡帳 이다.

**천수국만다라수장** ｜ 국보. 88×82cm. 나라국립박물관 보관. 추구지에
는 복제품을 전시하고 있다. 사진 출처 : 위키피디아 재팬

이 자수품은 원래 호류지 동원에 인접한 츄구지<sup>中宮寺</sup>*에 전해 온 보
물이었다고 한다. 이것은 쇼토쿠태자의 죽음을 애도하여 극락정토 천
수국에 왕생한 태자의 모습을 그린 만다라 자수품이다. 작품 안에는
4명의 채녀<sup>采女·궁녀</sup> 제작자들의 이름을 수놓았는데 모두 가야, 신라,
백제, 고구려 계통의 이름들이다. 그 당시 한반도 도래인 기술자들의
합작품의 하나였을 가능성을 보여준다.

* 쇼토쿠태자 모친이자 요메이왕<sup>用明王</sup>의 부인 하시히토<sup>間人</sup> 왕비의 발원으로 세워졌다는 비구니
  절.

천수국수장은 13세기 가마쿠라鎌倉 시대, 복제품 2장이 제작되었고, 18세기에는 해지고 퇴락한 원본과 복제품 50여 개 조각을 섞어서 이어붙인 괘축掛軸이 제작되었으며 메이지시대에 괘축의 작품을 유리액자에 장정하고 국보로 지정하여 오늘에 이른다. 아스카시대의 염직공예라고 하지만 660년 화재 이후 재건된 호류지에 옮겨온 8세기의 작품이거나 후대의 위작으로 추정되기도 한다.

마지막으로 쇼토쿠태자의 친필 유고라 하는 〈법화의소法華義疏〉가 있다. 747년의 호류지 자재장伽藍緣起幷流記資財帳에 의하면 쇼토쿠태자는 삼경의 주석서《삼경의소三經義疏》승만경勝鬘經, 법화경法華經, 유마경維摩經를 저술했는데, 그중 〈법화의소〉는 쇼토쿠태자의 친필 유고라고 한다. 4권의 두루마리로 되어 있는 〈법화의소〉 각권은 14m 전후의 길이로 전체 서물의 보존 상태는 극히 양호하다.

만약 〈법화의소〉가 7세기 초반 쇼토쿠태자가 직접 쓴 글이라면 이는 일본 최고最古의 육필 원고로 서도사書道史에서도 그 중요성은 말할 필요도 없을 것이다. 그렇지만 오늘날 7세기 초 일본의 불교 수준이나 한문 수준으로 보아서 〈법화의소〉가 쇼토쿠태자의 친필 원고라는 점은 대체로 부정되고 있다. 당시 중국과 돈황에는 이러한 책들이 많이 나돌았던 점에 비추어 후대의 누군가가 이러한 서적을 참고삼아 일부 내용을 발췌하여 저술한 위작이라는 것이 통설이다.

### 호류지 쇼토쿠태자 유물에 얽힌 미스터리

호류지 서원가람에 존재하는 거의 모든 최고 보물의 제작자가 의문에

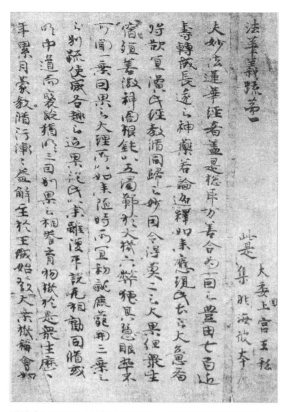

**법화의소**法華義疏 권 제1의 권두 부분 ㅣ 사진 출처 : 위키피디아 재팬

쌓여 있다면 호류지 동원가람에 소장된 쇼토쿠태자 유물이라는 희대의 보물은 그 출처가 전부 미스터리이다. 620년 전후 창건 당시 호류지에는 다수의 불상과 불구가 안치되었을 것이고, 622년 쇼토쿠태자 사망 이후에는 그를 기리는 많은 유물들이 봉헌되었을 것이다.

이들 보물들은 호류지에 닥친 갖가지 재난\*을 피해 타처에 대피되어 보관되다가 710년 무렵 호류지 서원가람이 재건되고 739년 승려 교신行信이 동원가람을 재건한 후에 다시 호류지로 되돌아왔을 것이다. 그렇다면 누가 어떻게 이들 보물을 어디에 피난시키고 다시 찾아서 봉헌했다는 말인가?

권력자의 지원을 업고 이카루가궁 터에 동원가람을 재건했던 의문투성이의 정치 괴승 교신行信은 〈법화의소〉를 비롯하여 태자의 존상이라는 구세관음상 등 출처 불명의 태자 관련 유물을 대량으로 찾아내어 쇼무천황의 부인 고묘황후에게 헌정하고 이를 호류지에 기진케 했다 한다.[60]

그런데 동원가람이카루가궁은 642년에 파괴되어 태자 후손은 절멸했고 서원가람은 670년에 전소했으니 태자의 흔적이 사라져 100년이 지난 후 교신은 대체 어디서 유물을 찾아내어 고묘황후에게 건네주었다는 말인가?

쇼토쿠태자 저술이라는 〈삼경의소〉는 위작이라는 것이 통설이다. 일본의 역사학자 오야마 세이치大山誠一는 이들 유물 대부분은 승려 교신의 위조품이 아닌지 의심하는데, 오야마는 옥충주자, 천수국수장 같은 호류지 보물 대부분도 후세의 위물로 본다.[61] 또한 1935년 역사학자 후쿠야마 도시오福山敏男가 호류지 금당의 국보 약사여래상은

---

\* 622년 쇼토쿠태자의 사망, 643년 소가씨의 이카루가궁 지금의 동원가람 공격, 670년 서원가람 낙뢰 화재 등

몽전의 건칠상, 승려 교신 | 국보. 사진 출처 : 위키피디아 재팬

후대의 조작품이라고 주장한 이래 이는 통설이 되었으며, 토리불사 작품이라는 광배를 가진 호류지 금당의 본존 국보 석가삼존상조차도 후대의 위작이라는 설이 있다.

수많은 진기한 보물을 소장한 저명한 사찰로서 호류지를 민중의 숭배와 황실의 비호를 받는 최고의 사찰로 만들어 막강한 종교적 권위를 노렸던 괴승 교신과 극심한 정쟁의 와중에서 직계의 황위 계승을 위해 태자 신앙의 후광을 갈망했던 황실이 합작하여 수많은 호류지 보물을 위조했을 것이라는 추측이 가능할 것이다.

## 호류지, 황실 헌납 보물

호류지 보물의 또 하나 문제점은 이 보물이 이제는 호류지의 보물이 아니라는 점이다. 1885년 메이지정부는 1천수백 년 호류지에 전해 오던 호류지 사보 중 핵심이 되는 아스카 보물 다수를 황실에 이전하여 천황 소유의 어물로 만들었다.

헌납 보물은 호류지가 에도시대 도쿄 카이초開帳에서 선보여 크게 인기를 끌었던 소형 보물을 중심으로 선정되었다. 헌납 보물의 주요 내용은 소형 아스카 금동불상군,* 쇼토쿠태자 초상화쇼토쿠태자 및 2왕자상 및 공예품 염직물, 태자 육필문서〈법화의소〉 4권 등 319건이다.

궁내성에서는 이미 호류지 보물이 열광적인 태자 신앙을 고취시키고 있음을 카이초를 통해 파악했고 이를 천황 숭배에 이용코자 호류지 보물들에 대해 눈독을 들여왔다. 일본의 패전 후 점령당국연합국총사령부 GHQ은 천황의 어물을 원래 소장처에 귀속시켰는데, 호류지 보물은 호류지에 반환되지 않고 도쿄국립박물관의 호류지 보물관에 소장되어 있다.

1990년 헤이세이平成 천황은 즉위하면서 호류지 헌납 보물 중 쇼토쿠태자와 가장 가까운 유물 2점만을 황실에 남기고 모두 국가에 기증했다. 황실에 남은 보물 2점은 쇼토쿠태자 초상화聖德太子 二王子像와 태자 친필 저술〈법화의소〉 4권이다. 이 중 쇼토쿠태자의 초상화는 일

---

* 호류지에 전래된 일본 최대의 고대 금동불 콜렉션. 통칭 48체불體佛로 부르지만 실제는 49건 57개이다. 여기에는 한반도 도래불로 간주되는 불상도 여러 점 포함되어 있다.

본 최고의 초상화이며, 〈법화의소〉는 일본 최고의 서필 유물이다. 호류지의 대표적 보물로서 태자 신앙으로 보든 일본의 문화유산의 견지에서 보든 일본 최고의 보물임에는 틀림없지만, 이 두 보물은 모두 위작이 확실한 것으로 간주되고 있는 점에서 일본 최고 보물의 실상을 상징하고 있다.

## 호류지의 역사적 의의

1975년 미술사가 우에하라 카즈上原和, 1924~2017는 역사의 흐름에는 미술사적인 측면도 간과할 수 없는 요소라고 전제하며《이카루가의 새하얀 길 위에서斑鳩の白い道の上に -聖徳太子論》라는 제목으로 쇼토쿠 태자와 호류지에 관한 픽션을 발표했다. 이 책에서 저자는 신라가 중국과의 군사 연합으로 한반도 통일을 도모했던 긴박한 상황에서, 백제 일변도에서 벗어나 신라와 고구려, 그 너머 중국에 손을 내민 쇼토쿠태자에 대한 분노와 응징이 643년 소가씨에 의한 이카루가궁의 습격과 야마세왕자山背, 쇼토쿠태자의 아들 일가의 멸족으로 나타났다고 보았다.

이어서 저자는 백제뿐 아니라 신라와 고구려 기술까지 끌어들여 건립된 호류지가 670년 화재로 전소되었음은 백제의 멸망에 대한 보복이었다고 추측했는데, 호류지 화재 당시의 덴지왕은 663년 백제 부흥을 위해 백촌강白村江 전쟁을 주도한 친親 백제계 인물이었다. 우에하라는 백제 멸망 후 통일신라와 손잡게 된 덴무천황 시대 완성된 재건 호류지는 후기 아스카 문화 및 나라시대 불교문화의 상징으로, 여기에는 삼국시대의 호족불교를 극복하고 국가불교를 지향한 통일신라의 색채가 진하게 반영되었다고 보고 있다.

저자는 호류지를 둘러싼 이 모든 갈등은 가야, 백제, 신라, 고구려가 서로 갈등했던 한반도 정세가 일본열도의 도래인 사회에 그대로 투영되어 도래인들이 일본열도에서 각자의 모국을 위해 대를 이어 쟁투했던 역사가 그 배경을 이루고 있다고 보고 있다. 정치적 투쟁에 더하여 한반도 모국의 문화와 기술에 대한 자부심으로 서로 치열하게 경쟁했던 가야, 백제, 신라, 고구려계 도래인 기술자들의 상호 견제와 대립 또한 치열했다는 것이다.

여하튼 신라의 삼국통일 이후 일본열도에서 모국과의 연결고리가 끊어진 도래인 호족들을 제압하고 신생 일본국을 건설한 덴무천황은 삼국통일의 승자 신라와 손을 잡았다. 이로써 도래인들 간의 경쟁은 일단락되었고, 통일신라의 기술은 호류지의 재건과 이어서 나라奈良 도다이지東大寺의 건립에도 충분히 반영되었을 것이다.

오래 전 건너 온 도래인과 새로이 건너온 도래인, 즉 후루키古來와 이마키今來의 오랜 고투는 재건 호류지에서 예술적으로 승화되었다고 저자는 보고 있다. 여기서 일반적으로 후루키古來는 야요이시대부터 4세기 이전에 건너온 도래인들을 말하고, 그 후 5세기 이후에 건너온 도래인들을 이마키今來라고 부른다.

이는 천황가와 함께 강림했다고 주장하는 후루키들이 후에 백제에서 건너온 이마키들을 귀화인, 도래인으로 구분해 부르면서 형성된

용어라고 한다. 후루키와 이마키의 구분은 일본사회에서 다수의 기층
민들과 소수 엘리트와의 차이라는 시각도 있다.[62] 그런 의미에서 호류
지의 전소全燒 와 재건은 일본열도에서 도래인 시대의 종료를 알리고
다음 시대를 예고하는 이정표였다. 이로써 동북아의 민중들이 국적
에 구애되지 않고 바다를 건너 자유로이 일본열도에 도래하여 불교문
화를 꽃피웠던 유유자적했던 아스카 고대세계는 종언을 고한 것이다.
따라서 호류지는 일본인에게만이 아니라 한반도인들, 동북아 세계의
민중들에게도 중요한 시사점을 던지고 있다는 것이 저자의 생각이다.
이후 일본의 문화는 중국의 자장磁場 안으로 깊이 빨려 들어갔다.

# | 6 |

## 일본의 탄생과
## 나라시대

7세기 후반, 일본에서는 아스카시대 후반으로 향하고 있었다. 이 무렵, 중국에서는 중원을 통일한 수나라에 이어 대당大唐이 출현하고 한반도에서는 삼국통일을 이룬 통일신라가 등장했다. 대륙에서 거대 통일국가의 출현과 더불어 동아시아 세계의 구축이 본격화되고 있던 이 시기, 멸망한 백제를 되살리려는 염원에서 야마토 왕실이 명운을 걸고 파견했던 백제부흥군군선 170척, 군대 17,000명은 663년 나당 연합군에 의해 백강白江, 백마강. 일본에서는 백촌강白村江 전투에서 궤멸되었다.

나당 연합군이 패퇴하는 백제부흥군을 추격하여 일본열도까지 공격할지 모르는 위기와 공포의 시기였다. 백제, 고구려의 멸망에 이어 다음은 일본 차례라는 위기감에서 야마토 왕실은 백강전투가 끝난 직후 신라는 물론이고 당나라와도 서둘러 국교를 수립하고 동북아 체제 속으로 들어왔다.

196

아득한 옛날부터 문명과 인적 자원의 원천이었던 한반도로부터 단절이 되고 수백 년 동맹국이자 혈연국 백제를 잃은 야마토 왕권으로서는 도망갈 곳 없는 망망대해 일엽편주의 악몽이 현실이 된 것이다. 일본열도에 고립되어 백제 없는 왜국으로 생존하는 길을 찾아야 했던 야마토 왕실로서는 왜국과 왜인의 존속과 뿌리 보존이 지상 과제였고, 이를 위해 야마토 왕권은 민족의 고유 신앙과 고유문화, 독자적 정치체제의 확립을 위한 대대적인 체제 일신에 돌입했다.

## 야마토국의 멸망과 일본국의 탄생

백제 멸망 직후인 672년, 고대 일본에서 최대의 내전이었던 '진신의 난壬申の亂'이 일어났다. 이 내전에서 친 백제계 왕족과 호족을 토벌하고 즉위한 40대 덴무天武, ?~686 천황은 국호를 왜倭에서 일본日本으로 개명하고 천황 호칭을 사용하며 새로운 왕통의 창시자로 자처했다. 마침내 왜국이 멸망하고 새로운 일본국이 탄생한 것이다. 처음으로 천황 호칭을 사용하며 새로운 국가 출발을 다짐한 덴무천황은 도래인 세력을 철저히 제압하고 천황 중심 국가를 지향하여 국가의식과 민족의식을 고양했다. 그는 현재 일본의 원형을 만든 천황이었다.

백강전투에서 패퇴한 왜군의 뒤를 따라 백제, 고구려 유민들이 대거 일본으로 건너갔다. 마지막 도래인들이었다. 고위 관료와 지식층 상당수가 포함되었지만, 이들 유민들은 대체로 한반도 도래인들의 주 특기이자 저력인 토목기술 종사자들이었다. 일본정부는 수만 명에 이르는 이들 유민들을 미개척지였던 일본 동북부에 집단 배치했다.

시간이 흐름에 따라 이곳에 정착한 도래인들은 토목기술을 적극 활용하여 지역을 개간, 개척하고 발전시켰다. 지역의 민중생활이 현저히 개선되고 민중의 힘은 강화되었다. 삼국통일 이후 건너간 마지막 도래인들에 의한 동북 지역의 개발은 훗날 일본 동북부에서 일본 무사층이 중앙의 천황과 지배귀족을 타도하고 무사의 시대를 개막하는 데 바탕이 된 것으로 평가되고 있다. 그런 의미에서 한일관계사는 왕권중심의 중앙사뿐 아니라 지방사, 나아가 민중사의 관점에서 재조명되어야 할 것이라는 지적이 있다.[63]

## 신생 일본의 체제 정비
; 신도 확립, 견라사와 견당사, 율령제, 나라奈良 천도

아마테라스天照大御神 여신이 창출된 것은 바로 이 시기였다. 덴무천황은 진신의 난壬申の亂 중에 간토關東 지역의 이세신궁을 방문하여 승리를 빌었던 일을 계기로, 전쟁에서 승리하자 이세신궁을 특별히 우대하여 이세 지역의 태양의 여신과 원래 천황가의 조상신이었던 다카미무스비高皇産靈神*를 합체하여 태양의 신 아마테라스 여신을 만들어 냈다고 한다.[64]

---

\* 창조와 생성의 신. 고령가야에서 온 신이라고도 함.

198

# 일본의 국명

일본은 1세기 중국의 사서 《한서지리지漢書地理志》에서 처음 '왜倭'로 소개되었다. 왜는 중국이 붙여준 이름인 것이다. 그러다 5세기 들어와서 문자를 사용하게 된 일본인들은 왜倭를 야마토라 칭했다. 야마토는 '산 입구山門'라는 뜻인데 정령으로 가득 찬 산을 의미하여 일본의 토속 산악신앙이 국명에 반영된 것이라고 해석된다. 《삼국사기》〈신라본기〉에는 문무왕 10년670년 12월, '왜국이 국호를 일본으로 변경했다는데, 해 뜨는 곳에 가깝기 때문에 국명으로 삼았다는 것이다'라는 기록이 있다. 그런데 해 뜨는 곳에 가깝다는 인식은 현지인들이 아니라 서쪽에서 본 인식이라는 점에서 일본이라는 국명은 서쪽의 나라에서 불러준 것이라는 설이 있다.[02]
《구당서舊唐書》는 702년 왜국이 당나라에 국서를 보내 '왜倭라는 말이 아름답지 못하기 때문에 국명을 일본국으로 바꿨다'는 왜국의 설명을 소개했다. 원래 왜인을 뜻하는 '倭'자는 특별히 추하다는 의미는 없으나 왜인들의 왜소한 체구 때문인지 '倭'자는 왜소하다는 '矮'와 혼용되었다. 어쨌든 왜인들은 '倭'자를 아름답지 않다고 여겼는지 점차 '왜倭'는 같은 발음의 '와和'로 대체되었고, 8세기 초에 이르러 일본이라는 국명이 태어난다.

이후 아마테라스의 신체神體로서 삼종신기의 거울을 보존하는 이세신궁이 건립되어 천황가의 황조신皇祖神으로서 아마테라스 신앙이 정착되었다. 이로부터 아마테라스의 후손인 천황을 가부장으로 하는 단일민족 일본인과 가족국가 일본국이 태어나서 천황을 기반으로 강력한 정치, 종교, 문화 정책이 구체화되었다.

이는 백제 없는 일본열도의 수호자로서 절대 신권적 천황의 등장이었다. 이러한 상황은 막부 말기, 서양 세력의 출몰에 의해 일본의 조야朝野가 국가 존망을 우려했던 시기에 메이지유신으로 절대 신권적 천황을 호출하여 국민국가 건설에 착수했던 상황의 모델이었을 것이다.

## 견라사와 견당사 파견

신문물의 원천이었던 백제를 잃은 일본으로서는 신생 일본국의 안착과 발전을 위해 대륙의 선진 문물을 적극 도입해야 했기에 국교 수립 즉시 견라사遣羅使와 견당사遣唐使를 파견했다. 일본은 특별히 고분시대와 아스카시대에 대거 유입된 한반도의 문물을 넘어서기 위해 견당사를 통한 당나라의 문물 도입에 총력을 기울인 결과 일본의 당화唐化가 본격화되었다.

오늘날 견당사는 8세기 나라시대 신생 일본국의 발전에 커다란 동력이 된 것으로 소개되고 있지만 사실상 일본 역사에서 그다지 알려지거나 평가된 존재는 아니었다. 그러나 메이지시대에 지나친 서구화를 변명하는 동시에 고대 일본국가의 탄생과 발전에 현저했던 한반도의 영향을 감추려는 의도에서 견당사의 역할은 강조되고 과장되었다.

역사책에서 견당사의 회수를 대폭 부풀리는 반면 통일신라에 파견된 견라사遣羅使 의 역할은 가급적 축소되었다.*

일본에서는 당나라와 교류를 시작하며 과거 가야, 즉 한반도를 뜻했던 카라韓 는 중국을 뜻하는 카라唐 로 대체되었고, 이로써 카라韓 에 대한 기억은 점점 희미해졌다. 그러나 당시 일본의 실상은 너무도 선진적인 당 문화와 당 체제를 액면 그대로 수용하기가 어려웠고, 또한 당나라에 건너가는 해상교통도 문제였기 때문에 일찍부터 당 문화를 체화한 신라를 통해 대륙 문화를 학습하고 소화해야 했다. 이 시대에 20회 이상 파견된 견라사와 일본에 대해 40회 정도 파견된 신라 사절이 들여온 대륙 문물을 통해 일본은 고대국가 체제를 갖춰 나가며 고대문화의 성숙기를 맞게 된다.

## 율령국가 체제 성립

701년 일본은 중앙집권 국가 체제와 조세 제도를 최초로 법제화한 '다이호율령大寶律令'을 반포, 실시하여 중앙집권적 천황제 율령국가 체제를 성립시켰다. 일본에서는 일본 최초의 율령인 다이호율령이 중국을 모델로 제정된 것임은 상식 중의 상식으로 받아들이며, 이런 내용을 역사 교과서를 통해 교육시키고 있다.

---

* 실제 견당사의 파견 회수는 총 16회이며 견당사가 가장 활발했다는 나라시대에도 5회에 불과했다. 이에 비해 견라사 파견은 668년 국교 수립부터 779년 견라사 종료까지 25회이며 나라시대에만 12회에 달했다. 신라에서 일본에 파견된 사절은 총 40회였다.

그러나 701년 율령 반포 직전 파견되었던 695년과 698년의 견라사 사절은 다이호율령의 편찬자 이키노 하카토코伊吉博德였다. 반면에 견당사는 669년 7차에 이어 율령 반포 이듬해인 702년 8차가 파견되었다. 이로 미루어 보아 일본의 주장과는 달리 다이호율령은 당나라가 아닌 신라에서 배워 온 것이라고 족히 추정할 수 있다.

율령제 실시에 의해 지방에는 과거 세습 호족國造, 또는 縣主의 영지를 기준으로 60여 영국領国-에도시대의 藩으로 발전을 설정했다. 관용적으로 '구니國'라 칭했던 영국에 대해 나라시대의 율령제 하에서는 중앙에서 지방장관國司을 파견했지만 중세 막부시대부터는 세습 무사 다이묘大名가 국주國主로서 거의 독립국 수준으로 통치했다. 영제국은 단일의 통일국가를 지향했던 메이지유신에서 소멸하고 지방 단위의 도도부현都道府県으로 갈음되었다.

## 아스카에서 나라로 천도하다

710년 43대 겐메이元明 천황은 오랫동안 도래계 호족들의 근거지였고 야마토 왕조의 왕도였던 아스카를 떠나 아스카 북쪽의 나라奈良에 건설한 헤이조교平城京로 천도했다. 일본의 역사책에서는 나라의 헤이조궁이 당나라 수도 장안을 본받아 조성된 것으로 설명하고 있지만 708~710년 이 궁이 조영될 무렵 일본은 견당사를 파견하지 않았으나 견당사 파견은 702년과 717년 반면에 신라와는 빈번한 사절 교류가 있었다. 700년, 703년, 704년, 706년, 712년 그런 점에서 헤이조궁은 당나라가 아닌 신라의 왕성王城을 참고해서 조영한 왕궁으로 봐야 할 것이다.

**복원중인 헤이조궁** ᅵ 다이고쿠덴大極殿. 正殿 뒤로 도다이지 대불전이 보인다. 메이지시대 기단이 발견되어 사적으로 지정되었고, 헤이조궁 천도 1300주년인 2010년에 완전 복원되었다. 사진 출처 : 위키피디아 재팬

이후 794년 나라에서 교토의 헤이안교平安京로 천도할 때까지 나라에 수도를 두었던 80여 년을 '나라시대'로 구분한다. 나라시대가 진전되면서 율령제의 시행착오와 외척에 의한 국정 문란, 질병과 재난이 빚어낸 사회 불안에 지친 황실에서는 율령국가의 정신적 지주로서 불교에 대한 의존도가 갈수록 커졌다.

## 최초의 역사서 편찬
; 천손족과 한반도 번국관

당나라, 신라와 국교를 맺은 나라시대는 백제 없이 홀로 선 일본에서 처음으로 국가의식이 생겨나던 때였다. 또한 나라시대는 통일신라와

❶ **일본서기** 日本書紀 卷第一 神代上 ㅣ 국보. 임진왜란에서 약탈한 목활자를 사용하여 1597~1603년 왕명으로 출판된 일본 최초의 활자본慶長勅版 간행서적으로서 초귀중본. 국학원대학 소장. 사진 출처 : 위키피디아 재팬

❷ **고사기**古史記 ㅣ 중요문화재. 고사기 최초의 목판본 초판. 1644년 관영판본寬永版本. 국학원대학 소장. 사진 출처 : 위키피디아 재팬

일본이 상호 국경 통제를 강화하여 도래인의 이동이 끊어지면서 일본 열도에서는 일본민족의 형성이 가속화되고 민족의식이 고조된 시기였다.

이같이 국가의식과 민족의식이 고양되던 시대에 천황을 근본으로 하는 일본민족과 일본국의 기원을 천명하는 최초의 역사책《고사기古史記》와《일본서기日本書紀》, 이하《기기記紀》가 각각 710년과 712년에 편찬되었다. 황실의 계보 위주로 구성된《고사기》는 천황을 위한 비서祕書였고,《일본서기》는 관료들을 위한 편년체 정사正史이다.

## 천손족의 탄생

《기기記紀》의 최고 목표는 고대 일본의 민족적, 정치적, 문화적 자립과 독자성이었다.《기기》는 신화의 시대를 설정하여 천계의 신들이 일본열도를 만들고 천계의 지배자 태양의 신 아마테라스 자손이 천손 강림하여 국가를 세웠다고 기술한다. 이러한 역사서는 일본의 선사시대를 배제하고 일본민족의 기원과 천황가의 유래를 완전히 조작함으로써 일본인들의 정체성 형성과 자아 확신에 큰 갈등과 문제를 안겨준 것은 분명하다.

일본민족과 황실의 조상을 하늘에서 떨어진 천손족天孫族으로 창작해 낸 《기기》의 궁극적 목표는 선사 이래 꾸준히 건너와 일본열도를 개척하고 일본민족과 일본국의 토대를 형성한 도래인들의 존재를 은폐하는 데 있다고 할 수 있다. 그런 다음 천황가의 외부 도래설이나 백제 왕실과의 혈연설을 차단하여 아마테라스의 자손인 천황만이 일본을 통치할 수 있다는 신권적 천황제를 주장하여 외세의 영향을 부정하는 배타적 민족주의를 고취하려는 것이다.

역사학자 고야스 노부쿠니子安宣邦, 1933~ 는 이 시기에 일본의 정체성을 세우기 위해 일본 역사에서 한반도의 흔적을 말소하는 작업이 행해졌으며, 나머지 한반도의 흔적을 지우는 작업은 메이지시대에 행해졌다고 본다. 그는 근대일본의 성립 과정은 고래로부터 일본에 꾸준히 누적된 한반도의 흔적을 말소하는 과정이라고 지적한다.[65]

## 한반도 번국관

일본이 《기기》의 편찬에서 주안으로 삼은 것은 도래인과 무관한 일본민족의 독자성을 위해 천손강림한 천황가에 의해 건립된 야마토국의 기원을 주장하는 것이고, 그 다음의 지향점은 고대 한일관계를 역전시키기 위한 한반도 번국관藩國觀의 주장이다. 이 무렵 중국에 조공하며 중국의 중화사상을 학습한 일본 지배층은 중국인들의 자의식이라할 '카라고코로唐心'에 완전 심취하여 중국 중심으로 사고하며 자신들이 중국인이라는 착각 하에 일본판 중화사상을 만들어 냈다.[66] 자국을 천자국天子國으로, 중국을 이웃나라로 설정하고 천자국에 필수적인 번국藩國, 즉 조공국으로는 한반도를 지정한 것이다.

원래 일본열도에서는 처음 가야가 최고였다가 그 다음 백제가 최고지향점이었으나 아스카 말기 견수사와 견당사를 파견하여 중국의 사정에 접한 일본은 중국이 최고이며, 한반도는 중국 아래의 일본과 마찬가지로 변방에 불과하지만 일본이 한 수 위라는 생각에 집착했다.

특히 황실의 기원이 되는 가야를 흡수하고 혈연관계의 백제를 멸망시킨 통일신라에 대한 적대감이 강했고 직접적으로는 백강전투 패배의 원한이 컸던 일본은 통일신라와 국교를 회복하고 통일신라로부터대륙의 신문물을 수용하고 배우면서도 그 이면에서는 신라를 정벌하여 조공국으로 삼았다는 조작된 역사서를 편찬하는 이중성을 보였다.이것은 당시 천황가의 한반도 도래설을 부정할 수 없었던 일본으로서는 기왕에 한일이 동조同祖라면 일본이 한국을 지배한 동조론으로 발상의 전환을 시도한 것으로 볼 수도 있을 것이다.

이러한 중화사상의 구조에 맞추어 《기기》는 4세기 진구왕후의 신라 정복이나 삼한정복설, 가야에 직할령을 두어 지배했다는 임나일본부설任那日本府說 *같은 조작된 내용을 역사서에 꼼꼼히 기록했지만, 중국이나 조선 어느 역사서에도 기록이 없고 어떠한 근거나 물증도 없는 허구이고 조작일 뿐이다.

《기기》는 용의주도하게 배치된 단어로 한반도 지배를 입증하고자 했다. '신臣'으로 표현된 한반도에 대해 천조天朝 일본은 칙勅,調書과 명령을 내리고, 한반도는 조공사를 입조入朝 시켰으며 표문과 함께 조調, 공물, 수입품을 공물로 표현와 질質, 외교사절을 인질로 표현을 바치고 갖가지 보물을 헌상한 것으로 기록했다.

일반 민중이 거의 문맹이었던 고대와 중세에 일본에서 《기기》는 일본사회에 전혀 알려지지 않았지만 서세동점의 막부 말기와 메이지시대에 고대로 눈을 돌렸던 국수주의 학자들은 《기기》를 꼼꼼히 연구하며 4~6세기 일본과 한반도의 관계에 주목했다. 치밀하게 나열된 언어의 주술에 사로잡힌 이들 학자들은 실제로 고대 일본이 한반도를 지배했다는 확증에 사로잡히고 이를 일반 대중에게 유포하고 교육시켰다.

《기기》를 통해 메이지시대 일본인들은 처음으로 고대 일본이 한반도를 지배하며 중국과 맞먹는 '제국'이었음을 새삼 깨달았다. 서세동점의 메이지시대에 허물어진 중국은 별것 아니고 중국의 조공국이었던 한반도는 더더욱 별것 아니라고 생각하면서도 현실적으로 일본인

* 2010년 한·일역사공동연구위원회는 임나일본부의 실재를 공식적으로 부정함.

들은 고대 일본의 한반도 지배를 확신하지 못했다.

그러다가 청일전쟁에서 승리한 후에 한반도를 식민지로 삼고 나서야 일본인들은 《기기》의 기술대로 고대 일본이 한반도를 지배했다는 과거 역사를 확신하게 되었고, 이로써 한반도 번국관과 한국인에 대한 멸시 감정이 일본 대중들에게 정착되었다. 이러한 일본의 그릇된 역사관은 물증文化財에 기반을 두지 않고 문헌만을 중시하는 일본 역사학계의 병폐로 지적되고 있다.[67]

고대 일본의 한반도 남부 지배라는, 사실과는 정반대가 되는 도착적인 발상이 나온 일본인들의 무의식 속으로 더 깊이 들어가 본다면 거기에는 일본이 태곳적부터 품어 왔던 강박관념이 도사리고 있다. 바로 가야에 대한 집착이다. 일본문명의 원천이며 황실의 기원이 있는 조상의 나라이자 철과 토기의 나라 가야를 지배하고 싶은 욕망이자 망상이었다. 한반도에 존재하는 국가 중에서 가장 약체라고 본 가야의 일부라도 지배하여 가야에 한 발을 딛고 있는 한 일본은 더 이상 고립된 섬나라가 아니며 대륙에 속한 국가가 될 것이고, 철과 토기의 나라 가야를 지배하면 한반도 전체를 지배할 것이라는 망상은 가공인물 진구왕후가 조작된 역사책 속에서 이루어 주었다.

고대 일본의 한반도 지배 주장은 한낱 섬나라 신세를 탈피하여 대륙의 일원으로 존재하고 싶은 일본인들의 무의식 속에 깊이 내재화되었다. 앞서 언급된 고야스 노부쿠니 교수는 고대 한일관계의 과거사 맥락에서 '독도 문제'도 함께 비판한다. 그는 이들 문제점의 공통사항은 '일본의 정체성 만들기日本の正體性作り'에서 유래한다고 지적한

다.[68] 일본은 원래 대륙, 즉 한반도에 땅을 가졌던 대륙의 일원으로서 고대 아시아의 제국이었다는 정체성을 주장하고 싶은 것이리라.

## 나라 덴표문화
: 통일신라 문화와 당 문화의 융합, 일본의 나무문화

기존의 한반도에서 유래한 전통문화를 꾸준히 계승하면서 통일신라의 호국불교에 더하여 세계를 포용한 성당시대盛唐時代의 국제문화를 적극 수용한 일본은 견고한 한반도 전통문화를 토대로 국제성이 농후한 불교문화를 꽃피우며 일본적인 고대문화를 전개해 나갔다. 이 같은 나라시대의 문화를 가리켜 이 시대를 대표하는 45대 쇼무천황聖武天皇, 701~756의 연호를 따라 '덴표天平문화'라 부르는데, 이 또한 메이지시대의 언어로서 나라시대의 찬란한 불교문화를 지칭한 미칭美稱이다.

### 나라불교와 남도 7대사

불교의 수호로 국가의 안위를 보존하려는 진호국가鎭護國家를 지향했던 나라시대에는 수도 나라의 헤이조쿄平城京를 필두로 전국적으로 수많은 사찰이 조영되었다. 사찰은 도성 경관의 중요 요소였고 국가진호의 상징이었다. 사찰 조영은 또한 일본국을 탄생시킨 천황의 대사업으로 이해되어 천황이 발원한 칙원사勅願寺를 국립 사찰로 인정하는 관사官寺 제도가 성립하면서 특권적인 거대 사찰이 여러 개 조성되었다.

나라에는 옛 도읍지 아스카의 대사찰 3개가 이전되고 4개의 국립 사찰이 새로이 조영되어 '남도 7대사南都 7大寺'라 불렸다.* 이들 7대 사를 중심으로 아스카 불교문화를 계승하는 원숙한 불교문화가 전개되었으므로 오늘날 나라문화는 아스카문화를 포괄한 개념이 된다. 나라시대의 대표적 사찰인 남도 7대사는 1998년 유네스코 세계문화유산에 지정된 것을 계기로 대부분 복구되었다.

나라시대에 중국과 통일신라의 선진기술을 도입하여 수많은 조사 조불 사업이 행해진 결과, 일본의 불교 문화유산은 양적으로 비대해졌고 질적으로 크게 발전했다. 이 모든 조사 조불을 총지휘하는 국가기구로서 조사사造寺司가 설립되어 도래인 기술자들에 의해 집중 훈련을 받은 일본인 기술자들이 배출되기 시작했다.

이런 배경에서 한반도의 전통 요소가 굳건히 잔존하고, 여기에 새로운 중국 기술과 양식이 가미되어 이루어진 나라시대 덴표 불교문화는 아스카 불교문화를 계승한 일본문화의 원형으로 간주된다. 이 시기 일본은 대륙의 박래품이나 복제품이 아닌 일본이 자체 제작한 독자적 문화유산을 다수 남기게 된다.

---

* 아스카에서 이전된 3사찰은 일본 최초의 사찰로 소가씨의 씨사 아스카사飛鳥寺, 나라에 이전하여 간고지元興寺로 개칭하고 관사로 승격, 일본 최초의 국립 사찰官寺인 구다라대사百濟大寺, 34대 조메이舒明왕의 씨사, 나라에 이전하여 다이안지大安寺로 개칭, 야쿠시지藥師寺, 40대 덴무천황 발원였다. 나라시대에 새로 조영된 4사찰은 도다이지東大寺, 45대 쇼무천황 발원, 코후쿠지興福寺, 외척 후지와라藤原의 씨사,호류지法隆寺, 덴무천황이 재건, 도쇼다이지唐招提寺, 당승 감진鑑眞이 창건 를 일컫는다.

나라시대에는 실크로드를 개척한 당나라로부터 신라를 통해 또는 견당사를 통해 중앙아시아 공예품이 도입되었고, 이를 복제한 새로운 공예품이 대거 탄생하여 일본문화에 국제성을 더했다. 실크로드 공예품의 극소수 원본과 대량의 복제품이 오늘날 도다이지 쇼소인에 전한다.

## 당풍 사찰과 일본적 불상의 등장

나라시대 후반기, 754년 12회 견당사의 귀국 편에 당나라 고승 감진鑑眞, 688~763이 일본으로 건너왔다. 감진에 의해 일본에 율종律宗이 전파되어 755년 일본에서 당나라 불교식의 수계受戒 제도가 정비되고, 759년에는 일본 최초의 당풍 사찰인 도쇼다이지唐招提寺가 건립되었다.

**최초의 당풍 사찰 도쇼다이지**唐招提寺 **금당**金堂 ㅣ 국보. 8세기 후반 감진을 따라 도일한 감진의 제자 여보如寶가 조영. 나라시대 사찰의 금당으로서 현존하는 유일한 건물.

중국식 율종 수용을 기점으로 일본 불교는 한반도계 불교에서 본격적으로 중국 불교의 시대로 이행했다. 당시 일본에서는 공인된 수계를 받지 않고 사적으로 출가한 승려私度僧의 수가 마구 증가하여 사회적 혼란을 야기할 정도였다. 이것은 한반도 3국의 불교를 동시에 받아들인 일본 아스카 불교의 한계였을 것이며, 한반도 삼국 불교의 분파성을 극복하려면 불교문화의 원형인 중국 불교의 권위가 불가피했을 것이다.

조사 조불에 조예가 깊었던 감진은 일본의 불교예술에도 현저한 변화를 가져왔다. 감진은 일본에 올 때 조불 기술자 제자들을 데려왔고 다양한 불상 재료를 가져왔다. 감진의 제자들은 아스카시대의 전통적 금동불과는 다른 소상塑像, 점토상, 건칠불乾漆佛, 목불상의 수많은 걸작품을 제작하여 새로운 재료와 새로운 기술양식에 의해 일본에 새로운 불상을 출현시켰다.

**도쇼다이지 금당의 불상** | 본존불 노사나불좌상盧舍那佛坐像, 가운데, 높이 3m, 좌우 협시불로 약사여래입상藥師如來立像, 정면에서 우측과 천수관음입상千手觀音立像, 좌측, 모두 국보, 덴표불의 대표적 건칠불이다. 사진 출처 : 위키피디아 재팬

또한 당나라 불교의 수용에 따라 불교와 경전에 대한 정보가 증가하고 여기에 일본의 전통 산악신앙과 가미神신앙이 더해져서 다양한 불상의 모습이 나타났다. 일본인 기술자들은 아스카시대를 계승하는 건실한 전통 위에서 나라시대의 새로운 감각과 감정을 거침없이 표현하며 인간적이며 악마적인 독특한 일본 불상을 탄

**감진화상상**鑑眞和上像 ｜ 국보. 높이 80cm. 763년. 감진의 제자 인기忍基 작품. 일본 최고最古의 초상肖像 조각. 건칠불이나 양손은 목제. 도쇼다이지 소장. 사진 출처 : 위키피디아 재팬

생시켰다. 엄격한 사실주의의 고전적 아스카 조각에 비해 현세적이며 생동적인 이른바 덴표불天平佛이 탄생한 것이다.

## 일본의 목불 : 일본의 나무문화

'칠漆'은 고대 중국에서 관이나 중요한 기물의 제작을 위해 사용되었던 유서 깊은 재료지만 원체 고가였기 때문에 수많은 불상이 제작되었던 나라시대에는 칠을 사용한 건칠불乾漆佛은 소수였고 목조 불상이 성행했다.

감진을 따라온 목조 기술자들이 제작한 수준 높은 목불을 계기로 일본에서 본격적인 목조 불상의 시대가 열렸다. 원래 목불은 고대 중

국에서 무덤의 부장품으로 제작된 목용木俑에서 시작되어 수나라와 당나라의 불교문화 속에서 목불로 발전되어 왔다. 중국 남북조시대에는 목불의 부식을 방지하기 위해 옻나무의 진을 바르는 칠박漆箔이나 채색을 입힌 목불이 제작되었고, 이러한 목불이 남조 양梁나라에서 백제에 전해졌고 다시 백제에서 아스카 일본으로 건너갔다.

아스카시대에는 단단한 쿠스노키를 사용하여 불교 수용 시에 도래한 빛나는 청동불상을 닮은 금색이나 흑칠 등 채색의 목불이 나타났지만 나라시대에는 유연한 목질의 히노키檜木로 제작된 대형 목불이 제작되었다.

일본에서 목조불은 감진이 도일한 초기에는 당풍이 강했지만 점차 여러 종류의 일본 목재를 사용한 목조각은 다루기 쉬운 나무의 재질을 자유자재로 살려 현세적 사실주의와 인간적 분위기를 표현하는 일본 특유의 목상을 탄생시켰다.

국토의 7할 이상이 삼림으로 뒤덮인 일본열도에서 인간의 수명을 훨씬 뛰어넘는 불가사의한 생명력을 지닌 나무는 고래로부터 가미神 신앙과 결부되어 영목靈木 숭배 사상을 낳았다. 영기靈氣를 발하는 거수고목巨樹古木이나 벼락 맞은 나무와 같이 신이 내리고, 신이 머무는 영목을 예리한 칼로 깎아 만든 목불은 영적이며 삼엄하고 무서운 악마적 모습의 일본적 불상으로 나타나기 시작했다.

이것은 일본의 전통적인 산악신앙과도 일맥상통하는 것이었다. 여기에 사도승私度僧, 국가가 공인하지 않은 무자격 승려에 의한 소박하고 못생긴 목불도 민간에서 대거 유행하면서 신목, 영목을 숭배하는 일본인들의 나무문화가 생활 속에 깊이 뿌리내렸다. 오늘날 일본의 주요 문화재로서 건축이나 조각, 공예품은 목조품이 9할 이상을 점하고 있는데 이는 다른 나라에서는 찾아볼 수 없는 일본 고유의 나무문화 현상이다.

이러한 문화는 수백, 수천 년을 생존하는 나무를 통해 인간 중심의 사고를 넘어 자연의 불가해한 매력과 특성을 표현하는 일본미의 깊은 정신성을 보여주는 것으로 일본인들은 자평한다.[69] 그러나 나무문화에 대한 이러한 자화자찬은 당시 중국과 한반도에서 융성했던 금속과 도자기 문화를 따라갈 수 없어서 구하기 쉽고 다루기 쉬운 나무에 의존해야 했던 당시 미발달한 일본의 문화와 기술 수준에 대한 변명이라고 보아야 할 것이다.

일본에서 목불 제작은 주로 도래인들이 구사했던 하나의 나무로 조각하는 일목조 수법으로 시작했으나 점차 분업 방식으로 여러 나무를 조립해서 보다 용이하게 불상을 제작하는 기목조寄木造 수법이 발전했다. 기목조 수법은 웅장한 일본의 목조 사찰에 걸맞은 다양한 대형 불상을 대거 탄생시켰으나, 불상의 대량생산을 가능케 함으로써 목불 특유의 생동감과 정신적 분위기를 잃는 경우가 허다했다. 일목조 기법은 도래인의 영향이 끊어지는 12세기 이후 사라지고 일본인의 기목조 기법이 대세가 된다.

## 나라문화의 표상

; 도다이지, 나라대불, 쇼소인

나라시대 덴표문화의 상징은 덴표문화의 주인공 쇼무천황이 발원하고 국력을 총동원하여 조영한 도다이지東大寺와 본존 비로자나불毘盧遮那佛, 통칭 나라대불奈郎大佛. 그리고 도다이지 창고 쇼소인의 보물로 대표된다.

### 도다이지와 나라대불 건립

쇼무천황은 국가를 뒤흔든 갖가지 정변과 재앙에 맞서 호국불교의 거점으로 나라의 헤이조궁平城宮 동쪽에 도다이지와 본존불의 건립을 발원했다. 그 직접적 계기는 쇼무천황이 가와치河内国의 지시키사知識寺를 방문한 것이었다. 신라의 화엄사상을 수용한 지시키사는 화엄경의 가르침에 따라 민간의 재력과 노동으로 이루어진 사찰, 즉 민간 주도로 건립된 사찰이었다. 지시키사의 빛나는 비로자나불을 보고 깊은 감동을 받은 쇼무천황은 743년 화엄경의 본존 비로자나대불의 건립을 발원했다.

8세기 당시 화엄경이 널리 유포되었던 중국과 신라에서는 왕즉불王即佛 사상이 확산된 가운데 화엄경의 최고불로서 대우주의 중심이며 근본인 비로자나불이 국가의 절대 권력을 표상하기 위해 건립되었다. 7세기 후반 당나라에서는 루먼龍門의 펑셴쓰奉先寺에 비로자나대불이 조영되었고 신라에서는 8세기 중반, 불국사의 중창과 함께 비로자나 금동불상이 조영되었다. 이러한 정보를 견당사와 견라사를 통해 입수한 일본에서도 호국불교의 거점으로 도다이지와 비로자나불 건립에 착수했던 것이다.

752년 일본의 불교 수용 200년이 된다는 해를 잡아 높이 15m의 청동대불이 완성되었다. 대불 개안식開眼式 이 신라, 중국, 인도, 발해, 베트남의 고승들과 사절이 참석한 가운데 국제적 축제로 성대하게 개최되었을 때는 신라에서 불국사가 중창되었던 751년의 이듬해였다. 신라의 불국사 건립에서 큰 지원을 받았을 것임을 추측할 수 있다.

불교 전래 200년이 지난 이 무렵에는 웬만한 조사 조불은 일본인들이 담당했지만 거대한 도다이지 금당 대불전과 청동대불의 제작은 도래인이 맡았다. 도다이지 건립의 총 책임자이면서 대불의 제작자 주공鑄工 구니나카노 기미마로國中公麻呂 는 백제 멸망 후 일본에 망명한 백제 귀족國骨富 의 후손이었고, 대불전을 건립한 목공장木工長 은 신라계 도래인猪名部百世 이었다.

세계 최대 청동불 비로자나대불이 안치된 도다이지 대불전의 넓은 사역에는 대불전 외에도 수십 년에 걸쳐 수십 채의 건물과 그 내부를 장식한 수많은 불상과 불구, 대불전 동서에 높이 70m가 되는 2개의 7중탑14세기 낙뢰로 둘 다 소실되어 현존하지 않음이 조영되었다.

이 같은 대규모 도다이지의 건립에는 국가의 총체적 재력과 예술 기량이 동원되는 만큼 무엇보다도 민중의 지지와 금속, 토목, 도금 기술을 장악한 도래계 기술자들의 전폭적 지원이 필수적이었다. 그렇기에 도다이지와 대불 조영에 기여한 한반도 도래인에 관한 많은 일화가 있다.

❶ **도다이지 대불전** ı 국보. 대불을 안치한 금당. 원래의 건물이 아니라 1709년 개축된 건물로
크기도 원래 건물의 2/3 정도이다. 그럼에도 오늘날 세계 최대 목조건물이다.

❷ **비로자나대불**통칭 나라대불 ı 국보. 높이 15m. 중세 전란으로 파괴되어 여러 번 복구되었고
현재는 연화대 부분과 몸통의 극히 일부만이 원작품이다. 두상頭像은 에도시대 작품1690년이
다. 사진 출처 : 위키피디아 재팬

❸ **시쇼미에이**四聖御影 ı 중요문화재. 회화. 1377년 작. 도다이지 창건과 대불 개안식의 주역을
그린 도다이지 사성四聖. 쇼무천황, 인도승 보리선나菩提僊那, 백제계 대승정 교키行基, 도다
이지 초대 주지 로벤良弁 승정僧正의 초상. 도다이지 뮤지엄 소장. 사진 출처 : 위키피디아 재팬

218

민중불교의 지도자로서 국가의 탄압을 받은 백제계 도래인 승려 교키行基가 승려의 최고직인 대승정大僧正에 임명되어 전국을 돌며 민중들의 지원을 호소했다. 백제 의자왕의 5대손으로 무쓰국陸奥國, 미야기현 宮城県 의 수령이었던 백제왕 경복百濟王 敬福 은 무쓰국에

도다이지 경내에 있는 초라한 모습의 가라쿠니 신사 배전 東大寺辛国神社の拝殿 | 메이지시대 신사의 명칭이 韓國에서 발음이 같은 辛國신사로 바뀌었다.

서 채취한 9백 량의 황금을 헌납하여 대불도금을 완성시켰다. 도다이지 경내의 가라쿠니신사辛國神社, 원래 이름은 韓國神社 는 도다이지 건립에 많은 공을 세운 도래인들을 신으로 모신 것이라고도 한다.

도다이지 대불의 근본 사상은 화엄인데, 일본 화엄의 특징은 당의 화엄경보다는 원효의 화엄론을 근거로 하여 신라 학승들이 발전시킨 것이다. 도다이지가 건립되자 백제계 도래인 승려 로벤良弁 이 최초의 주지가 되었고 신라승 신쇼審祥 가 화엄경을 강했다.

도다이지 건립에는 당시 일본의 1년 예산의 3배에 달했다는 경비가 사용되어 도다이지 준공의 후유증으로 인해 막심한 정치, 경제, 사회적 분란이 뒤따랐다. 더구나 대불의 도금을 위해 대량 사용된약 50톤 추정 수은이 야기한 수은 중독으로 수많은 인명피해가 있었다고 하는데, 수은 중독은 대불 제작 30년 후 일본이 나라에서 교토로 천도한

이유였다는 추정도 있다.

오늘날 도다이지는 대불전을 비롯하여 8건의 국보 건조물과 나라 대불 등 23건의 국보 미술공예품을 소장하고 있는데, 호류지 다음으로 많은 국보급 문화재의 보고이다. 1998년 도다이지는 유네스코 세계유산에 등재되었다.


## 쇼소인正倉院의 보물 실상과 문제점
; 일본 정부의 새로운 입장

초기 아스카시대의 불교문화를 소가씨의 아스카사가 대변하고 후기 아스카 하쿠호白鳳 문화를 쇼토쿠태자의 호류지재건 호류지가 대표한다면, 나라시대 덴표문화의 상징물은 호국불교의 거점인 도다이지이다. 특히 도다이지의 창고 쇼소인은 나라시대에 구성된 덴표문화의 보고일 뿐만 아니라 보물의 나라 일본을 상징하는 존재이다.

보물로 친다면 도다이지보다 100여 년 앞선 호류지 보물이 나라시대의 도다이지 보물에 비해 훨씬 더 중요할 것 같지만 호류지 보물이 대부분 출처 미상이거나 위조의 의심이 있는데 비해 쇼소인 보물은 도다이지 창건부터의 사보와 쇼무천황의 유품에 이르기까지 출처가 분명한 점에서 보다 큰 학술적 가치가 있다.


### 쇼소인 보물의 구성

쇼소인은 도다이지의 남, 북, 중 3개의 창고로 이루어져 있다. 중창에

**쇼소인 건물** | 국보. 건물 내부를 세 구역으로 나누어 각각 남창, 북창, 중창이라 칭했다. 현재 쇼소인 보물은 1962년 쇼소인 경내에 건축된 철근 콘크리트 건물 서보고西宝庫 에 수납되어 있다.

는 도다이지의 전신인 콘슈지金鐘寺,

735년 쇼무천황이 요절한 장자를 위해 세운 절 이래의 도다이지의 각종 사경문서와 불구가 보존되어 있고, 남창에는 752년 도다이지 대불 개안식에 사용된 물품이 보관되어 있다. 그리고 북창에는 대불의 발원자인 45대 쇼무천황 부부의 유품이 보관되어 있다. 이같이 형성된 쇼소인 보물은 8세기 한중일 등 아시아 고대 불교문화와 일본 천황가 문물의 귀중한 예시로서 8세기의 희

**도다이지 헌물장**國家珍寶帳 **의 첫 부분** | 국보. 폭 25.9cm, 길이 1,474cm. 북창에 헌납된 천황의 유물 목록. 쇼무천황의 부인 고묘황후가 당나라 서필가 구양순鷗陽詢 의 해서체로 직접 쓴 것이라고 한다. 사진 출처 : 위키피디아 재팬

귀한 세계적 유산임은 틀림없다.

쇼소인 남창에 보관된 대불 개안식 유품과 북창의 천황 유품에는 8세기 외국 공예품이 다량 소장되어 있다. 이들은 견당사가 가져왔거나 대불 개안식에 참석한 외국 사절이 헌정한 물품도 있겠지만 대부분은 신라에서 온 수입품이다. 신라 왕족 김태렴金泰廉이 대불 개안식을 계기로 700여 명에 달하는 대규모 상단을 이끌고 일본에 건너가 판매한 물품으로 확인된다. 이중 약간의 물품은 실크로드를 통해 당나라에서 건너온 물품을 신라가 입수하여 일본에 가져가 되판 것이다.

메이지 말년 쇼소인 물품의 수리, 복구 때 소장품 중 병풍鳥毛立女屛風의 배접지로 사용된 문서는 신라물품 구입목록買新羅物解, 통칭 物解으로 밝혀졌는데, 이 문서의 30편을 판독한 결과 당시 일본 왕실이 주 고객이 되어 사들인 김태렴의 물품 일부가 쇼소인 진보로 남아 있는 것으로 확인되었다. 물해에는 각종 향, 인삼, 감초 등 약재와 촛대, 향로, 식기류, 불구와 같은 공예품 120여 종의 물품이 나와 있다. 신라는 당시 귀족들의 개인 공방에서 대규모의 상품을 생산하고 있었고 일본은 주요 수입국이었다. 김태렴이 판매한 물품은 신라 공방에서 제작된 고급 공예품과 약간의 실크로드 교역품 및 남방에서 수입한 향료, 염료 등 고가의 박래품이었다.

쇼소인의 공예품은 지금은 대부분 중국이나 조선, 서역국가 등 원제작국에서는 사라진 고대의 금, 목, 칠, 갑金, 木, 漆, 甲으로 된 제품과 유리, 염직 등 고대 공예품의 재료와 기술의 현존하는 물증이라는 점

222

에서 귀중한 고대문화재이다. 또한 지상에서 전래되어 온 쇼소인의 보물은 극히 정교한 기술로 제작된 궤짝에 넣고 오랜 기간 봉인되어 보관돼 왔기 때문에 보존 상태가 양호하여 학술적으로도 극히 중요하다.

세계적 보물로서 고대 일본문화의 자부심인 것은 틀림없는 쇼소인 보물에는 또한 숨겨야 할 일본의 고민이 있다. 우선 쇼소인 보물을 관리하는 궁내청의 안내를 보자.

쇼소인의 보물은 서양색이 농후한 성당盛唐의 문화를 모태로 제작된 일본의 예술 공예품과 당, 인도, 이란, 그리스, 로마, 이집트 등 각지의 박래품과 재료 및 기술이 일본에 전래된 것으로서 이들 보물의 세계성은 쇼소인이 실크로드의 종착역임을 말해준다. 쇼소인 보물은 실로 8세기 세계문화를 대표하는 귀중한 문화재이다궁내청 홈페이지 〈쇼소인의 보물 소개〉.

## 쇼소인 보물의 문제점

여기서 문제점을 짚어 보자면, 쇼소인 보물의 현존하는 대다수는 일본정부의 설명과는 실상이 다르다. 대부분의 쇼소인 보물은 외국제 박래품이 아니며 8세기 나라시대의 물품도 아니다. 오늘날 정리된 쇼소인 물품은 약 9,000점에 달한다고 하는데 이중 95%가 일본 제품이라는 것이 일본학계에서 공식 확인되었다.[70]

8세기의 세계적 보물이라는 자화자찬이 무색하다. 정창원 납입시기도 17세기에 대량 납입되었으며 에도시대, 메이지시대, 심지어는

**쇼소인 소장 놋쇠 그릇**사바리 가반 **및 놋쇠수저** | 일본왕실 보물창고 '쇼소인' 정창원의 한반도 보물들 사진 출처 : 경향신문 2018.2.28. 〈국립문화재연구소 국제심포지엄〉

쇼와시대에도 슬그머니 쇼소인에 집어넣은 물품이 적지 않다는 것은 공공연한 비밀이다. 최재석 전 고려대 교수는 쇼소인 물품의 95%에 달하는 일본제품도 대다수는 통일신라 제품이거나 10세기 제작품이며, 나머지 5%의 박래품도 대부분 신라 상인으로부터 구입한 수입품이라는 연구결과를 오래 전에 내놓은 바 있다.[71] 그러나 쇼소인 안내문에 신라의 이름은 보이지 않는다.

쇼소인 보물은 몇 차례 도난을 당했고, 쇼소인 건물은 수시로 낙뢰, 화재 등으로 무너져 많은 보물이 유실되었으며 또한 내란이 일어나면 다량의 무기가 반출되어 사라졌다.

그밖에도 쇼소인 보물 중 50여 점의 제작지 불명의 모전毛氈, 카펫 가운데 서너 점은 신라어로 쓰인 묵서가 붙어 있어 신라제임이 확인되었다. 신라의 주요 수출품이던 놋쇠그릇사바리 가반과 수저사바리 수저는 당시의 포장 상태 그대로다. 그릇과 수저 사이에는 신라 문서들이 끼어 있다.

쇼소인 보물 중 병풍, 금속, 나전螺鈿, 유리공예품, 직물 등 고급 제품은 그 이전의 원형이 없고 제작국도 밝혀지지 않은 물품인데 대체로 한반도제로 봐야 할 것이다. 중국이나 서역에서 가져온 박래품에 대한 자부심이 컸던 일본에서 제작국이 밝혀지지 않은 박래품은 그 자체로 한반도제임을 강력히 암시하고 있다. 당시 신라의 높은 공예 수준을 고려해도 그렇고 당시 해상술이 빈약했던 일본이 실크로드의 종착역인 당나라 장안에서 일본열도로 값비싼 보물을 수송하기는 어려웠던 반면 당시 한반도 주변의 해상권을 통일신라가 장악했던 사실을 보면 쇼소인 보물이 어디서 왔는지는 명백하다.

쇼소인 북창의 천황 유품은 보물이라 해도 약, 서적, 예복, 가구, 무기 등 실용적인 것이 대부분이었으므로 황실의 필요에 따라 종종 반출되었고, 반출된 물품이 제대로 반납되지 않았거나 다른 물품으로 대체된 경우가 많았다. 가끔씩 천황이나 쇼군들이 쇼소인을 방문하

❶ 나전장식거울인 평나전배팔각경 平螺鈿背八角鏡 ㅣ 사진 출처 : 위키피디아 재팬
❷ 적칠문관목어주자 赤漆文欟木御厨子. 御厨子ㅣ 높이 100.0cm, 폭 83.7cm, 깊이 40.6cm. 메이지시대 대파된 것을 쇼와시대에 완전 복원했다. 사진 출처 : 위키피디어 재팬

여 물품을 입수하기도 했는데 1877년에는 메이지 천황도 향을 얻어 갔다.

북창의 천황 유물은 원래의 650점 중에서 현재 100여 점밖에 남아 있지 않다고 하는데, 그중 많은 유품이 한반도제이다. 쇼소인 보물을 보관하는 2백여 개의 궤櫃의 명칭은 '카라비츠辛櫃, 韓櫃, 唐櫃'인데, 신라의 궤짝이 대거 포함되었을 것이다.

또한 쇼무천황의 거울 유품으로서 쇼소인 거울 중에서도 가장 유명한 나전장식거울인 평나전배팔각경平螺鈿背八角鏡도 신라제임이 확인되었다.[72] 한국에는 쇼소인 보물과 같은 유물이 남아 있지 않기 때문에 1974년 경주 안압지月池 발굴에서 쇼소인 물품과 동종이 나온 경우에도 일본학계에서는 중국의 모델을 놓고 한일 양국에서 복제한 것이라는 주장을 펴며 쇼소인 보물이 한반도제, 또는 그 복제품일 가능성을 차단하고 있다.

특기할 만한 보물로, 쇼소인 진보 중에서도 핵심 진보라고 하는 적칠赤漆의 느티나무주자赤漆文欟木御厨子, 약칭 御厨子가 있다. 이는 46대 고켄천황孝謙天皇이 대불전에 헌납한 것인데, 40대 덴무천황으로부터 6대의 천황에게 계승되어 황위 계승 증표로까지 추정되었던 천황가의 최고 보물이지만 그 제작국은 백제임이 밝혀졌다.

천황 유물을 기록한 진보장의 문서에 상기 어주자와 극히 유사한 주자로서 백제 의자왕이 쇼무천황의 부인 고묘황후의 증조부후지와라 가마타리藤原鎌足, 38대 덴지왕天智王을 도와 백제계 호족 소가씨를 타도한 인물에게 증여했다는 적칠관목주자赤漆欟木厨子, 통칭 의자왕주자義慈王厨子의 기

226

록이 있기 때문이다. 이 주자의 실물은 중세 이래 소재불명이라 한다. 백제 계통의 적칠주자가 황실의 부계와 모계에 각각 1점씩 소장되었다는 것은 자못 흥미로운 사실이다.

쇼소인 보물을 둘러싼 가장 큰 문제는 일본정부의 태도이다. 쇼소인 보물의 거의 대부분이 일본의 복제품임에도 불구하고 외국인 학자는 물론 대부분의 일본인들조차 쇼소인 보물은 8세기 일본의 견당사가 가져온 당나라, 서역의 외국제 공예품이라는 잘못된 지식을 주입받고 있는 상황임에도 일본정부는 침묵하고 있다.

그밖에도 정창원에 소장된 7~8세기 희귀 불경인 〈화엄경론질華嚴經論帙〉이 8세기 초 신라사경을 일본에 가져와 도다이지에서 화엄경을 강했던 신라계 고승 신쇼審祥의 경전으로 추정되고 있다.[73] 쇼소인을 관리하는 일본정부는 보물의 출처와 유래에 관해 철저하게 조사하여 공개하지는 않고 오히려 쇼소인의 실태가 밝혀지는 것을 극력 저지하고 있는 상황이다.

오늘날 쇼소인 보물은 1년에 한 차례 50~60개의 물품을 공개하는 데 그치며 학술적인 조사나 사진 촬영, 대여를 철저히 제한하고 있다. 이러한 제한 조치는 천황릉으로 지정된 능의 조사를 금지하고 있는 양태와 같다. 그 의도는 무엇일까? 일본의 고분이나 고대 보물을 조사하면 할수록 일본의 고대역사와 문화의 형성 과정에 내재된 한반도의 절대적인 영향력이 드러나기 때문일 것이다. 이러한 사실이 밝혀진다면 메이지유신기의 조작된 한반도 식민사관을 아직도 유지하고 있는 일본의 정치와 사회, 교육에 엄청난 파문을 던질 것이고 현재 일본정치의 지배세력은 그런 충격을 견딜 수 없는 것이다.

쇼소인 보물의 또 다른 문제점은 이토록 귀중한 문화재가 천황의 개인재산이라는 것이다. 오랜 세월 칙봉되어 비장되어 온 쇼소인 북창의 보물들은 유구한 천황가의 보물이라는 점에서 에도시대부터 국학자들의 열렬한 관심의 대상이었다. 여기에 호응해 메이지정부는 쇼소인 보물은 전래 어물이라 하여 도다이지로부터 쇼소인 전체를 접수하여 1885년 그 소유권을 황실에 헌납했다. 그러나 메이지시대에 이르기까지 일반적으로 쇼소인 보물은 어디까지나 도다이지의 사보였지 천황의 유품이라는 관념은 없었다.[74]

그 이래로 쇼소인 보물은 국보나 중요문화재를 다루는 문화재법의 밖에 있어서 학술적 조사와 연구도 금지되며 일반에 공개되지 않는 문화재가 되었다. 비유한다면, 비불과 같은 존재라는 것이다. 이는 문화재의 공공성에 반하는 비민주적, 비문화적 조치이며 문화재의 활용이 불가능한 점에서 일본국민들로서는 문화적, 경제적 손실이다.

일본정부는 쇼소인의 보물을 8세기 일본과 중국, 실크로드의 서역국가들 중심으로 소개하며 쇼소인 보물의 핵심인 한반도 유물의 존재를 철저히 은폐하고 있는데 대해 일본의 많은 학자들은 이러한 정부의 입장에 더 이상 동조하지 않으며 고대문화의 살아 있는 증표인 쇼소인 보물의 성격과 전래 경위, 제작 기법, 현재 상태 등은 정확히 규명되고 솔직히 설명되어야 할 것으로 보고 있다. 이를 위해 쇼소인 보물과 관련된 서역국들과 중국, 한국의 학자들은 일본정부에 대해 쇼소인 보물에 대한 관련국들의 합동조사를 촉구할 필요가 있을 것이다.

쇼소인은 1998년 '고도古都 나라 문화재'의 일부로서 유네스코 세계유산이 되었다. 세계유산 지정 조건으로 학술조사와 문화재법을 비롯하여 적절한 국내법적 조사와 보호가 전제조건이지만 세계유산으로 지정된 것은 단지 건물뿐이며 그 안의 쇼소인 보물은 제외된다.

한편 일본정부는 1996년 쇼소인 건물을 복제한 건축물을 규슈 미야자키현宮崎県에 세우고 서쪽의 쇼소인西の正倉院으로 칭한다. 물론 복제 건물에 소장품은 없지만 건물 내부를 돌아볼 수 있는 장점이 있다고 한다.

## 쇼소인의 보물에 관한 일본정부의 새로운 입장

최근 쇼소인의 보물 대부분95%이 박래품이 아니고 일본제 복제품이라는 사실에 직면하여, 최근 일본은 쇼소인의 보물에 대해 전혀 새로운 설명을 내놓고 있다. 2019년 9월 NHK는 '천황이 창조한 지보至寶-쇼소인 보물이 전하는 일본 탄생'이라는 스페셜 프로그램을 방영했다. 그 내용은 8세기 일본이 이같이 막대한 외국제 보물을 복제한 배경에는 일본의 국가 프로젝트가 있었다는 것이다. 거대 제국 당나라에 맞서려 했던 쇼무천황은 신생 일본을 비약적으로 발전시키는 획기적 전략으로서 보물을 국산화했다는 것이다. 박래품 보물을 대량 복제함으로써 일본을 보물의 제작국으로 재탄생시켰다는 설명인데, 이른바 오늘날 '물건을 만드는 나라物作り國'로서 장인정신에 충만한 일본의 원형은 8세기 쇼무천황의 국가 프로젝트에 기원이 있다

는 것이다.[75]

이와 같이 일본 언론이 내세우는 보물 제작국으로서 일본을 재탄생시킨 쇼무천황의 프로젝트라는 기상천외의 주장은 역사적이고 문헌적인 근거가 있는 주장이 결코 아니다. 쇼소인 보물의 핵심인 천황 유물은 756년 쇼무천황 사후 49제에 부인 고묘황후가 쇼무천황의 유품을 도다이지에 기증한 것에서 출발한다. 따라서 쇼무천황은 쇼소인 보물의 존재를 알 수도 없었고 쇼소인 보물의 국산화 구상이 있었을 리가 없다.

이것은 쇼소인 보물의 거의 모두가 일본제라는 사실에 대한 국민적 허탈감을 진정시키기 위해, 또한 쇼소인 보물 대부분이 일본제 복제품임을 인정하면서 나라시대의 일본은 외래 보물을 대거 복제하여 보물의 국산화를 시도함으로써 훗날의 국가 발전의 기초를 이루었다는 논리일 것이다. 쇼소인 보물의 실체에 대한 국민적 실망을 오늘날 수출대국, 경제대국, 문화대국, 문화재대국으로 발전시켜 온 일본의 보물 복제 관행에 대한 국민들의 자부심을 고취하려는 것이지만 이는 궤변이자 대국민 프로파간다라 할 수 있다.

NHK는 이런 내용을 방영하고 DVD로 제작하여 쇼소인 보물에 관한 대국민 프로파간다를 지속하고 있다. 이는 고래로부터 박래품의 복제국이었던 일본의 실상에 대한 구차한 변명이며 보물을 국력의 핵심 증표로 삼아 보물에 집착하는 일본의 행태를 뚜렷이 보여주고 있다.

# | 7 |

# 헤이안 시대의 국풍문화

나라시대 일본은 당나라와 신라의 문물을 적극 도입하며 고대 불교문화의 절정을 구가했다. 그러나 나라奈良의 막강한 불교 세력에 염증을 느낀 50대 간무桓武 천황은 수상교통이 보다 원활한 나라 북쪽의 교토京都에 당나라 장안성長安城을 모방하여 헤이안교平安京를 조영하고 천도했다.

794년 헤이안교 천도로부터 1185년 가마쿠라에서 무가武家 정권 가마쿠라막부鎌倉幕府가 성립되기까지의 400여 년을 일본 역사에서는 '헤이안시대平安時代'라 부른다. 무가정권을 잉태하는 이 시대는 천황의 시대와 무가의 시대를 연결하는 고대와 중세의 가교가 되는 시기이다. 수도 교토는 1869년 일본이 도쿄東京로 천도할 때까지 1천년 이상 일본의 수도로서 일본의 황실, 귀족 문화의 중심지가 된다.

## 일본문자의 탄생과 일본문화의 융성

아스카시대 최대 호족이었던 소가씨를 타도한 나카토미씨中臣氏의
후손 후지와라씨藤原氏가 나라시대에 이어 헤이안시대에도 황실의
외척으로 권력을 장악했다. 이 시대는 나라시대에 성립한 율령제와
중앙집권제가 붕괴하며 외척을 위시한 귀족들이 모든 권력과 부를 장
악하여 천황국가를 귀족국가로 변질시키며 무가정권 출현의 빌미를
제공했다. 외척 후지와라 일족이 모든 권력과 부를 장악하여 호사스
러운 귀족문화를 꽃피웠던 헤이안 중후기를 일본의 문화사나 미술사
에서 후지와라시대로 부른다.

### 국풍문화의 시대

7~9세기 200여 년 동안 파견되었던 견당사16회와 견신라사25회를
통해 일본에 확산된 대륙문화는 일본문화를 일층 세련시켰다. 그러나
9세기 후반 당나라와 신라가 말기 증세를 보이며 혼란기에 접어들자
일본은 견당사와 견라사 파견을 중단하고 일본적 사고방식과 생활양
식에 따른 전통적 가치를 고수하여 대륙의 혼란기에 대처코자 했다.
일본적 정체성의 확립으로 7세기 신라의 삼국통일 여파에 대처했던
것과 마찬가지 상황이었다.

대륙과의 공식관계를 단절한 헤이안 중기 이후 부富가 집중된 황
실과 귀족층에서 그간 열정적으로 수용한 중국문화를 바탕으로 화려
하고 우아한 일본적 궁정문화가 꽃피는데, 이를 나라시대에 만연했던
당풍문화에 대한 상대 개념으로 '국풍문화國風文化'라 부른다. 일본열

도의 위압적인 자연환경에 순응해 온 여성적 감성의 황실문화가 배양한 우미, 화려하고 섬세한 일본적 미美는 국풍문화의 핵심요소로서 오늘날 일본의 의식주 문화에서 중심적인 가치이자 일본 전통문화의 기본요소가 되고 있다. 그 결과 헤이안시대에 일본적 미를 토대로 이루어진 문학, 회화, 건축, 조각, 공예예술품 등 다양한 분야에서 일본 특유의 문화유산이 대거 탄생했다.

## 일본문자의 탄생

이 시대 국풍문화의 전개에서 나타난 대표적인 현상은 일본 가나문자의 탄생과 보급에 의한 문학의 발전이라고 할 수 있다. 일본은 기원 1~2세기 야요이 후기부터 거울의 명문과 같은 금석문 형태로 한자가 가끔 들어왔지만 이를 문자로 인식하지는 않았다. 일본이 본격적으로 문자를 사용하게 된 것은 6세기 이후 백제로부터 학문과 불교가 전래되고부터였다. 7~8세기 율령시대에는 관청에서 목간木簡 을 사용하며 문자사용이 실용화되었는데, 여기에는 6세기부터 백제와 신라에서 상용한 목간이 선구적 모범이 되었다.

한문이 어느 정도 보급된 7~8세기 일본에서도 일본어의 표기를 위해 한자음과 훈을 차용해 표기하는 이두문자가 태어나 가나假名 문자의 모체가 되었다. 백제와 신라의 행정문서 목간 형식과 매우 유사한 수십만 점의 이두문 목간이 나라 헤이조궁 터를 비롯하여 일본 전역에서 출토되었다. 이는 일본의 문자문화의 개시가 연속성 없는 중국과의 관계보다는 인접 한반도 국가들과의 긴밀한 교류에서 비롯된 것

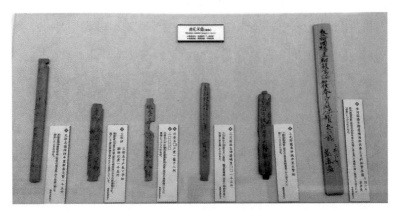

**목간**木牘 ｜ 국보. 목간의 글은 한자를 차용하여 일본어를 표기한 이두. 나라 헤이조궁平城宮 터에서 출토. 8세기 중엽. 나라문화재연구소 소장. 사진 출처 : 위키피디아 재팬

임을 보여주는 것이다.[76] 신라의 한자문화가 중국의 영향보다는 고구려와의 관계에서 배태된 것과 마찬가지일 것이다.

8세기 초 편찬된 한문 역사서《기기》에서도 신라 이두와 유사한 방식으로 한자의 음과 훈을 빌려 일본어를 표기한 초기 가나문자가 등장하며, 8세기 중반에 편찬된 약 4,500수에 달하는 일본 최초의 한문 시가집 〈만요슈萬葉集〉에도 초기 가나문자가 다수 병용되었다. 9세기 헤이안시대에 이르면 한자 초서체로부터 히라가나平仮名가 성립된 데 이어 한자의 획을 따서 불교 경전에 나오는 외래어를 기록하는 가타가나片仮名가 성립하여 11세기에는 일본 가나문자가 완성된다.

## 일본문학의 융성

헤이안 후기 당풍문화가 쇠퇴하고 국풍 바람이 만연하면서 중하급 귀족, 평민, 그리고 지식층 여성들이 가나를 사용하여 자신들의 감정과 생각을 문자로 자유롭게 표현하게 되어 대중문학이 피어나기 시작했다.

913년에는 가나를 사용한 와카和歌 1,000여 수를 모아 왕명으로 편찬한 최초의 칙찬시가집勅撰詩歌集인 〈고킨와카슈古今和歌集〉가 간행되었다. 이는 한시문漢詩文과 함께 가나를 사용한 와카가 공적인 문학으로 공인되었음을 뜻하며, 이로써 일본문학의 시대가 열린다.

와카의 유행과 함께 고대의 신화와 전설에서 유래한 이야기를 보다 일관된 형식과 줄거리로 구성한 고소설과 일기, 수필 등의 '모노가타리物語'라는 산문 형식이 등장했다. 일본적 표현 양식으로서 모노가타리는 새로운 시대의 새로운 인간상과 사회상을 포착하는 확고한 일본문학으로 자리 잡으며 국문학의 비약적인 발달을 가져왔다.

11세기 초엽 탄생한 장편소설《겐지 모노가타리源氏物語》는 화려한 귀족사회를 배경으로 그 시대의 주인공 귀족 남성이 맛보는 인생의 무한한 영화와 허무를 통해 삶의 본질을 천착하고 있다. 문학적 감수성과 시대적 상상력이 총동원된 이 소설은 일본적 정서와 미의식의 원류를 형성하는 일본 고전문학의 최고봉으로 간주되면서 1천 년 이상 문학작품만이 아니라 갖가지 문화, 예술 형태로 향수享受되고 재생산되어 오늘날 헤이안시대의 문화적 표상이자 우아한 일본문화의 상징이 되어 있다.

《겐지 모노가타리源氏物語》 54첩帖의 제목〈와카무라사키若紫〉ㅣ 국보. 겐지가 자신의 젊은 부인 무라사키의 노는 모습을 바라보고 있는 그림이다. 17세기 에도시대 야마토에 대표화가 도사 미쓰오키土佐光起 작품. 사진 출처 : 위키피디아 재팬

## 일본문학과 예능의 발생

; 조상신 마레비토의 축언*

일본 불교의 특이한 현상인 비불의 기원을 도래인 조상에 대한 기억

---

* 이 부분은 다카기 오쿠보大久保喬樹의 《일본문화론의 계보日本文化論の系譜》를 크게 참조했음을 밝힌다.

과 그리움에서 형성된 '마레비토稀人, 客人'라는 내방신來訪神의 개념으로 설명했던 민속학자 오리구치 시노부折口信夫는 일본의 문학과 예능의 발생을 또한 마레비토 개념으로 체계화했다.

그는 바다 저편, 또는 깊은 산속이라는 타계로부터 인간세계를 찾아온 조상신, 즉 마레비토가 사람들에게 전하는 축언과 예언에 대해 마을의 정령이 이를 복창하거나 응답하면서 사람들에게 신언神言을 전달하는 것이 문학과 예능의 원형이라고 보았다.

문자가 없던 시대에 신의 언어가 정확히 반복, 구전되어가면서 정형화한 양식으로 발전하여 가요가 발생했다는 것이다. 마찬가지로 노인의 탈을 쓰고 나와 춤을 추며 축언을 하는 오키나翁, 늙은이가 등장하는 사루가쿠猿樂나 노가쿠能樂와 같은 전통 예능에서 오키나는 신과 인간을 연결해주는 신인神人인데, 이 오키나가 사람들에게 축복을 베푸는 몸짓이 바로 예능의 기원이라는 것이다.

오리구치는 문학이든 예능이든 타계에서 온 신이 말하는 축언과 주언呪言, 복을 베푸는 신의 제스처가 지방의 정령을 매개자로 하여 사람들에게 전달되는 과정에서 태어났다는 것이다. 즉, 그는 일본문화의 본질을 외부에서 도래한 미지의 문화를 번역하고 해석하여 일본화하는 것으로 파악한 것이다. 여기서 매개자는 신언神言의 통역자인데, 천황도 원래는 신의 말을 받아서 전하는 신의 대리자였으나 천황이 마침내 신 자체가 되자 천황의 대리자로서 신관이 나타났다는 것이다.

이같이 오리구치는 천황을 초월적인 타계와 인간 공동체 사이의 매개자였다고 보고, 그러한 기원을 가진 천황은 단순한 정치 권력자 이상의 신의 위력을 가짐으로써 일본문화에 초월성을 부여하는 기반이 되었다고 보았다.[77] 그러나 이러한 논지는 메이지시대 천황의 대권과 존재감의 강화를 위해 천황의 역할을 문화분야로 확장시키며 나타난 황국사상에 근거한 일본 문화론으로 보아야 할 것이다.

## 일본적 불교의 탄생
; 일본 불교의 밀교화와 신불습합

헤이안시대 초기, 당나라에서 크게 유행하고 있던 밀교密敎가 일본에 유입되었다. 밀교란 극단적 신비주의 속에서 주술과 기도, 신비한 의례를 통해 즉신성불卽身成佛의 깨달음을 얻는 글자 그대로 비의秘義의 종교이다. 체계적인 교리보다는 신비한 주술에 의한 제액초복除厄招福의 현세적 구복을 내세운 밀교는 천황에서부터 서민에 이르기까지 열렬한 환영을 받으며 기존의 많은 사찰들이 밀교화되었다.

인도에서 태어난 밀교는 늦어도 3세기 초반 서역승에 의해 중국에 전해졌고 8세기에는 대일경大日經과 금강정경金剛頂經 같은 밀교 경전이 한문으로 번역되어 정식의 밀종密宗이 성립되었으며, 이는 신라에도 전해졌다.

일본의 밀교는 9세기 초 당나라 유학승 사이초最澄, 767~822와 구카이空海, 弘法大師, 774~835가 밀교적 요소의 천태종天台宗과 진언밀교眞言密敎를 배워 온 것에서 시작한다. 이 시기 일본의 국가 종교로서 불교는 한반도에서 전래된 전통적 나라불교와 중국에서 직수입된 밀교적 헤이안불교天台宗, 眞言宗 로 이분화되었지만, 곧이어 밀교가 나라불교를 제압하게 되자 나라불교도 밀교화로 들어섰다. 밀교화의 대세에 따라 모든 일본 불교가 중국에서 유래된 종교로 계보를 재작성하면서 일본 불교에서 한반도와의 관계는 단절되고 잊혀갔다.

신비하고 불가사의한 밀교는 일본 고유의 원령怨靈 신앙, 즉 억울한 죽음을 맞은 원혼에 대한 진혼 주술이나 자연의 정령을 섬기는 가미신앙과 쉽게 결합하여 일본의 불교는 전통적인 한반도 불교와는 성격을 달리하는 일본적 종교문화로서 신불습합神佛習合 관행을 촉진시켰다.

외척만큼이나 불교 세력을 경원했던 간무천황은 교토 천도 후 나라로부터의 사찰 이전을 금지했다. 수도 내에는 헤이안교平安京 진호를 위해 수도의 남대문인 라쇼몽羅城門 의 동쪽과 서쪽에 도지東寺 와 사이지西寺 2개 관사官寺 의 건립 외에는 사찰 건립을 허가하지 않았기 때문에 대다수 사찰들이 도시를 떠나 산악지방으로 들어갔다.

산속에 들어간 불교는 도시 귀족과는 멀어져 민중에 다가갔고, 이때부터 일본의 호국불교는 민중불교의 발걸음을 내딛게 되었다. 민중과 만난 일본 불교는 일본 고유의 산악신앙과 결부하여 무속의 요소가 있는 일본의 독특한 민간불교 슈겐도修驗道 를 탄생시켰다.

일본에서는 불교 전래 시부터 부처는 여러 신들 중의 하나인 번신藩神, 이역신으로 수용되었고, 사찰은 씨족의 조상신을 모시는 씨사로 건설되면서 일찍부터 외래 종교 불교가 토착신앙 신도와 뒤섞이는 이른바 신불습합의 소지가 존재했다. 처음에는 신도 내에 불교가 곁자리를 잡는 형편이었지만 차츰 교리를 갖춘 불교가 원시신앙 형태의 신도에 대해 우위를 차지함에 따라 부처는 본체이며, 가미는 그림자라고 주장하는 본지수적설本地垂迹說이 유포되어 불교 우위의 신불습합이 본격화되었다. 신사 내에 불당진구지 神宮寺을 지어 불상과 경전을 봉헌했고 신사의 운영을 사찰이 담당했다. 이러한 신불일체는 신도 중심으로 신불의 관계가 역전하는 메이지유신까지 일본인들의 정신세계와 실생활을 지배했다.

신불습합의 진전에 따라 신도에서도 불교를 본받아 거대 신사가 조영되고, 불상과 불화를 본받아 신도의 가미를 형상화한 신상神像이나 신도 만다라도曼茶羅圖가 제작되었다. 신도의 기념물이 도처에 들어섰고 여기에 다량의 조불로 공덕을 쌓는다는 밀교적 분위기와 원령을 달래는 공물로서 부처와 가미의 조상彫像이나 에마絵馬, 신에게 바치는 잡다한 그림과 글을 적은 나무 현판를 신사에 봉헌하는 사례가 일반화되었다. 또한 신도 제례와 마쓰리祭, 축제 등이 정비되면서 신사에 봉헌된 신보나 신체로서의 거울, 가면 등의 신도미술이 불교수용 이전의 일본의 전통적 기층문화의 보물로서 국풍문화 시대에 재조명되었다.

수많은 불상과 신상이 제작되었던 헤이안시대에는 불상의 엄청난 수요에 맞추기 위해 일본에 풍부한 목재를 이용하여 기목조 제작법을 구사하는 일본인 조불사들에 의해 더욱 빠르고, 더욱 거대하고 다양한 신불의 모습을 구현한 목불상이 무수히 탄생했다.

이에 따라 초기 백제에서 받아들인 빛나고 아름다운 고전적 불상에서 벗어나 분노의 표정을 한 악마적 불상이나 신의 모습을 구상화한 이색적인 불상이 탄생했다. 이러한 일본적 불상의 대성자大成者는 일본 최초의 불사佛師라 하는 조초定朝, ?~1057로, 그의 제작 기법을 따른 불상은 조초사마定朝樣로 불리며 일본인들에게 어필했다. 조초의 기법은 그의 아들과 제자가 세습하여 이후 일본에서 불상 제조의 여러 유파를 탄생시켰다.

**뵤도인 아미타여래**平等院 阿彌陀如來, 277.2cm │ 국보. 조초가 제작한 것으로 확인된 유일한 작품. 기목조 칠박, 높이 284cm , 당나라 불상의 모각에서 벗어나 일본식의 조각 수법으로서 얕은 부조와 명상적 표정의 국풍문화를 상징한다. 사진 출처 : 위키피디아 재팬

## 회화종교, 회화국가 지향
; 야마토에 탄생

밀교의 확산에 따라 어려운 불교의 교리를 그림으로 쉽게 이해한다는 뜻에서 불상, 불화 등 도상圖像이 중시되어 이 시대에 만다라도曼茶羅圖가 대거 유행하게 되었다. 헤이안 말기에 이르면 당나라의 말법사상이 유행하며 염불을 외워 서방 극락정토에 왕생한다는 정토교淨土敎가 새로이 유입되었다. 내세를 강조하는 정토교는 내세라는 미지의 극락세계를 구상화한 정토도淨土圖나 공덕을 쌓으면 죽을 때 아미타

**교토의 뵤도인** | 국보. 일본식 고급 주택양식인 신덴즈쿠리寢殿造의 대표 건물. 당시 섭관가문 후지와라가 교토에 건립한 별장을 천태종과 정토종을 겸한 사찰로 전환한 저명한 불교사찰이다. 사진 출처 : 위키피디아 재팬

**교토 뵤도인의 봉황당 벽화** | 국보. 중당 장지문 12면의 구품래영도九品來迎圖 중 중품상생도中品上生圖 부분. 11세기 말 작품. 현존하는 일본 최고最古의 야마토에 화풍大和繪風 사진 출처 : 위키피디아 재팬

242

여래가 구원하러 온다는 래영도來迎圖 같은 불교회화를 대거 출현시켰다.

밀교와 정토교가 나란히 득세하는 헤이안시대의 일본 불교는 그림을 주요 수단으로 하는 회화종교繪畵宗敎를 지향하게 된다. 대표적인 헤이안시대의 회화로는 나라시대부터 일본 최대의 귀족 가문이었던 후지와라씨가 1052년 교토에 건립한 천태, 정토 병존의 사찰인 뵤도인平等院의 호오도鳳凰堂 벽화를 꼽을 수 있다.

호오도 벽화는 일본 최고最古의 야마토에大和繪로서 이 또한 작자 미상의 벽화지만 호류지 금당벽화 이래 일본 회화 최고의 걸작으로 꼽히고 있다. 일본에 불교가 전래되어 500년, 호류지 벽화가 제작되어 300년이 지나 이루어진 일본 불교미술의 도달점인 것이다. 뵤도인은 1994년 '고도 교토의 문화재'의 일부로서 유네스코 세계유산에 등록되었다.

## 야마토에의 탄생

밀교와 정토교의 수용으로 그림을 최고로 중시하는 일본의 불교회화는 점차 불화佛畵의 장르를 넘어서 일본의 산수, 풍속, 인물화 등 일본적 주제로 확산되며 화려한 색채, 자유분방한 구도, 우아하고 기묘한 정취를 특징으로 하는 일본적 회화로 발전했다. 이러한 일본적 회화는 중국식 카라에唐繪에 대항하는 야마토에大和繪로 불리면서 일본사회에 회화의 융성을 가져왔다. 종교와 일상생활에서 회화 중시의 풍조가 만연한 일본의 회화문화는 회화종교를 넘어 가히 회화국가를

**조수희화**鳥獸戲畵 ㅣ 국보. 12〜13세기 작품. 작자는 불명. 교토 고산지高山寺에 전해 내려
오는 지본묵화 조수인물 희화戲畵 두루마리 4권. 세태를 풍자하는 것으로 보이는 이 두루마
리 그림은 기발한 일러스트레이션이 잘 표현된 일본 만화의 효시로 간주된다. 사진 출처 : 위
키피디아 재팬

**《겐지 모노가타리**源氏物語**》繪卷 제38첩 〈스즈무시**鈴
虫**〉** ㅣ 국보. 12세기. 오토비미술관五島美術館蔵. 겐지가 가
을 정원에서 거문고를 타고 있다. 헤이안 후반기에 화권畵
卷으로 제작된 것인데, 초기 야마토에의 대표작으로 꼽힌
다. 사진 출처 : 위키피디아 재팬

지향하기에 이른다.

신덴즈쿠리寢殿造라는 주택 양식이 유행하며 윤택한 황실과 귀족
들은 정토를 상징하는 연못이 딸린 일본식 정원을 조성하고, 저택의

큰 벽면을 일본의 풍경과 풍물을 그린 야마토에의 대형 벽화나 병풍으로 장식했다. 또한《겐지 모노가타리》화첩과 같이 문학작품에 야마토에를 삽화로 곁들인 서화첩이 열렬한 애호를 받으며 삽화, 일러스트레이션의 발전을 가져왔다.

일본의 대표적 미술사가 미나모토 도요무네源豊宗1895~2001는 야마토에 이전의 중국에서 유래한 일본의 불교미술은 진정한 일본의 미술이 아니라고 단언한다. 그는 일본미를 최고로 보여주는 야마토에야말로 중세와 근세로 계승된 일본 독자의 회화 양식으로 정통의 일본미술이며, 일본미술의 본질은 야마토에라고 강조한다.[78] 그러나 11세기 이전의 야마토에 작품은 현존하는 것이 없다.

중국 문인화에 뿌리를 둔 야마토에의 융성은 중세와 에도 무가정권 하에서 산수화나 수묵화와 같은 중국화의 대대적 유행으로 이어졌고 에도시대의 우키요에浮世畵로 계승된다. 이같이 회화 중시의 문화가 수백 년 계속된 결과 일본은 양적, 질적으로 막대한 회화 유산을 축적하게 되었고 오늘날 회화국가를 자처하는 일본의 대표적 문화유산은 당연히 그림이다.

그런데 일본 고유의 야마토에의 창시자는 일본 세속화의 출발점이라는 헤이안 초기 두 사람의 도래계 화가로 알려져 있다. 구다라 가와나리百濟河成와 고세노 가나오카巨勢金岡가 그들인데, 애석하게도 이들의 그림은 남아 있지 않지만 헤이안시대의 국풍문화에도 도래인의 역량이 끈질기게 작용하고 있음을 보여준다.

# 공예의 발전

; 일본도日本刀 양식의 확립

관영 조사사造寺司가 폐지된 헤이안시대에 장인들은 귀족들의 개인 공방에 흡수되었다. 이들 기술자들은 그 시대의 국풍화 분위기와 귀족의 화려한 취향에 영합하여 귀족을 위한 일상의 공예품 제작에 종사했다. 이들은 신라와 당나라에서 전해진 새로운 기술과 소재, 디자인을 사용하여 국풍시대의 일본적 감각으로 일상의 생활 잡화부터 장신구, 사치품 등 고급 공예품을 대거 제작했다. 고래로부터 도래물의 복제를 일상화했던 일본은 오랜 기간 정교한 복제기술을 축적해 온 만큼 섬세한 공예품 제작은 일본인의 특성에 가장 적합한 분야였다.

이미 나라시대에 유입된 이색적이며 정교한 실크로드 공예품과 복잡한 밀교 불구를 복제하는 중에 일본의 복제기술이 고도로 발전했고, 이를 기반으로 헤이안시대의 활발한 공예품 생산은 일본의 발전을 견인했다. 일본적 재료와 기법을 사용한 불구, 칠기, 부채, 인형 등 전통공예품 생산이 눈부시게 발전하면서 치밀하고 아름다운 일본의 공예품이 대량 생산되었다.

이 시대에 일본의 대표적인 미술공예품으로서 일본도日本刀의 양식이 확립되었다. 고래로부터 검, 경, 옥 삼종신기를 숭배해 오며 일찍부터 청동검을 복제하고 철검을 제작해 왔던 일본인들은 헤이안시대에는 칼날이 휘고 한쪽에만 날이 있는 일본도의 정형을 탄생시켰다.

신기神器로서의 정신적, 종교적 가치가 부여된 일본도는 다른 나라의 도검과는 달리 칼의 외장이 아니라 검신 자체의 미적 가치가 크게 인정되어 무기로서 뿐만 아니라 미술품으로 감상되어 왔으며 권력자들의 세계에서는 증답품贈答品 으로서 보물 중의 보물로 간주되었다.

11세기 북송의 시인 구양수歐陽脩 는 일본도를 찬양하여 '일본도가日本刀歌 '라는 시를 짓기까지 했는데, 이미 일본도는 11세기 동아시아 사회에서 보도寶刀로 평판이 나 있어 일본 수출의 주요 품목이 되었다. 오늘날 일본의 국보로서 일본도는 60점에 달할 만큼 일본인의 예술과 문화의 상징이 되어 있다.

일본도와 함께 헤이안시대에 확립된 일본의 대표적 공예품은 마키에蒔繪 이다. 옻칠 위에 금이나 은가루를 뿌리고 무늬를 그려 넣은 마키에 금칠 기법은 공예품과 회화를 장식하는 일본 고유의 공예미술로 확립되었다.

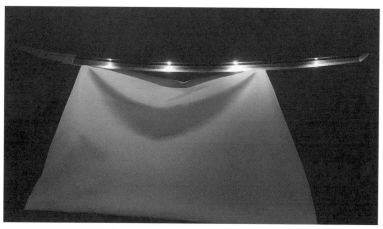

**일본도 오오카네히라**大包平 ¦ 국보. 헤이안 말기 제작. 현존하는 일본도 중 최고 걸작품으로 간주. 길이 89.2cm, 폭 3.7cm, 도쿄국립박물관 소장. 사진 출처 : 위키피디아 재팬

# | 8 |

# 중세 무가시대
## – 전쟁과 선문화의 시대

10세기 당나라와 신라의 멸망 후 지방 군벌을 토벌하고 건국된 송나라와 고려에서는 문치주의를 내세우며 과거제도를 통해 등용된 사대부가 새로운 지배세력으로 등장했다. 이와는 대조적으로 일본에서는 여전히 천황가와 귀족층이 세습을 통해 모든 권력을 장악하고 있었다. 그러나 율령제가 허물어지던 당시 황실이나 귀족 지배층 내부는 부와 권력의 분배를 둘러싸고 이미 회복 불가능한 정도로 분열되어 있었고, 부와 권력을 독점한 중앙의 귀족에 대한 지방 민중의 저항이 폭발하면서 일본 사회 전체는 격렬한 대립과 항쟁의 무정부상태로 치닫고 있었다.

거대한 쇼우엔莊園*을 둘러싸고 천황가, 공가公家, 귀족 및 고위 관료, 사

---

* 헤이안시대 토지제도의 문란으로 농민들의 농지가 지배층의 소유로 편입되어 중앙 귀족과 사찰이 소유하게 된 거대한 농지.

가寺家들 간의 경쟁이 치열해지면서 전문 무사계층이 천황, 귀족, 불교세력 등 기존 지배층을 무력으로 보호하기 위해 정치 전면에 나섰다. 곧 귀인을 경호하고 모시는 사무라이侍 시대가 도래한 것이다. 기존의 지배세력이 경호무사의 도움 없이는 지배할 수 없는 시대가 되었고 무사들의 무력 사용이 정치, 사회적으로 용인되어 폭력 없이는 정치가 굴러가지 않는 시대가 된 것이다. 이로써 고대의 천황과 귀족의 시대가 끝나고 중세 무가의 시대가 시작된다.

## 무가정권의 탄생
; 가마쿠라 막부, 무로마치 막부

1159년 황위 계승을 둘러싼 황실과 귀족들의 분쟁에 개입했던 당시 최대의 무가인 동쪽의 미나모토씨源氏와 서쪽의 다이라씨平氏 사이의 이른바 겐페이源平 전쟁이 일어났다. 이 두 성은 모두 황실의 먼 후손들이다.

겐페이 전쟁에서 승리한 미나모토 요리토모源賴朝가 간토關東 지역의 가마쿠라鎌倉, 神奈川県를 중심으로 독자적인 지배 체제를 확립하여 동국東國, 간토 지역 지배를 승인받았고, 1192년 조정으로부터 세이타이쇼군征夷大將軍에 임명되었다. 세이타이쇼군은 원래 동북 지역의 오랑캐 에미시蝦夷, 아이누족를 정복하기 위해 헤이안시대에 설치된 군사 지휘관의 직이다. 동북 지역은 일본의 대표적인 금, 철, 군마의 생산지이며 태평양에 면해 남북 바다를 연결하는 교역의 거점으로서 이 지역의 정복은 일본 지배층의 중요 관심사였다. 그런 만큼 쇼군의 지위와 권력은 막중한 것이었다.

간토 지역을 지배하여 쇼군이 된 미나모토 요리토모는 교토의 천황 조정에 대하여 가마쿠라에 독자의 통치기구로서 막부를 설치했다. 최초의 무가정권인 가마쿠라막부는 두 차례의 몽골 침공과 남북조 내란*이라는 외우내환으로 100여 년 만에 붕괴되었다.

이어서 가마쿠라막부의 가신 아시카가 다카우지足利尊氏가 1338년 교토에 세운 두 번째 무가정권 아시카가막부足利幕府, 교토의 무로마치室町에 자리 잡았기에 통칭 무로마치 막부로 불림는 일본 재통일 전쟁으로 전개된 100년 전쟁의 센코쿠戰國 시대에 붕괴되고, 센코쿠시대를 끝낸 도쿠가와 이에야스가 1603년 도쿄에 에도江戶 막부를 열었다. 가마쿠라막부에서부터 무로마치막부와 에도막부까지 700년 동안 지속된 막부 통치는 기존의 천황과 귀족 정권을 괴뢰로 유지하면서 일본의 역사를 견인해왔지만 왕정복고의 메이지유신에서 폐지되었다.

가마쿠라막부 시대에는 두 번에 걸친 몽골 침략 전쟁이 끝난 후 원대복귀하지 않고 막부를 이탈한 낭인무사들이 해적, 즉 왜구倭寇가 되어 여몽연합군의 일본 침공에 대한 복수를 명분으로 중국과 고려 연안을 약탈하며 동북아 질서를 심대하게 교란했다. 그러나 가마쿠라

* 96대 고다이고 천황後醍醐天皇은 가마쿠라 막부를 타도하고 1333~1335년 일시 정권을 잡았으나 다시 패하여 야마토大和로 도망가서 남조 정권을 수립하고, 무로마치 막부가 옹립한 교토의 조정북조에 대항했다. 일본 초유의 남북조南北朝시대가 열린 것이다. 60여 년의 남북조 내란 끝에 남조는 북조에 양위했다.

막부를 이은 무로마치막부의 쇼군이 명나라로부터 일본 국왕에 책봉되면서 일본은 다시금 동북아 체제 안으로 들어왔다.

조선과 수교하고 명나라에 조공하면서 대륙과의 무역에 전력투구했던 무로마치막부는 박래품의 입수를 통해 선진문물을 독점했고, 독점무역에서 생긴 막대한 이윤을 확보했다. 이로써 무사들은 기존의 귀족을 대신하여 일본의 정치뿐 아니라 경제와 문화의 패권으로 부상했고 자신들이야말로 일본 통치의 진정한 주인공이라는 의식에 눈을 떴다.

## 무사의 세계

막부 통치는 전국의 무사집단을 휘하에 넣어 전국적으로 지배권을 확립한 쇼군과 지역의 다이묘大名, 지역의 영주 간의 주종관계, 그리고 쇼군과 그의 가신家臣, 고케닌 御家人 간의 주종관계를 정점으로 이루어졌다. 쇼군의 주종관계를 본받아 각 지역의 무사집단에서도 주군과 부하들 간에 주종관계의 지배체제가 이루어졌다.

봉토 분급이나 경제적 보상을 해주는 주군을 위해 휘하 무사들은 일족을 거느리고 자비를 들여 주군의 전쟁에 참여하는 의무를 진다. 부하의 무용武勇 과 충성심에 대한 경제적 보상으로 이루어진 은혜와 충성이라는 주종관계는 무가사회를 유지하고 무사 일족의 번영을 꾀하는 기본적 가치였기 때문에 충성과 무용이 일본 사무라이 사회의 모든 가치에 우선하여 찬양되고 교육되어 일본의 전통으로 굳어졌다.

농촌에 토착하여 지역을 개간했던 무사들의 강건함과 혈족으로 구성된 무사단의 강력한 결집력은 무사정권 내내 계속된 전란과 기근으로 피폐해진 일본의 도시와 농촌을 끊임없이 회복하고 재생시켰다. 또한 파괴와 재건이 반복되는 와중에 습득된 새로운 사상과 기술은 사회발전의 원동력이 되어 무사계급이 중세와 근세 초까지 700여 년 막부지배를 지속시키며 일본 역사의 주인공이 될 수 있는 배경이 되었다.

무가문화가 배양한 충성과 집단주의 정신은 점차 거국일치 단결 사상으로 발전하면서 사상 초유의 외침이었던 몽골제국의 침략을 막아냈고, 근세에는 서구세력에 대항하여 천황을 중심으로 근대화 추진 동력으로 분출되었다고 긍정적인 평가를 받기도 한다. 그러나 무사계급이 귀족세력을 무력으로 타도하여 성립한 가마쿠라 무사정권은 율령정치가 진전되고 국풍문화가 만개했던 헤이안시대 이후 일본의 다양한 발전 가능성을 압살시킨 폭력의 씨앗이었는지도 모른다.

일본 역사학자 이루마다 노부오入間田宣夫는 일본에서 성립된 무인정권은 당시 문민정치 이념이 보편적으로 확산되고 있던 동아시아 세계에서는 상당히 예외적인 상황으로, 무武를 찬양하는 기풍은 일본 중세 역사의 불행에서 끝나는 것이 아니라 근대 일본의 침략전쟁 역사의 기점이 되었던 것으로 보고 있다.[79]

무사가 세상의 중심으로 부상하여 전쟁이 끊이지 않고 창조보다는 파괴가 일상이었던 무가정권 시대에 일본은 두드러진 문화적 창조물은 남기지 못한 반면 대륙으로부터의 고급 물품을 대거 반입함으로써 이 시대가 남긴 일본의 보물은 토산물보다는 주로 대륙으로부터의 박래품이었다.

## 전쟁과 종교의 시대, 무가시대의 문화유산

중세 무사들이 만든 전쟁의 시대는 또한 종교의 시대였다. 전쟁이 끊임없었던 비참한 이 시대에 신불神佛 의 구원을 받으려는 민중들을 끌어 모으기 위해 불교의 여러 종파와 민족의 재래종교인 신도神道 가 번성했다. 나라, 헤이안시대의 호국불교는 전란의 시대를 맞아 인간의 구원에 초점을 두고 인간 중심의 민중불교로 전환되었다. 또한 이 시대의 새로운 불교로서 송나라에서 선종禪宗 이 유입되어 시대의 주인공 무사들이 대거 귀의했다.

천황과 귀족층을 타도한 무사들의 군신이며 무신인 하치만신八幡神 을 숭배하는 하치만신앙이 천황가의 조상신을 받드는 이세伊勢 신앙을 압도했다. 여몽연합군이 격퇴되자 가일층 고조된 민족의식에서 전통 가미신앙과 산악신앙이 불교와 결합하여 슈겐도修験道 와 같은 민족신앙이 번성했다.

삼한을 정벌했다는 진구왕후를 제신祭神 으로 받드는 하치만신궁이 전국적으로 우후죽순으로 생겨나면서, 여몽군의 일본침공에 대한 복수로서 대륙 침략을 부르짖는 분위기가 배태되었고 여몽연합군이 규슈 앞바다에서 불어온 태풍, 소위 신풍神風 으로 격퇴되었다 하여 일본은 신국이라는 오래된 신국사상神國思想 이 기세를 떨쳤다.

### 가마쿠라 무가 문화유산

무가문화의 전형은 최초의 막부가 성립한 가마쿠라일 것으로 여겨지고 있지만 사실상 교토야말로 무로마치막부가 존재했고 선종 사찰이 즐비한 무가문화의 핵심 도시이다. 그럼에도 교토가 무사의 도시가 아니라는 관념은 '교토는 천황의 도시'라는 메이지시대 프로파간다의 산물이다.

1992년 일본정부는 일본의 무가정권이 처음 성립된 도시로서 '무가의 고도 가마쿠라武家の古都 鎌倉'를 유네스코 세계유산으로 신청했다. 그러나 2013년 세계유산 자문기관 이코모스ICOMOS 는 추천을 거부했다. 무가의 도시로서의 유산을 결하고 있다는 판단 때문이었다. 동서를 잇는 요충지에 수립되어 200년 가까이 일본의 정치 중심지로 존속했음에도 가마쿠라막부의 성城, 쇼군의 거관居館, 원찰, 신궁 등이 흔적도 남아 있지 않은 것이다.

이후 일본정부는 가마쿠라의 세계유산 등록을 정식 철회했다. 천황의 도시로서 고도 나라와 교토가 계속 재건되고 선양되었던 데 비해 무사의 정권을 혐오했던 메이지시대의 가마쿠라 홀대 정책으로 이렇다 할 가마쿠라막부의 무가 유산이 복구되지 못한 결과였다.

무가시대 불교의 유산으로는 철불이 대표적이다. 나라, 헤이안시대 200~300년 간 다양한 목불이 크게 유행한 데 반해 일본의 제철기술이 진전되었던 가마쿠라시대에는 철불鐵佛 이 다수 제작되었다. 철불은 강건한 무사기질에 영합했을 뿐 아니라 무사들은 고래로부터 칼, 방패 등 철제 무기가 무사들을 보호해왔듯이 철불은 무사들을 보호한다는 철의 힘에 대한 신앙을 가졌던 것이다. 그러나 제철기술이 빈약했던 일본에서 다루기 힘든 철로 주조된 철불은 동조불銅造佛 에 비해 수준이 떨어져서 전국적인 유행에는 이르지 못했다. 철불은 주로 무

가마쿠라대불鎌倉大佛 **동조아미타여래좌상** l 국보, 높이 13.3m대좌 포함, 얼굴 길이 2.3m, 눈 길이 1m, 가마쿠라시대에 유행했던 송나라 풍의 불상.

사들의 근거지인 동북지역에서 제작되어 현재는 대부분 동북지역에 백여 기가 퇴락한 상태로 남아있을 뿐이다.

오늘날 가마쿠라시대를 상징하는 거의 유일한 문화재는 우람한 동조銅造 불상, 통칭 가마쿠라대불鎌倉大佛이다. 13세기 가마쿠라에 조영된 선종사찰 고토쿠인高德院의 본존 아미타여래불로 조성된 이 불상13m은 도다이지 나라대불14.7m, 교대불京大佛, 17m, 도요토미 히데요시가 교토에 건립한 목불, 현존하지 않음과 함께 일본의 3대 대불이다. 가마쿠라대불은 제작자와 제작 경위가 미상이며 1950년대 대대적으로 복구되었지만 13세기 조영 당시의 모습을 간직하고 있다는 점에서 후세의 보수가 심대했던 나라대불에 비해 보다 귀중한 유물로 인정받고 있다.

무가시대를 연 가마쿠라막부 시대는 일본에서 군사소설軍記物과

**헤이지 모노가타리 에마키** 平治物語繪卷 중 **로쿠하라교코노마키** 六波羅行幸の巻 **부분** | 국보, 회화,
42.2×952.9cm. 도쿄국립박물관 소장. 사진 출처 : 위키피디아 재팬

전쟁화 등 군사문예물 장르가 뿌리를 내리는데, 가마쿠라시대를 대
표하는 문화재로서 1160년대 정변 헤이지의 난平治の乱에 관한 통속
소설平治物語을 1백 년 후에 화가 스미요시 케이온住吉慶恩이 그린 두
루마리 그림平治物語絵巻이 전해진다. 원래는 십수 권이었으나 현재는
3권만이 전한다. 1권은 보스턴박물관 소장

## 무로마치 무가 문화유산

가마쿠라막부를 이어 교토에 자리 잡은 무로마치막부는 지방에 토착
했던 강건한 가마쿠라 무사문화를 계승하면서도 교토의 화려한 귀족
문화를 동경하는 귀족적인 무가문화를 창출했다. 가마쿠라 무가문화
가 무사와 농민, 서민층의 강건한 토착문화라 한다면 무로마치 무가
문화는 무사, 귀족, 선승禪僧 문화의 합작으로 이루어진 풍아한 선문
화의 표본이라고 할 수 있을 것이다.

**킨카쿠지**金閣寺 | 국보. 교토의 선종사원 로쿠온지鹿園寺의 금박을 입힌 사리전 금각舍利殿 金閣에서 명칭을 따왔다. 극락정토를 구현했다는 무로마치막부의 3대 쇼군 아시카가 요시미쓰足利義満의 별장으로 귀족문화와 융합한 화려한 무가문화의 대표적 유산이다. 1950년 방화로 소실되었으나 1955년 재건되었다.

**긴카쿠지**銀閣寺 | 국보. 금각사를 염두에 두고 무로마치막부 8대 쇼군 아시카가 요시마사義政가 교토의 동산東山에 지은 별장. 요시마사 사후 별장을 선종사원 지쇼지慈照寺로 전환하고 사찰의 관음전을 긴카쿠銀閣로 칭했다. 무사들의 풍아한 문화를 대표한다.

이 시대를 대표하는 문화재로서 무로마치막부 쇼군의 별장이었던 교토의 킨카쿠지金閣寺와 긴카쿠지銀閣寺가 있다. 이들 두 건물은 화려함과 담백함을 조화시킨 일본의 귀족적 선문화를 단적으로 보여준다. 두 건물 모두 1994년 '고도 교토의 문화재'의 일부로 유네스코 세계유산에 등재되었다.

## 선종의 확산과 선문화의 정착
; 일본 문인화와 다도구 문화재 탄생

전쟁과 종교의 시대였던 무사시대의 대표적 종교는 무엇보다도 송나라에서 유입된 선종禪宗이었다. 참선을 통해 내면의 불성을 깨우치려는 선종은 끊임없는 전쟁과 살육의 현실에 직면하여 마음의 평화와 명분을 갈구하는 무사들의 기질에 영합하여 새로운 시대의 새로운 정신으로 열렬히 환영을 받았다.

계율, 학문, 재력을 중요시했던 귀족들의 구舊 불교와 염불을 중시했던 정토교의 타력 구제에 대해 좌선의 실천이라는 자력 구제를 중시했던 선종은 지방에 토착한 무사들과 농민층에 기반을 두고 당풍이 강한 교토 중심의 귀족문화에 대항해 막부의 신문화로서 송풍宋風의 선문화를 확산시켰다. 화려한 귀족들의 구문화에 대해 담백하고 고담함을 특징으로 하는 선문화는 무사와 서민층에 깊이 뿌리 내리며 일본문화의 주류로 자리 잡아갔다. 선종의 유행은 헤이안시대 일본 불교의 밀교화에 이어 또 한 차례 불교의 일본화였다.

## 일본 문인화의 탄생

선종의 유입에 따라 선사상禪思想과 선문화가 보급된 13세기 가마쿠라시대 이래, 일본의 불교와 예술에는 심대한 변화가 일어났다. 불상보다 회화를 중시하는 밀교나 정토종 이상으로 선종에서는 회화가 중시되었다. 특히 자연현상에서 정신을 표상해 내는 고담한 수묵화를 중시한 선불교는 그 극한으로 묵적墨跡과 서書를 중시하며 송, 원, 명나라의 고담, 고졸한 문인화와 수묵화를 열렬히 애호했다.

선종을 규범으로 극도의 정신주의를 강조한 선의 미술은 당풍문화를 토대로 헤이안시대에 결실을 본 장식적이고 화려한 국풍미술과는 상반된 모습으로, 이는 일본 고유의 회화로 태어난 화려한 야마토에의 자기부정에 이른 것이라고 할 수 있을 것이다. 이로써 일본문화에는 당나라 영향을 능가하는 송나라의 영향이 깊숙이 자리 잡게 되었다. 이러한 새로운 선문화는 처음에는 지배층 무가세력의 전유물이었지만 센코쿠시대를 거쳐 에도막부 시대에는 서민층에 널리 보급되어 일본인들의 미의식과 가치관을 형성해나간다.

선종과 더불어 다문화茶文化가 확산되었고, 다실을 장식하는 수묵화가 유행하면서 중국으로부터 수묵화, 문인화가 대거 유입되고 제작되었다. 문인 관료가 존재하지 않았던 일본에서는 처음에는 선승을 중심으로 문인화가 제작되었지만 점차 직업 화가들이 중국 문인들의 작품인 남종화南宗畵 풍의 문인화를 모사하면서 '난가南畫'라고 하는 일본적 문인화가 탄생했다. 무로마치, 에도막부 시대에 이르면 본격적인 일본화풍의 수묵화 전성기가 전개되며 일본사회에 문인화의 대

효넨즈瓢鮎圖 ㅣ국보. 초기 일본 수묵화의 대표작. 무로마치시대 선승 조세츠如拙. 14세기 작품. 호리병으로 메기를 잡는다는 선문답 그림이다. 지본묵화紙本墨画 111.5×75.8cm, 31인 화승의 화찬이 있다. 교토 묘신지妙心寺 타이조인退藏院 소유이나 교토국립박물관에 기탁. 묘신지에는 복사본이 전시되어 있다. 사진 출처 : 위키피디아 재팬

**아마노하시다테즈**天橋立圖 ㅣ국보. 89.4×168.5cm. 지본묵화紙本墨画 교토박물관 소장. 일본 수묵화의 대성자 선승 셋슈 토요 雪舟等楊. 1420~1502 작품. 셋슈는 최다 국보 작가로서 그의 작품 6점이 일본의 국보이다. 사진 출처 : 위키백과 재팬

**쇼린즈뵤부**松林圖屛風 ㅣ국보. 지본묵화紙本墨画 156.8×356cm. 하세가와 토하쿠長谷川等伯. 1539~1610 작. 근세 일본의 수묵화 대표작. 도쿄국립박물관 소장. 사진 출처 : 위키피디아 재팬

대적인 유행을 가져왔다.

## 다문화와 다도구 문화재

기호품으로서 단순한 음차에 그쳤던 초기 당풍唐風의 다도茶道에 대
신하여 말차법沫茶法, 차 가루를 물에 타서 마심이 개발된 무로마치 중기에
이르러 일본 지배층에 다회茶會가 대유행을 보았다. 다회는 가옥의
구조와 장식, 조경 등 생활양식에도 큰 변화를 가져와 일본의 전통적
인 주택 구조에도 변화가 일어났다. 다회를 위해 방을 구획하여 다다
미를 깐 응접실과 다도구와 수묵화를 진열한 도코노마床の間, 바닥을 높
인 장식 공간가 설치되었고, 본채와 떨어진 으슥한 뒤뜰에는 초암草庵의
다실을 지었다. 또한 다회에 수반되는 다도구와 다실 장식품으로서
담백한 수묵화의 서화괘물書畵掛物과 조선의 질박한 도기가 최고의
보물로 등장했다.

　다문화의 확산으로 다실을 장식하는 다도구와 서화, 화병, 향로 등
골동품 수집이 유행되자 중국과 고려의 도자기를 비롯하여 서화 골동
품이 대량으로 수집되었다. 규슈의 하카다항博多港, 현재의 후쿠오카, 중국
의 닝보寧波, 고려의 개경을 거점으로 하는 삼각무역을 통해 널리 공
산품의 교역이 행해졌고 중국과 한반도 연안에서 왜구들이 약탈한 불
경과 불화, 정병淨甁 등 서화와 골동품이 다량 반입되었다.

　다도구와 문인화 등 선문화 향수에 필요한 물품의 수입을 총괄하는
대외교역의 주도권은 교토 5산京都五山, 교토의 5대 선종 사찰과 각 지역 슈
고다이묘守護大名, 지방의 지배층 무사 계급와 호상豪商들이 장악했다. 선종

**요안**如庵 ｜ 국보. 17세기 교토의 선종사찰 켄닌지建仁寺에 설치된 전형적인 와비의 다실侘び茶室. 소박한 민가를 예술의 원형으로 승화시킨 것으로 다실 건축의 모델이 됨. 1972년 이전되어 현재는 아이치愛知현의 이누야마시犬山市에 존재. 사진 출처 : 위키피디아 재팬

사찰은 대륙에서 새로이 들어온 선종과 주자학을 선도하며 일본문화의 주도권을 장악해 나갔고, 슈고다이묘는 대륙과의 무역으로 획득한 막대한 이윤을 토대로 무사 지배의 기반을 굳혔으며 호상 계층은 일본의 경제개방을 주도하며 해외진출 세력으로 성장해 나갔다.

무사들의 다회를 위한 명품 다기의 수집 경쟁은 오로지 일용 소모품의 생산에 치중했던 일본의 도요업의 발전에도 큰 자극을 주었고, 다문화에 열광했던 대표적인 두 명의 무사, 오다 노부나가織田信長와 도요토미 히데요시豊臣秀吉의 전쟁수행을 위한 산업정책으로도 이어졌다.

# 일본의 근세
## – 센코쿠시대, 에도시대, 메이지시대의 문화유산

1467년 무로마치막부 8대 쇼군 아시카가 요시마사足利義政의 후계 계승을 둘러싸고 전국의 무사들이 두 패로 나뉘어 수도 교토에서 10년 동안 치열한 전투를 벌였던 '오닌의 난應仁の亂'이 일어났다. 이를 계기로 실력을 기른 지방 토호들이 신흥무사, 소위 센코쿠 다이묘戰國大名로 성장하여 군웅할거와 하극상의 센코쿠戰國 시대가 100여 년 동안 전개되면서 전국을 초토화시켰다.

일본 통일전쟁과 임진왜란으로 귀결된 센코쿠시대를 종식시킨 도쿠가와 이에야스德川家康는 1603년 에도東京에서 에도막부도쿠가와 막부를 열었다. 이로부터 일본의 권력 중심지는 교토에서 도쿄로 이동했으며 에도막부는 200년 이상 평화의 시대를 구가하며 서민문화의 시대를 열었으나 메이지 유신으로 끝났다.

# 센코쿠시대가 남긴 문화재

; 센코쿠시대의 성곽문화재, 장벽화

## 성곽문화재

100여 년 지속된 센코쿠시대의 근세 초에 일본을 대표하는 가장 현저한 문화재는 이 시대 장수들이 축조한 웅장한 성곽들이었다. 일본의 성은 전쟁용 요새와 망루天守閣, 장수들의 거관居館, 주거와 집무용 건물을 합친 건축물이다. 센코쿠시대를 칭하는 '아츠지 모모야마安土桃山 시대'라는 지칭은 일본 재통일을 완수한 이 시기 대표적 무사였던 오다 노부나가와 도요토미 히데요시가 축조한 두 성의 이름에서 유래한다.

이 시기에 축조된 수많은 성 중에서 가장 유명한 곳은 오다 노부나가가 완공한 아츠지성安土城, 滋賀県 과 히데요시가 축조한 오사카성大坂城 및 후시미성伏見城, 히데요시 사후 이곳은 복숭아나무 밭이 되어 모모야마성桃山城으로 불린다, 도쿠가와 이에야스가 1612년 증축한 도쿄의 에도성江戶城, 현재 천황의 거소과 나고야성名古屋城, 그리고 효고현兵庫県 무장들이 축조하고 증축한 일본 근세 성곽의 대표격인 히메지성姫路城, 兵庫県 을 들 수 있다.

이들 대표적인 성곽들은 센코쿠시대를 풍미한 장수들의 기질을 상징하듯 위압적이고 대담한 구도에 건물에는 금박, 옻칠, 주색칠 등의 강력한 색칠을 입혀 무력과 권력을 과시했으며 성곽 안에는 대형 야마토에의 장벽화와 도검, 조총, 투구 등 무기와 무구가 진열되었다.

**〈일본의 3대 명성名城〉**

❶ **히메지성**姬路城 ㅣ 국보. 원래는 14세기 축조되었으나 에도, 메이지시대에 대대적으로 보수되었다. 에도시대 이전의 성곽 구조를 가장 완벽하게 보존하여 일본의 성곽 건축 최전성기의 양식과 구조를 간직한 목조건물로 고베에 있다. 1993년 유네스코 세계유산에 등록.

❷ **도요토미 히데요시의 1586년 오사카성**大坂城 ㅣ 현재의 건물은 1630년대 재건축된 것이다.

❸ **도쿠가와 이에야스의 거성 나고야성** ㅣ 1612년 축조, 미군의 공습으로 대파된 것을 1959년 개축함.

에도시대가 되면, 센코쿠시대에 건축된 많은 성들은 에도시대의 1국 1성 방침에 따라 대부분 파괴되고 메이지시대에는 성곽 철폐령1873년 廢城令에 따라 일본 각 지역에 산재했던 성은 모두 철폐되어 현재는 덴슈가쿠天守閣가 온존한 성으로는 12성만이 현존한다.

전쟁의 시대였던 센코쿠시대 대표적인 문화재는 장수들의 웅장한 성곽과 함께 그 내부를 뒤덮은 금벽농채金璧濃彩의 대형 장벽화이다. 그 시대의 대표적인 화가 가노 에이토쿠狩野永德는 노부나가와 히데요시를 섬기면서 신흥무사들의 자기현시욕을 호사스런 대형 장벽화로 그려낸 가노파狩野波라는 화풍을 창출했다. 이후 가노파는 전통 불화나 고담한 수묵화와 결별하고 현세적이고 인간적인 미술작품으로 일본의 화단을 주도했다. 화려한 귀족문화를 동경하며 권력을 휘둘렀던 무지막지한 장수들의 기호에 영합하는 초대형의 웅대한 스케일과 화려한 색채의 장벽화가 이 시대 최고의 보물로 등장한 것이다.

**당사자도병풍**唐獅子圖屛風 ㅣ 224×453cm, 가노 에이토쿠의 16세기 작. 원래 히데요시의 오사카성을 장식했던 이 장벽화는 후에 모리 테루모토毛利輝元에게 증여되었다고 한다. 메이지시대 모리가에서 황실에 헌상하여 현재는 황실박물관산노마루 쇼조칸三の丸尚蔵館, 궁내성 관할 소장품. 사진 출처 : 위키피디아 재팬

## 무사들의 보물
; 다도구 광풍

중세 막부시대 이래 선종과 다문화에 심취한 무사층 권력자들과 부유한 상인들이 소유한 찻잔이나 차항아리, 차가마, 국자, 쟁반 등 자질구레한 다도구 중에서 특별한 것이 최고의 보물이자 예술품으로 인정되면서 일본에서만 볼 수 있는 다도구 예술품 시대가 열렸다.

전쟁의 시대, 무장들이 주최하는 다회茶會는 무사들의 최대 관심사였다. 피비린내가 진동하는 전쟁 후 마음의 위안을 얻기 위해 다회가 열렸고, 다회 후에 다시 전투와 다회가 반복되면서 다회는 무사들의 결속과 전쟁 준비를 위한 의식으로 발전했다. 차를 대접하는 주인과 객이 마음을 합하는 의식으로서 다도는 풍류를 넘어 종교의식으로까지 고양되었다. 무장들은 종종 대규모 다회를 개최하여 차문화를 동경하는 하급무사들에게 명품 다기들을 선보이며 세 과시에 나섰다. 고위 무사들은 과거 권력과 부의 상징으로 보물을 독점했던 귀족문화를 답습하며 중국, 고려와의 무역을 통해 수입한 사치품이나 왜구의 약탈물 중 최고의 기물을 독점했다.

교양과 풍류의 상징이었던 다회는 점차 권력의 과시를 위한 정치적 행사가 되었고, 다도구 과시를 위한 문화적 패권다툼의 장이 되었다. 다회에 선보이는 고급 박래품인 명물 다기류나 서화는 권력의 증표가 되어 그 값은 천정부지로 올랐으며 위신재로서 증여품이었고 영험이 있는 영물로서 무사들의 숭배 대상이 되었다.

12세기부터 무가사회에서 대유행했던 다문화는 갈수록 광풍의 도를 더해갔다. 센코쿠시대를 거의 평정했던 오다 노부나가는 내전으로 흩어진 쇼군과 무장들의 명품 다기를 대량 탈취했다. 패장들에 대해서 복종의 증표로, 또는 목숨의 대가로 명물 다기의 헌상을 요구했고 공을 세운 무사들에게 지급할 영토가 부족하면 명물 다기로 대신했다. 명성이 높은 다기는 국가領國 하나의 가치를 보유한 셈이었다. 다기는 재산이며 권력이고 출세의 열쇠로 간주되었다. 다기가 지닌 천하의 가치라는 공동 환상이 전국의 무사들을 사로잡았다.

오다 노부나가와 그를 계승한 도요토미 히데요시는 오사카의 상인 출신으로 와비차侘び茶, 선종풍의 다도의 완성자라 하는 센리큐千利休를 다당茶堂, 다회 담당자에 임명하여 다기 감정을 맡겼다. 센리큐가 부르는 값대로 오다와 히데요시 소유의 다기는 엄청난 가치를 지니게 되어 이들의 전쟁 비용을 지원했으며, 무장들은 고가의 다기를 무사들에게 하사하여 무사들을 장악하는 수단으로 적극 활용했다.

다기의 보유는 센코쿠시대 무장들에게는 권력과 축재의 수단이었고, 다기는 국가 운영에 필수적인 문화적, 정치적 도구로 발전했다. 도자기 전쟁으로 불린 임진왜란을 일으킨 주요 원인의 하나도 명물 다기류에 대한 히데요시의 욕망이자 다도구 보물에 대한 일본 무가사회의 집단 환상이 빚어낸 결과로 볼 수 있을 것이다.

무가시대에 무사층 권력자들과 부유한 상인들이 소유한 찻잔이나 차항아리, 차가마, 쟁반, 대나무 국자, 수세미, 집게 등 자질구레한 다도구 중 특별한 것은 최고의 보물이자 예술품으로 인정되었고, 이러한 다도구에 곁들여 다실을 장식하는 당송원唐宋元의 수묵서화를 중

# 이도다완井戸茶碗

일본의 다도사茶道史에서 최고 명물로 간주되는 조선의 막사발 이도다완의 유래는 임진왜란에 출전한 무장 이도 사토히로井戸覚弘, 1556~1638가 조선에서 취득한 막사발을 도쿠가와에게 헌상한 것이라는 설이 있는가 하면 경남 하동군 백련리河東郡 白蓮里의 사기 마을로 유명한 샘골井戸鄕에서 유래했다는 설이 있다. 그런가 하면 임진왜란에서 잡혀온 조선인 도공 이작광李芍光, 이경李敬 형제에 의해 일본에서 시작되었다는 설도 있다.

어쨌든 이도다완의 유래는 임진왜란과 직접 관련이 있는 것만은 분명하다. 일본인들은 조선 서민의 그릇인 막사발이 조선에서는 그 제작자가 천민으로 대우를 받지 못하고 역사에 아무런 흔적도 남기지 못했지만, 일본인의 심미안으로 인해 일본의 국보이자 세계적 보물이 되었다고 평가한다. 이도다완의 출현을 임진왜란과 관련시키기보다는 일본인의 심미안에 돌리고 있는 것이다. 1951년 국보에 지정된 이도다완大井戸茶碗 銘 喜左衛門 외에 1978년 중요문화재에 지정된 이도다완大井戸茶碗 銘 細川이 있다.

**이도다완**大井戸茶碗 銘 喜左衛門 | 국보, 높이 9.8cm, 허리 지름 15.4cm, 바닥 지름 5.3cm. 교토 임제종 사찰 다이도쿠지大德寺 코호안孤篷庵 소장. 일본 와비차의 최고 다도구로 평가받고 있다. 사진 출처 : 위키피디아 재팬

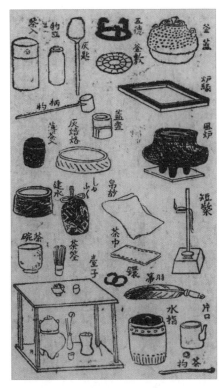

심으로 일본에서만 볼 수 있는 다도구 예술품 시대가 열렸다. 쇼군 휘하의 예술고문 도보同朋가 명품으로 판정한 권력자의 소장품 다도구는 천하의 명물로 불리며 쇼군이나 다이묘 가문에 대대로 전승되어 일본 최고의 보물로 자리 잡게 되었다.

다도구 문화는 역사적 예술적 가치보다는 권력자가 줄줄이 소장했다는 의심스런 내력만으로 자질구레한 다도구를 일본

**다도구 세트** | 사진 출처 : 위키피디아 재팬

최고의 보물로 숭배해 왔다. 이러한 관행은 일본인들의 조상숭배, 위인숭배 전통을 반영한 것으로 독특한 일본적 상황으로 해석되고 있다.[80] 그러나 무가문화를 존중했던 일본인들, 특히 재벌들이나 군인들에게 여전히 명품 다도구는 최고의 보물이며 오늘날에도 일본문화재의 중요한 요소를 이룬다.

## 에도, 평화시대의 문화유산
; 국학 세력의 부상과 서민 문화의 만연

1603년 에도막부를 연 도쿠가와 이에야스는 히데요시의 대륙 침략을 부정하고 하극상의 센코쿠시대에 무너진 봉건질서 재건에 노력하면서 대내외 평화와 안정에 중점을 두었다. 에도 초기는 일본이 세계에서 최다의 조총鳥銃을 보유했던 시대였음에도 에도막부는 쇄국정책과 평화주의를 내걸고 문치에 힘썼다. 유학을 장려하고 학교를 세워 무사들의 교육에 공을 들였던 에도막부는 또한 무사계층과 함께 서민들을 적극 포용하고 상공업을 북돋워 일본의 그 이전 역사에서 보기 드문 평화와 번영의 시대를 구가했다.

에도막부가 장려한 주자학은 막부의 관학으로 뿌리를 내리기도 전에 일본 지식층으로부터 배척을 받았다. 일본의 고대사를 연구하며 존황사상에 깊이 탐닉했던 국수주의 국학자들은 고대 중국의 도덕질서를 무비판적으로 받아들이는 유학을 거부했다. 이들은 유교나 불교가 도달하지 못한 일본의 고도古道를 주장하며 유학에 대항하는 개념으로 일본을 천하의 중심에 두는 국학을 정립하고 유포하여 강력한 국학 세력을 형성했다.

에도시대의 개방적 지식인들 또한 주자학의 형식주의와 고루한 가르침에 반발하며 이를 거부했다. 이들은 현실에 도움이 되는 경험적 지식을 추구하며 청나라 양명학과 고증학을 선호하거나 무역항 나가사키를 통해 들어온 '난학蘭學, 네덜란드의 학문'으로 통칭되는 서양의 기계기술과 의학 등 실용적인 학문과 과학에 열광했다. 여기에 더하여 임진왜란과 조선통신사를 통해 유입된 조선 실학자들의 농정학 사상도 다대한 영향을 미쳤다. 이러한 실사구시의 분위기에서 자연의 천연물을 연구하는 서민들의 본초학本草學이 유행하며 의식주, 의학, 경제 등 모든 생활 분야에서 유용한 물품의 생산과 유통이 장려되어 에도시대의 농업과 산업의 발전을 견인했다.

이같이 사회적으로 활력이 분출했던 에도시대는 일견 국운의 융성을 보여주는 듯했지만 백성들의 활기찬 생산 활동과는 달리 에도막부는 휘청거리고 있었다. 중앙집권 체제를 지향했던 에도막부는 성립 초기부터 휘하 번藩들의 통제와 장악에 엄청난 경비를 지출해 왔기 때문에 에도 중기에 이르러서는 차금借金이 없으면 한순간에 재정이 파탄날 수 있는 국가적 위기상황에 처해 있었고, 차금을 해주는 오사카 상인들과의 유착관계로 막부의 부패는 극에 달했다. 여기에 막말幕末 서세동점의 서양 세력에 굴욕적으로 대처한 막부에 대한 원성은 높아갔던 것이다.


## 조카마치城下町의 문화
; 일본 전통문화의 번영

평화가 장기간 지속된 에도시대는 농촌의 생산력 증대를 기반으로 상공업이 번영했다. 전국의 다이묘들은 자신들의 거관 성곽을 중심으로 성내 마을, 이른바 조카마치城下町를 조성하여 가신 무사들을 거주케 했고, 여기에 장인들과 상인들을 적극 유치하여 기술과 자본의 집적지로서 조카마치가 번창했다. 분업 체제가 도입된 조카마치 가내수공업은 점차 공장제 수공업으로 발전하여 상품경제의 급속한 발달을 촉진했다.

이 시기에 약 300여 개에 달하는 조카마치를 중심으로 일본 전역에서 도시화가 진전되었다. 현재 일본에서 인구 10만 이상의 도시는 대다수 에도시대의 조카마치에서 출발한 것이다. 오늘날에도 다수 남아 있는 조카마치는 일본식 건축물과 가구, 공예품, 음식, 양조釀造 등 전통 의식주 문화와 민속공연 예술 및 다양한 마츠리 등 일본의 전통문화의 자취를 진하게 간직하고 있다.

기술과 자본을 갖추고 화폐경제를 받아들여 부유한 상공인 계층으로 성장한 서민층 조닝町人들은 세수입으로 거둬들인 쌀을 기반으로 하는 미곡경제의 무사들을 압도하는 도시의 주인공으로 등장했다. 전쟁이 사라진 세계에서 부富를 장악한 조닝들은 비록 신분상승이 불가능했던 중세 봉건질서에 구속되었지만 부유하고 현실 긍정적인 그들은 자신들의 욕망과 쾌락의 세계를 추구하며 권력 대신 문화에서 자신들의 정체성을 찾았다. 영락한 일부 무사들은 실속 있는 서민 조닝 계급으로 신분을 낮추어 조닝 계층에 합류했다. 두터워진 조닝 계층은 일본의 경제, 사회, 문화 분야의 주력으로 맹활약하면서 시대의 주인공으로 등장한다.

## 조닝의 대중문화

이 무렵에는 시대의 주인공인 조닝들을 주제로 삼은 대중적인 문학과 서민들의 잡기 중심의 유예遊藝와 가무가 성행했다. 집단가무를 즐겼던 일본인들은 고래로부터 오본춤盆舞, 본오도리이라 하며 정령과 조상에게 바치는 원시 신앙춤, 마쓰리에서 남녀가 추는 색정적인 춤, 종교적인 염불춤 등 주로 여성이 선도하는 각양각색의 기묘한 춤이 성행했다.

이러한 춤은 점차 화려한 의상과 현란한 몸짓의 색정적인 가부키歌舞伎 춤으로 나타났고 막부는 이를 풍기문란으로 금지했다. 대신 막부는 가부키를 성인 남성들만 연기하는 가부키 연극으로 유도하여 가무 본위의 가부키는 연극 본위의 가부키로 발전하여 일본의 대표적 전통 민중극이 되었다. 가부키는 2009년 유네스코 무형유산에 선정되었다.

가부키와 더불어 인기 있는 대중오락으로는 가면을 쓰는 가무극 노能, 해학적인 코미디쇼 교겐狂言, 곡예와 무용의 사루가쿠猿樂, 샤미센三味線, 일본의 전통적 현악기 가락에 맞추어 낭송하는 성인용 인형극 조루리浄琉璃, 文樂 등이 서민사회에 크게 유행했으며 이에 따라 잡다한 서민오락을 직업으로 하는 전문 예능인들이 대거 배출되었다. 부유한 조닝들 사이에 시, 노래, 다도, 원예, 바둑, 꽃꽂이, 연극, 악기 연주가 유행하면서 이들을 위한 각종 전문서, 교양서가 발간되었다. 그리고 바로 이 시대에 무사들의 전통 오락이었던 스모相撲가 대중에게 확산되어 스모의 규칙이 정비되고 황실과 지배층의 후원이 쌓이면서 스모는 국기國技로서 국민적 스포츠, 국민 오락으로 발전해 나간다.

인간 중심적이며 현실 긍정적인 서민문화는 서민생활에 위안과 환락을 주는 극장과 목욕탕, 이발소, 유곽을 도처에 탄생시켰다. 에도시대 후기가 되면 조닝들을 대상으로 가부키, 라쿠고落語, 코미디, 가나문자로 쓴 통속적 단편소설이 서민문학의 중심으로 떠올랐고, 화려한색상의 우키요에浮世畵가 저급한 화류계 소설과 통속 문학작품의 삽화로 환영을 받았다.

## 일본의 유곽 문화

무가시대 유산으로 성곽의 대척점에 일본의 유곽遊廓이 있다. 도요토미 히데요시 치세 때 처음 등장한 유곽은 성곽과 흡사하게 치안 유지를 위한 구획 안에 사창을 모아 허용한 공창이었다. 그러다 유곽은 점차 병영 부근이나 역마장, 항구, 대사찰이나 신사 등 사람이 많이 모이는 곳으로 퍼져 나갔고 마침내 전국적으로, 그리고 일본인과 함께 해외로 확산되었으며 또한 서민문화를 넘어 일본문화의 일부로 확고히 자리 잡았다. 유곽은 근대화가 시작된 메이지시대에 공적으로는 폐지되었지만 이미 일본인의 생활에 뿌리 깊이 정착되어 일본의 특징적 문화로 굳어졌다.

　매춘 장소였던 유곽은 일본 서민문화의 거점이기도 했다. 원래 유곽의 유녀遊女들은 전통 가무와 와카 등 교양을 갖춘 예능인으로서 우키요에나 서민문학의 모델로 등장하며 기예, 문학, 다도, 꽃꽂이, 패션의 선도자로서 에도시대의 대중문화를 담당한 주역이기도 했다. 실제로 우키요에의 단골 주제인 미인, 가부키 배우, 활기찬 서민문화의 모습을 그린 다수의 유명한 우키요에 화가들이 유곽을 중심으로

일본 최대 유곽 지역이었던 오사카 남부의 도비타 신지飛田新地에 1918년 건축된 목조 2층의 유곽 건물 | 다이쇼大正 시대의 역사적 건축물로 2000년 국가 등록 유형문화재가 됨. 현재 이 건물은 요리집 도미요시 모모반鯛よし百番이 되었다. 사진 출처 : 위키피디아 재팬

활동했다.

유곽을 연구한 호세이대학法政大學 다나카 유코田中優子 교수는 에도의 문화는 유곽 없이는 논할 수 없다며 유곽은 서민문화의 보존과 계승까지 담당한 일본 전통문화의 저수지였다고 평가했다. 그러면서 그는 오늘날 일본문화의 음영이자 터부로 간주되는 유곽문화는 근대 이전의 일본문화의 성격을 반추하는 계기로 삼아야 할 것이라고 논한다.[81]

## 우키요에浮世繪

에도시대의 서민예술의 반대편에서, 그 시대에도 막부의 보호를 받았

던 궁정화가들은 중국풍 수묵화의 테두리 안에서 대형의 병풍화나 장병화障屛畵 같은 화려하고 장식적인 야마토에를 제작하고 있었다. 또한 상급 무사들의 열렬한 애호 속에서 중국 문인화를 모방한 일본 문인화가 번성했다. 그러나 점차 서민문화의 활기에 자극받은 궁정화가, 문인화가들이 지배층을 위한 예술가로서의 현실 안주를 벗어나 서민예술로 전향하여 시대의 풍속과 풍경 등 서민생활을 그리는 우키요에浮世繪에 합류했다.

당대의 인물들과 익숙한 풍경화를 주제로 대담한 추상적 구도에 화려하고 강렬한 화풍으로 시선을 사로잡는 우키요에는 유곽이나 찻집의 유녀들, 가부키의 유명배우들, 스모선수 등 서민들의 우상과 일본 각지의 낯익은 풍경과 춘화 등을 그려 서민들의 사랑을 받았다.

우키요에는 처음에는 야마토에의 기법에 나가

우키요에의 확립자라 하는 히시카와 모로노부菱川師宣 1618~1694의 우키요에 〈뒤돌아보는 미인〉63×31.2cm, 견본착색, 국립문화재기구소장 ¦ 미래의 국보 0순위로 인정되고 있다. 사진 출처 : 위키피디아 재팬

사키에서 유래한 서양식 원근법과 명암 기법을 구사한 육필화였으나 얼마 안가 채색 판화 기법을 도입하여 대량생산의 길로 나아가며 서민의 애장 예술품으로 각광을 받았다. 한편 해외로 나간 우키요에는 새로운 예술에 목말라 있던 서구 예술가들로부터 폭발적 인기를 얻어 일본을 상징하는 대표적 미술로 부상했다.

## 천황의 시대, 메이지시대의 문화유산
### ; 메이지천황 기념물과 산업유산

절대 천황제 하의 단일국가와 국민통합을 꾀했던 메이지시대는 천황의 빛나는 치세를 가시화해주는 예술품이 최고의 문화재였던 시대였다. 유구한 황실의 역사와 문화를 상징하는 고대 미술품 위주로 일본의 전통 보물이 대대적으로 정비되는 한편, 서민의 애장품 우키요에 또한 천황제 이데올로기 확산을 위한 정치적 도구로 대거 활용되었다. 근대화, 산업화시대였던 메이지시대는 새로운 문화유산의 창조보다는 전통 보물의 수리와 복구에 힘써 막대한 문화재를 정비하면서 시대의 주인공 메이지 천황과 관련된 기념물과 메이지시대를 상징하는 근대화 및 산업화의 유적을 도처에 남겼다.

### 천황을 위한 우키요에

목판인쇄술의 꾸준한 발전에 힘입어 에도시대의 서민문화가 꽃피웠던 수묵 잉크 우키요에는 메이지시대에 채색 목판화 니시키에錦繪로 발전했다. 정교한 천연색 판화 우키요에의 강력한 시각적 효과는 카메라 사진의 대용품으로 사용되어 정부의 프로파간다를 대중들에게 확산했으며 청일, 러일전쟁에서는 신문과 잡지 보도의 자극적인 삽화로서 사진에 대신하는 대중매체가 되어 시대의 각광을 받았다.

우키요에는 또한 역사화의 제작에도 동원되어 상상 속의 신화와 전설, 고대역사를 생생하게 시각화함으로써 마치 그러한 역사가 실제로 일어났었다는 환상을 불러일으켜 조작된 역사의 교육에 이용되었고, 신화와 고대역사를 국민들의 의식 깊이 내재화시키며 천황제 이데올로기 확산에 기여했다.

## 메이지 천황 기념물

메이지시대에는 이 시대의 주인공 메이지 천황을 위해 우후죽순 들어선 다수의 국가기념물이 시대의 문화유산으로 등장한다. 대표적으

**청일전쟁**清日戰爭 **묘사 평양전투, 니시키에** ㅣ 미즈노 토시카타水野年方 작, 1894년. 사진 출처 : 위키피디아 재팬

**진구神功 황후의 삼한정벌** | 츠키오카 요시토시月岡芳年 작, 1880년 사진 출처 : 위키백과

로는 메이지 천황1852~1912 사후 천황 부부를 제신으로 받드는 도쿄의 메이지신궁明治神宮 이 조영되어 도쿄 관광의 명물이 되었다. 이어서 메이지 천황의 족적이 남아 있는 장소나 건물 300여 건이 메이지 성적明治聖蹟 이라는 사적으로 지정되었지만 패전 후 점령통치 하에서 대부분 폐기되었다.

한편 메이지 성적은 아니지만 메이지시대를 상징하는 유산으로서 메이지 천황을 위한 순사자들과 청일, 러일전쟁과 아시아, 태평양 전쟁의 전몰자 250만 명을 영령으로 제사지내는 거대한 군사적 신사인 야스쿠니신사靖國神社 가 시대의 기념물로 등장한다.

## 히로시마 대본영

근대화에 성공하여 강대국으로 승승장구하던 메이지시대 일본의 불길한 앞날을 예시했던 현저한 유적이 있다. 세계 최초의 피폭 건물인

메이지신궁 내배전(内拜殿) | 중요 문화재. 2차대전 공습으로 본전, 배전 등 주요 건물이 모두 파괴되었으나 1958년 재건. 2020년 메이지신궁 본전을 포함, 건물 36동이 중요문화재로 지정되었다. 사진 출처 : 위키피디아 재팬

야스쿠니신사 배전 | 사진 출처 : 위키피디아 재팬

히로시마 대본영廣島大本營이 그것이다. 막말 도막운동에 앞장섰던 히로시마번藝州藩은 유신 직후부터 군항과 군수산업을 유치하여 번창을 구가했던 일본 굴지의 군사도시였다. 에도시대 성곽 히로시마성廣島城에는 청일, 러일전쟁, 태평양전쟁 패전까지 일제의 침략전쟁 총본부로서 히로시마 대본영이 설치되었다.

히로시마 성곽의 덴슈가쿠天守閣 동편 건물에 위치했던 히로시마

**히로시마 원폭 돔** ¦ 사진 출처 : 위키피디아 재팬

대본영은 메이지 천황의 행재소行在所가 있었기 때문에 1926년 사적으로 지정되었고, 1931년 성의 덴슈가쿠가 국보에 지정된 저명한 유적이었다. 그러나 히로시마성은 제2차 세계대전에서 원폭을 맞고 괴멸되었다. 폭심지에서 가장 가까이약 900m 피폭의 잔해로 남은 성내 히로시마 물산전시관 철골 건물이 '원폭 돔'이라는 이름으로 1996년 세계문화유산에 지정되었다. 인류역사상 최초의 피폭 건물인 원폭 돔은 국제적으로 가장 유명한 일본의 세계유산이다.

## 메이지 근대화 산업 유적

근대화와 산업화의 출발 시기였던 메이지시대는 문화유산보다는 도처에 탄광, 제철, 조선 관련 산업화의 유적을 남겼는데 메이지유신 주역들의 출신지인 소위 웅번雄藩에 속하는 규슈 및 야마구치 지역에 특히 많다. 오늘날 이러한 유적은 대부분 폐허가 되어 지상에서 사라져가고 있지만 일부는 꾸준히 시설이 보수되고 개량되어 제국주의시대를 거쳐 오늘날에도 여전히 산업시설로 사용되며 메이지시대의 유산을 상징하고 있다.

1990년대에 들어와 일본정부가 대대적인 문화유산 정비에 나서며 이들 산업 유적은 메이지시대의 자랑스러운 산업화 유산이자 비非서구지역에서 성공한 최초의 근대화 물증이라는 세계사적인 유물로 포장되어 일본의 새로운 문화유산으로 재탄생하고 있다.

# 3장

## 근대일본과
## 문화재 정책

# | 1 |

## 박람회와 문화재

유신정부는 메이지유신에서 탄생한 신생 일본을 국제사회에 소개하고 서구의 산업기술과 국제통상의 전반적 동향도 파악할 겸 식산흥업의 학습장으로서 1873년 10월 오스트리아 빈Vienna 에서 개최되는 만국박람회 참가를 결정했다. 만국박람회 참가 준비를 계기로 전통 보물, 즉 문화재의 가치와 효용성을 충분히 인식하게 된 유신정부는 국가를 상징하는 문화재의 보존과 전시를 위한 박물관 설립을 구상하는 한편 국내외 박람회를 통해 문화재의 정치, 경제적 활용을 모색하면서 본격적인 문화재 정책을 추진해 나간다.

## 국내 박람회 개최

; 도쿄 박람회와 나라 박람회

유신정부는 만국박람회 참가의 예행 연습 차원에서 국내에서 시범적으로 몇 차례 박람회를 개최하면서 박람회의 출품물은 장차 설립 될 박물관의 기본 컬렉션으로 이용한다는 계획 하에 박람회에 출품할 보물의 확보에 총력을 기울였다.

1872년 3월 도쿄의 유시마성당湯島聖堂, 막부의 유학 교육기관에서 일본 최초의 박람회가 개최되었다. 정부의 대대적인 독려에 힘입어 유시마 박람회에는 문화재급의 전통 보물이 다수 출품되었다.

출품물 중 최고 인기 품목은 도쿠가와德川 가문의 상징인 나고야성 名古屋城의 덴슈가쿠天守閣, 성의 망루를 장식했던 거대한 순금 샤치호고 金鯱, 물고기 모양의 괴수와 후쿠오카 번주福岡藩主 구로다가黒田家 소장의 금인金印, 서기 57년 한나라 광무제가 규슈에 존재했던 야요이 소왕국의 왕에게 수여한 인장이었다. 가장 가까운 과거와 가장 먼 과거에 대한 유물이 최고 인기였던 것이다. 이러한 골동품은 진귀한 보물이라는 점 외에도 일본인들에게 자신의 과거 역사를 상기시켜 주는 물증으로 폭발적인 인기를 끌었다. 이로써 정부는 유의미한 고물은 국민들을 동원하고 감격시키며 오락을 제공하는 대단히 유용한 존재임을 확인하게 되었다.

도쿄 유시마박람회를 전후하여 1871년부터 교토, 나라, 등지에서 고도古都의 특성을 살려 골동품과 고미술품 위주로 박람회가 수차례 개최되었다. 1875년 도다이지 대불전 회랑에서 개최된 나라박람회는 쇼소인 보물 1,700여 점을 전시했는데, 이는 쇼소인 보물이 사상 처음으로 일반 국민을 대상으로 공개된 것이었다. 고대 나라시대 천황의 유품이 간직되었고 1천 년 전 실크로드를 타고 온 서역 물품의 증거라고 대대적으로 선전된 쇼소인 보물은 17만 명의 관람객을 끌어들여 일약 국민적 보물로 각광받았으며, 박람회를 참관한 외국의 왕족과 고관들로부터도 '세계 무비의 진보'라는 격찬을 받았다.

1877년에는 메이지 천황이 나라를 방문하여 쇼소인 보물을 관람했다. 천황이 직접 고도를 방문하여 고대 유물을 친람한다는 것은 오랜 역사와 시간 속에 생성된 보물을 소유하고 지배하는 통치자의 모습이었다. 쇼소인 보물을 통해 유신정부는 황실이야말로 일본의 전통문화와 전통 보물을 보호하고 현창해 온 주역이라고 강조하며 고대의 비보를 통해 황실의 역사적 의의와 역할을 부각시키고자 애썼다.

1883년까지 매년 개최된 나라박람회는 매번 10만 명 이상의 관객을 동원하여 정부 주최의 박람회에 상업적, 관광적 대성공을 안겨 주었다. 나라박람회를 계기로 보물의 보존과 공예품 발전의 차원에서 쇼소인 보물의 복제품 제작 사업이 정부 주도로 본격적으로 실시되었고, 이때 제작된 복제품 일부는 1895년 설립된 나라 제국박물관의 컬렉션이 되었다.

**샤치호고** 金鯱, 물고기 모양의 괴수 ┃ 나고야성의 덴슈가쿠를 장식했다. 빈 만국박람회에 전시된 후 나고야성으로 반환되었는데, 1945년 미군의 공습으로 성과 함께 파괴되었다. 1959년 나고야성이 재건되며 샤치호고도 복원되어 오늘날 나고야의 심볼이 되었다. 사진 출처 : 위키피디아 재팬

**유시마박람회 기념사진** ┃ 뒤편에 샤치호고가 있다. 사진 앞줄 맨 가운데가 마치다 히사나리. 사진 출처 : 위키피디아 재팬

# 만국박람회 참가

; 쟈포니즘의 탄생

## 1867년 파리 만국박람회 : 쟈포니즘 <sup>Japonisme</sup> 의 탄생

만국박람회는 서구 국가들이 이룩한 근대 과학기술과 산업제품의 홍보 및 판로 개척의 장으로 1851년 세계 최초로 런던에서 개최되었다. 일본정부<sup>에도막부</sup>는 1855년 제2회 파리 만국박람회에 물품만 출품한데 이어 1862년 제3회 런던 만국박람회에 처음으로 사절단을 파견하여 박람회를 견학시켰고 제4회 파리 만국박람회에 처음 참가했다.

유신 직전인 1867년 프랑스 정부의 권유에 따라 에도막부가 참가한 파리 만국박람회에는 막부의 항의에도 불구하고 당시 도막운동을 주도하고 있었던 사츠마번<sup>薩摩藩</sup> 및 사가번<sup>佐賀藩</sup> 도 독자적으로 참가하여 막부와 경쟁했다. 이는 유신 직전 막부의 추락한 위신을 적나라하게 보여주는 사례였다.

막부는 파리 만국박람회에 에도막부의 15대이자 마지막 쇼군 도쿠가와 요시노부<sup>德川慶喜</sup> 의 동생 도쿠가와 아키다케<sup>德川昭武, 미토번水戶</sup> <sup>藩 마지막 번주</sup>를 단장으로 파견하면서 각 번<sup>藩</sup> 과 거상들로부터 수집한 800여 건을 출품했다. 주로 무기, 직물류, 도자기, 문구, 죽목동석<sup>竹木</sup> <sup>銅石</sup> 의 세공품 위주의 공예품이었다.

또한 출품물과는 별도로 막부는 일본 최초로 국가 원수 대행 자격으로 쇼군의 동생이 외국을 방문하는 만큼 유럽 왕족들에게 증정할 고가의 선물을 준비했다. 주로 도쿠가와 가문이 세습 가보 중에서 보

**1867년 파리박람회에 출품된 우키요에** ㅣ 세계적으로 유명한 가츠시카 호쿠사이葛飾北齋 의 〈붉은 후지산赤富士〉, 1830년대 초 작품. 판화의 초판은 프랑스 기메박물관 소장. 사진 출처 : 위키피디아 재팬

석으로 장식한 일본도, 마키에蒔繪, 칠공예품, 서화, 병풍, 도자기, 보석 등을 증정품으로 내놓았다. 파리박람회에 출품된 도자기, 칠기, 지류 등의 일본의 전통 공예품과 유럽 국가원수들에게 증정한 도쿠가와 가 문 전래의 보물은 대단한 호평을 받았다.

또한 1855년 파리박람회에서 알려지기 시작한 강렬한 원색의 일본 풍속화 우키요에浮世繪 가 1867년 파리 만국박람회에 정식으로 출품 되어 예기치 않게 폭발적인 인기를 끌었다. 1867년 파리에서 일으킨 일본 붐, 소위 자포니즘Japonism *은 미지의 국가 일본에 다대한 홍보 적 성과를 안겨 주었다. 일본은 이때를 기점으로 서구에서 일본에 대 한 호감이 중국을 앞섰다고 자처했다.

## 1873년 빈 만국박람회 : 신생 일본의 국제무대 데뷔

1867년 파리박람회에서 거둔 자포니즘의 큰 성과를 염두에 둔 유신 정부는 1873년 5월부터 6개월간 개최된 빈 박람회에서는 세계에 충분히 알려지지 않은 일본의 존재감을 터트리고 수출품 확대라는 실리를 챙긴다는 전략을 짰다. 이에 따라 이국적인 문화를 갈망하는 서구 국가들의 기호에 적극 영합하여 극히 일본적인 제품을 내보여 신비하고 독특한 문화의 나라라는 이미지 연출에 주력했다.

박람회장 옥외에는 신사와 도리이鳥居, 신사 입구에 세운 기둥 대문를 세우고 일본식 정원을 꾸몄다. 정원에는 일본식 다리를 놓고 다실을 설치하여 기모노 차림의 게이샤藝者로 하여금 접대케 했으며 전시장 입구에는 오리엔탈풍의 대형 전시물을 배치했다. 나고야성의 덴슈가쿠를 장식했던 거대한 순금 샤치호고와 가마쿠라 대불의 종이 모형 등 대형 전통미술품을 선보여 서양인들의 이국 취향과 오리엔탈리즘에 강렬하게 어필했다.

박람회의 일본 전시관에는 장래 수출 전망에 주안점을 두고 서구의 기계제품이 모방할 수 없는 정교한 수공예품 위주로 약 3,500여 점의 출품물이 전시되었는데 교토의 직물, 도쿄의 마키에蒔繪, 사가현佐賀県의 도자기와 칠보 등이 주요 품목이었다. 고미술품 분야에서

---

* 자포니즘의 시작은 1855년 파리 만국박람회에서 비롯된다. 당시 일본의 공예품을 포장할 때 완충제로 넣은 종이가 우키요에였는데, 정식 작품은 아니었지만 동양의 신기한 그림으로서 수집 대상이 되었다. 유럽의 보수적인 미술계에 강한 반감을 지니고 새로운 것에 목말라하던 인상파 화가들이 우키요에에 잠재되어 있는 매력을 찾아내어 널리 알린 것이 자포니즘 열풍의 도화선이 되었다.

는 도검, 무기, 복식, 악기류, 고가의 칠기류 등 200여 점이 전시되었고 미술공예 부문에서는 금박으로 장식된 화려한 병풍과 우끼요에 등 100여 점의 일본 전통화를 선보였다. 출품 목록에는 도다이지 쇼소인 正倉院 의 보물로 마구馬具, 신라금新羅琴, 고동경古銅鏡 등 십 수 점의 보물이 포함되었다.

일본이 출품한 공예품은 대단한 호평을 받았는데, 예술성보다는 기계가 따라갈 수 없는 섬세한 수공예적인 측면에서였다. 빈 만국박람회 종료 후 이러한 전통 수공예품은 기계공업이 발달하지 못했던 일본에서 수출산업을 견인하는 주력 상품으로 부상했다.

또한 병풍이나 장병화와 같이 뛰어난 장식 효과를 보이는 일본 전통화는 당시 순수회화와 장식예술의 통합 움직임이 일고 있던 유럽에서 상당한 찬사를 받았다. 강렬한 원색과 즉흥적 필선으로 파리박람회에서 자포니즘을 일으킨 우키요에는 빈 박람회에서도 호평을 받으며 새로운 표현 방식에 목말라 있던 유럽 화단에 자포니즘을 재현했다. 특히 우끼요에는 당시 파리에서 절정을 구가하던 인상주의의 일층 강렬한 모습으로서 일찍이 유럽 미술계에서는 볼 수 없는 이질적인 미학으로 유럽의 모던 예술가들의 주목을 받았고 일본미술이 중국 미술과는 다른 방식으로 존재함을 일깨웠다.

빈 만국박람회를 계기로 유신정부는 서구 국가들에 대해 일본이 과시할 수 있는 것은 고기물, 즉 문화재뿐이며 고기물의 보존은 국제사회에서 국가의 정체성과 경쟁력을 위해 필수적임을 절실히 깨닫게 되었다. 또한 국제사회에서 자랑할 만한 일본의 보물은 유럽 왕족들에게 증정하여 극찬을 받았던 사무라이의 상징 일본도와 마키에 등 '귀족들의 전세품', 쇼소인 보물과 같이 저명한 고사사 소장의 '희귀한 공예품', 그리고 금박 병풍이나 야마토에, 우키요에와 같은 화려한 '전통 미술품'의 삼종 세트이며 이들이 일본의 보물과 전통, 미를 상징하고 대표한다는 인식을 굳혔다.

## 이와쿠라 사절단의 빈 만국박람회 참관

빈 박람회에는 구미를 순방 중이던 유신정부의 고위인사 50여 명으로 구성된 이와쿠라 사절단岩倉使節團이 참관했다. 미국과 유럽 12국을 돌며 개국 시 구미국가들과 맺은 불평등조약 개정을 호소하는 일

**이와쿠라 사절단** ㅣ 중앙의 사절단 단장 외무경外務卿 겸 우대신右大臣 이와쿠라 도모미와 4명의 부사副使, 왼쪽부터 태정관 참의太政官 參議 기도 다카요시木戶孝允, 외무차관 야마구치 마스카山口尚芳, 공부대신 이토 히로부미伊藤博文, 내무대신 오쿠보 도시미치大久保利通 사진 출처 : 위키피디아 재팬

외에도 서구문물 중에서 곧바로 이식하거나 복제가 가능한 분야의 정보 수집을 위해 파견된 이와쿠라 사절단은 9세기 견당사遣唐使에 비견되는 일종의 '서구문명 탐색단'이었다.

　빈 박람회 현장에서 직접 각국의 문물을 참관했던 이와쿠라 사절단은 박람회를 국력 과시와 무역진흥의 수단으로 충분히 인식하게 되었다. 일본은 선진국의 막강한 공업기술에는 한참 뒤처졌지만 기계가 따라갈 수 없는 정교한 일본의 공예품은 세계 시장에서 경쟁력이 있다고 판단한 사절단은 귀국 후 일본의 전통 공예품의 복제품을 대대적으로 생산하여 산업과 수출을 진흥하고 일본의 문화를 대외적으로 과시한다는 정책에 박차를 가하게 된다.

## 식산흥업과 문화재
; 복제품 수출 주도의 식산흥업

빈 만국박람회가 종료되자 유신정부는 서구에서 인기 있는 일본의 골동품과 전통 공예품, 미술품을 견본으로 제작된 복제품의 생산과 수출을 장려하며 강력한 식산흥업 정책을 추진했다. 유신정부는 식산흥업 정책에 대한 국민적인 참여를 이끌어내기 위해 1877년 도쿄 우에노上野 공원에서 내국권업박람회內國勸業博覽會를 개최했다. 수출주도 복제품 견본이 되는 각종 골동품과 전통 미술공예품을 전시한 내국권업박람회는 고기물이 막연히 견식을 넓히고 역사를 고증할 뿐 아니라 식산흥업의 차원에서 실질적으로 중요함을 사회에 호소한 것이었다. 문명개화의 열풍이 폐불훼석을 초래했고, 폐불훼석에서 버려지던 구시대의 혐오스럽고 무용지물이었던 고물은 박람회, 박물관, 식산흥업으로 옮겨가며 문명개화의 필수품으로 사회적 사용가치를 획득한 것이다.

## 복제품 수출 주도의 식산흥업

빈 만국박람회가 개최되고 10년이 지나면서 정부의 복제품 수출 주도의 식산흥업 정책은 절정에 달했다. 미국과 유럽 소비자들의 취향에 영합하여 골동품을 모방한 공예품과 고서화, 우키요에를 모사한 복제품들이 대량생산되어 해외시장에 쏟아져 나왔다.

복제품이 쏟아질수록 일본의 진본 골동품 및 진본 일본화에 대한 국내외 수요는 증대했고 해외시장에서도 높은 인기를 누리며 고가로 판매되었다. 국영 수출회사와 골동상들이 나서서 폐불훼석으로 망가진 사찰과 몰락한 귀족가문에서 흘러나온 막대한 양의 골동품과 진본 고서화를 수집하여 국내외 시장으로 내보냈다. 당시 수십만 점의 고서화, 골동품이 수출되었다고 하는데, 고래로부터 일본에서 보존되어 왔던 조선의 고불상이나 불화, 도자기 등 조선의 고미술품도 이때 구미시장으로 다수 유출되었을 것으로 짐작된다. *

---

* 실제로 유럽에 소장된 한국문화재의 상당수가 1890년대 유럽에서 활동하던 일본인 골동품상을 통해 구입한 것으로 밝혀졌다. 정영목, 〈문화재에 관한 한일 간의 갈등〉, 서울대학교 법학연구소 《법학》 Vol 44, 2003

팔려나가는 전통 보물을 국가예산으로 매입할 수 없었던 일본정부는 골동품이 대량으로 수출되는 사태에 속수무책이었다. 이런 추세에 따라 일본 국내에서도 수집 붐이 일어났고 고가의 전통 공예품이나 불상, 불구와 고서화를 애호하는 수집가 층이 형성되기 시작했다. 폐불훼석의 반전이 10년이 지나 이루어진 것이다.

빈 만국박람회가 끝나고 수출산업에 매진하는 무렵부터 일본정부의 관심은 문화재 보호보다는 문화재 활용 쪽으로 기울어져 있었다. 중심 개념도 사료적 가치의 고기물에서 경제적 가치의 미술공예품으로 옮겨가며 식산흥업을 견인하는 개념으로 미술이 점차 중요도를 더해갔다.

# 미술의 부상

## – 국가적 대사업으로서의 미술

미적 감상을 위한 시각적 순수예술로서의 '미술美術, fine art'이라는 용어는 1872년 빈 만국박람회 출품물 분류에서 처음 일본에 소개된 용어였다. 그런 만큼 원래 일본에는 없던 개념이다. 만국박람회에서 일본의 그림과 공예품이 고평가되면서 일본정부는 본격적으로 미술 분야에 눈뜨며 미술에 대한 거국적인 지원에 나섰다.

### 서양미술의 약진과 일본 전통미술의 부상

1876년 복제품 생산에 종사하는 장인들의 기예를 지원하기 위해 공부성工部省 산하에 미술학교가 설립되어 이탈리아인 교수가 화학畫學과 조각술, 소묘술과 같은 서양미술을 교육했다. 이것은 일본의 수출산업을 위한 복제품 제작과 산업근대화에 필요한 기계설계, 디자인 제작에 절대적으로 필요한 기술교육이었고 핵심은 서양미술의 가장 큰 특징인 대상을 객관적으로 정확하게 묘사하는 기술이었다.

　서양미술의 객관적이고 정밀한 묘사 기술은 정치적, 문화적 차원에서 유신의 가시화 작업에도 유용했다. 유신의 국민적 지지를 위해 천황을 대중들에게 적극 어필하려는 유신정부는 천황의 초상화를 비롯하여 천황의 지방 순행을 그림으로 묘사하여 천황의 행사에 대한 국민들의 호응을 이끌어내고자 했다. 사진 같이 생생하고 사실적인 서양화를 통해 천황에 대한 홍보가 전개되고 서양화가 각광을 받게 되면서 일본인 서양화가들이 대거 진출했고, 서구적 묘사 기술의 개념으로서 '미술'이라는 용어가 일반화되었다. 이러한 사조에 맞추어 서양미술의 상대 개념으로 일본미술이라는 장르 또한 본격적으로 개발되기에 이른다.

## 일본 전통미술의 부상

골동품의 복제품 생산과 수출 위주의 식산흥업 정책을 주도하는 관료와 상공인들이 중심이 되어 과거의 보물로 오늘을 이롭게 한다는 고고이금考古利今의 기치 하에 고미술 동호회 용지회龍池會가 결성되었다. 이 모임은 정부의 식산흥업 정책을 지지하면서도 메이지정부의 지나친 서구화 시책을 우려하며 서양미술의 약진에 대항하여 전통미술의 수호를 목표로 하는 수구적 미술단체로서, 오늘날 일본미술협회日本美術協會의 전신이다. 이 모임은 유럽화를 지향하는 구화주의歐化主意에 대한 반동으로 일본 문화계가 국수주의적 방향으로 회귀하는 신호였다.

1880년 용지회는 정부의 후원 하에 우수한 고기물을 공예품 제작의 모범으로 참고할 수 있도록 '관고미술회觀古美術會'라는 고미술 전시회를 개최했다. 최초의 정부 주최 고미술 전람회였던 이 전시회에는 그간 공개된 적이 없었던 황실, 귀족 및 무가들의 최고 비장품 1,000여 점과 함께 이례적으로 고古 사찰에 소장된 불상이 출품되었다. 임신검사 때는 신앙의 대상으로서 공개가 적당치 않다 하여 조사 대상에서 제외되었지만 이번 전시회에서 불상은 미술의 한 분야인 조각 작품이라는 예술품으로서 출품된 것이다. 정부의 강력한 산업진흥 정책의 분위기에서 불상이 처음으로 고미술품으로 출현하여 미적 감상의 대상이 되었다.

출품물의 전시뿐만 아니라 평가도 실시했던 이 전시회는 귀족 소유 1,000여 점의 보물 중 400여 점을 우수품으로 선정하여 보물의 객관적 가치에 대한 사회적 인식을 환기시켰다. 그러나 명확한 평가 기준이 확립되지 않았던 만큼 귀족 소유의 보물과 사사의 저명한 불상과 불구 공예품이 우수품의 판정을 받았다. 이로써 귀중한 문화재의 판정 기준은 귀족가문과 고사찰 비장의 보물이며 국가 시책에 유익한 물품이라는 관념이 사회적으로 굳어지게 되었다.

## 어니스트 페놀로사, 오카쿠라 덴신, 구키 류이치의 등장

용지회는 일본 사회에 전통미술의 보호와 진흥을 강력히 촉구하기 위해 일본문화계의 유명인사였던 도쿄대학 초빙교수 미국인 어니스트 페놀로사Ernest Fenollosa를 초청했다. 페놀로사는 1882년에 호류지의 비불 구세관음상을 개봉한 인물로 유명하다.

도쿄대학에서 정치와 철학, 미학을 강의하며 독자적으로 일본미술을 연구하여 일본 전통미술에 대해 남다른 감식안을 구비했던 페놀로사는 일찌감치 일본 고대미술품의 탁월함에 주목했다. 무엇보다도 절대 정신의 창조물로서 예술을 논했던 헤겔학자 페놀로사는 중국미술과는 다른 일본 고대 불교미술품에 깃들인 정신성과 예술성을 높이 평가해 왔다.

1882년 페놀로사는 용지회 주최의 제3회 관고미술회에서 '미술진설美術眞說'이라는 제목의 강연을 했다. 이 강연에서 그는 일본의 고대 미술품이 보여주는 고도의 정신성을 강조하며 일본의 고대미술품은 객관적 사실성을 요소로 하는 서구의 고대미술을 능가하는 높은 수준임을 역설했다. 나아가 그는 일본인에 대해 서구 숭배 사상에서 탈피하고 일본 고미술을 보호할 것과 서양화나 중국의 문인화에서도 벗어나서 전통 일본미술로 회귀할 것을 촉구했다.

일본 고미술의 우수성과 보호 필요성이 일본인이 아닌 미국인에 의해 촉구되었던 점에서, 또한 서구에 필적하는 문화대국으로서 일본의 존재감을 깨우쳐 준 이 강연은 일본 지식층에 대단한 감명을 주었음은 물론이고 일본미술계에 뒤늦게 국수주의 바람을 몰고 왔다. 이로써 페놀로사는 일약 일본미술의 지도자로 부상했다.

페놀로사는 보스턴 출신으로 하버드대학에서 정치학과 철학을 전공하고 보스턴박물관 산하의 미술학교에서 서구 고대미술을 연구했다. 유럽을 방문한 적 없이 미국에서 사진이나 복제품으로 유럽의 고대미술을 단기간 연구했던 그가 유럽에 비교하여 일본의 고대미술을 상찬한 것이 타당한 것인지 다소 의심스럽다. 일본에 듣기 좋은 말을 한 것이라는 비판을 면치 못할 것이다.

그럼에도 서구숭배와 폐불훼석, 복제 골동품 범람으로 얼룩졌던 근대화 추진 시기 일본 전통 미술의 우수성과 그 보존의 필요성을 일본인들에게 깨우쳤던 그는 어느 일본인보다도 진정한 일본미술의 보호자이며 지도자로 일본사회에 깊이 각인되었다. 나아가 그는 우수한 일본 전통 미술품을 제대로 감정하고 평가하여 우수품에 대한 체계적 보존과 관리를 위한 미술박물관 설립을 제언했고, 유출되는 고미술품을 정부가 구입할 수 없는 경우에는 강력한 수출 금지 정책에 의해서라도 해외유출을 방지해야 할 것이라고 촉구했다.

1882년 페놀로사의 '미술진설' 강연은 또 다른 면에서 일본의 문화재 정책에 커다란 파급을 불러일으켰다. 그의 강연회에 참석했던 페놀로사의 통역이자 제자였던 19세의 도쿄대 학생 오카쿠라 덴신岡倉天心, 天心은 호이며 본명은 오카쿠라 가쿠조岡倉覺三, 후에 문부성 관료로 활약과 문부성차관 구키 류이치九鬼隆一는 페놀로사의 강연에 다대한 감명과 영감을 받았다. 이후 두 사람은 페놀로사의 강력한 영향 하에 1880~1890년대 일본의 문화재 정책을 주도하게 된다.

당시 구키 류이치는 '미술의 구키'로 불릴 만큼 관료로서는 이례적으로 고미술에 대한 높은 지식으로 문부성에서 문화행정 전권을 장악하고 있었는데, 구키의 뒤에는 메이지 원훈元勳이자 존황파의 수뇌인 이토 히로부미가 있었다. 1889년 선포되는 제국헌법을 준비하고 있었던 이토는 장차 일본의 헌정체제에서 천황의 역할과 대권 강화에 고심하며 일본의 문화계로 시선을 보내고 있던 중이었다.

이 무렵, 천박한 서구 숭배와 고미술품에 대한 복고적 애호, 골동품 모방 풍조에 대한 강력한 비판이 문부성을 중심으로 제기되고 있었다. 페놀로사에 전적으로 동조했던 구키와 오카쿠라 등 문부성 세력은 골동품 복제 생산을 주도하며 결과적으로 막심한 고미술품 유출 사태를 야기한 식산흥업 정책을 비난했다. 이들은 산업적 차원이 아닌 문화적 차원에서 우수한 전통예술품의 보존과 진흥 방안을 정부에 촉구했다.

구키 류이치 휘하에서 일본 문화예술계의 신진세력으로 성장한 오카쿠라 덴신은 전통미술의 보호와 진흥에서 한 발 더 나아가 국민의 정신을 담은 예술로서의 일본미술의 확립을 촉구했다. 그는 당시 일본미술계에서 입지를 구축해 나가고 있던 양화洋畫를 배척하는 동시에 중국풍의 문인화, 구태의연한 전통 일본화도 배격하고 일본을 대표할 새로운 일본미술의 창출과 이를 위한 새로운 미술교육을 강력히 주장했다. 일본정신을 표현하는 일본미술의 확립 주장은 헌법 제정을 앞두고 국민통합을 위한 천황의 존재와 역할을 부각시키려고 고심했던 존황파 세력의 호응을 얻었다.

❶ **어네스트 페놀로사** 1853~1908 ｜ 사진 출처 : 위키피디아 재팬
❷ **오카쿠라 덴신** 1862~1913 ｜ 사진 출처 : 위키피디아 재팬
❸ **구키 류이치** 1852~1931 ｜ 사진 출처 : 위키피디아 재팬

　그 결과 공부성 산하의 미술학교는 1883년 8년 만에 문을 닫고 덴신과 페놀로사의 주도로 1889년 설립된 도쿄미술학교<sup>오늘날 도쿄예술대학 미술부</sup>가 양화와 문인화를 제외하고 오직 일본화만을 교수하게 되었다. 일본의 전통 미술품이나 미술교육을 둘러싼 이 같은 갈등은 당시 메이지 일본에서 국가적 사업으로서 미술의 위상을 말해주는 것이다. 미술은 일본 산업을 견인하는 주요 동력이 되었지만 존황파 메이지 원훈들에게 보다 중요한 것은 미술이 대외적으로는 일본 황실의 찬란한 역사를 가시화할 주요 수단이며 대내적으로는 천황의 광휘 하에 국민적 단결을 이루는 수단으로서 국가적 대사업이었던 것이다.

## 일본미술의 국제화 시도

'미술'이란 용어는 1873년 빈 만국박람회의 출품작 분류 항목에서 일본에 처음 소개된 새로운 개념이다. 일본은 1867년 파리 만국박람회와 1873년 빈 만국박람회에 참가했지만 미술 부문에는 출품하지 않고 병풍, 야마토에 등 전통 그림을 공예품과 함께 공예 부문에 출품했다. 일본의 전통 회화인 후스마에襖繪, 장벽화障壁畵 나 병풍은 순수한 미적 감상을 위해 제작된 것이 아니라 실내 장식을 위한 실용적 목적으로 제작된 점에서 공예성을 띄고 있어 순수미술을 뜻하는 서구의 미술에는 포함되지 않았기 때문이다.

당시는 서구의 순수미술만이 미적 대상으로서의 '미술'로 공인되었기 때문에 만국박람회의 미술관은 서구국가들의 전유물이었다. 일본 미술을 국제적으로 부상시키려는 메이지정부의 치열한 노력에 따라 일본은 드디어 1893년 시카고 만국박람회에서 처음으로 미술관에 입성했다. 여기서 일본은 11세기 최대 귀족 후지와라씨가 교토에 세운 사찰인 뵤도인平等院 의 호오도鳳凰堂 를 복제한 가설 건축물을 일본관으로 세우고 순수미술로서 일본 전통회화와 조각 위주의 고대미술품을 진열했다. 이것은 공예품의 수출을 위해 미술공예품을 주로 진열했던 과거의 만국박람회의 일본관과는 크게 다른 모습이었다.

이를 위해 일본은 서구의 미술 개념에 따라 일본의 출품작을 재구성했다. 족자나 병풍에 그려진 그림을 액자에 넣어 표구하여 미적 대상의 감상용으로 보이게 했고 실용적인 금공, 칠, 염직, 자수와 같은 공예품을 액자에 넣거나 감상용의 받침대를 설치하여 감상을 위한 순수 시각적 예술품으로 전환함으로써 일본의 전통 회화와 공예품을 서구적 개념에 맞는 미술로 창출해 낸 것이다. 이후 일본에서 미술이란 서구 미술개념에 의거한 순수한 회화만을 지칭하고 공예품을 그 하위에 둔 개념으로 이해되고 있다.

## 일본문화재의 해외 유출

페놀로사가 일본 고미술품의 해외 유출에 대한 경각심을 불러일으킬 때 국보급 일본 고서화와 골동품을 대거 반출했던 주요 장본인들은 다름 아닌 페놀로사를 비롯해 일본정부의 초청으로 고액의 급료를 받으며 일본에 거주하던 구미학자들이었다. 특히 페놀로사는 일본정부의 위탁으로 일찍부터 고사사에 소장된 고미술을 실견하며 고미술품의 평가를 담당했다. 이런 기회를 이용하여 그는 자신의 주도 하에 최고로 평가된 국보급 미술품을 비밀리에 대거 수집하여 해외에 고가에 매각하면서도 일본정부에 대해서는 일본 고미술품의 강력한 수출 금지 정책을 제언했던 것이다.

페놀로사는 자신의 방대한 수집품을 미국에 매각하기에 앞서 일본정부에 대해 자신의 수집품 일본화 1,000점에 대해 56만 엔을 요구했다고 한다. 1878년 당시 6,000만 엔 정도의 일본정부 예산을 감안할 때 정부 예산의 1%에 육박하는 페놀로사의 수집품을 일본정부가 구입한다는 것은 불가능한 일이었다.

특히 페놀로사는 귀국 직전에 자신의 수집품을 보스턴박물관에 일괄 넘기고 곧바로 보스턴박물관의 동양부 미술부장으로 채용되었다. 마찬가지로 페놀로사와 한패였고 메이지시대 문화 정책의 핵심이었던 오카쿠라 덴신 역시 상당한 일본 고미술품을 보스턴박물관에 매각했으며, 이러한 공로로 후에는 보스턴박물관에서 중국, 일본미술품의 구입 담당 직책을 맡았다. 이런 사실을 볼 때 문화재를 다루는 이들의 윤리적 감각을 의심하지 않을 수 없다.

그러나 오늘날 대다수 일본인들은 덴신과 페놀로사 및 일본의 고미술품을 반출한 많은 일본정부 초빙 서구인들이 일본에서 파괴될 상황에 처한 수많은 일본의 골동품과 미술품을 구출했고, 더욱이 보스턴박물관에 소장시켜 일본의 문화를 세계에 홍보했다는 점에서 일본문화재의 은인으로 평가하고 있다. 이렇게 문화재의 반출에 대해 문화재의 구출과 홍보라는 긍정적 측면을 부각하는 일본의 입장은 문화재의 반환을 거부하는 일본의 공식 논리로 정착했다.

이들 외국인들이 방대한 양의 고급 일본 고미술품을 수집하여 반출할 수 있었던 배경은 당시 일본의 수집가이자 권력층이었던 관료들과 호상들이 과거 사무라이들이 애호했던 다도구나 문인화 이외의 고대의 미술품에는 무관심했던 점을 들 수 있을 것이다. 그러나 무엇보다 페놀로사는 일본의 고미술을 서구 고전 작품에 필적하는 것으로 높이 평가하여 미술을 통해 일본의 천황제를 홍보하려는 유신세력에 영합했고 서구화 풍조에서 사라지는 전통미술품과 공예품을 대량 수집하고 있었던 기업인 수집가들과도 이해관계를 함께 했다.

**오가타 고린**尾形光琳 **작, 마쓰시마즈 병풍**松島圖屛風 ㅣ 17세기 말. 페놀로사의 수집품 중에서 국보급 두루마리. 보스턴박물관 소장. 사진 출처 : 위키피디아 재팬

결론적으로 그는 일본사회 지도층에 탄탄한 커넥션을 구축하고 일본사회의 서양인에 대한 지나친 우호적 분위기를 한껏 이용한 것이다. 따라서 이 시기 일본문화재의 해외반출에는 서구인들의 예술품 수집과 반출을 음으로 양으로 도왔던 일본의 지도층이 깊이 개입했고 어쩌면 공범의 관계였던 것은 공공연한 비밀이었다.

# 서양인 컬렉터들

어니스트 페놀로사는 보스턴박물관에 기탁하는 조건으로 보스턴 대부호 찰스 웰드Charles Weld 에게 우키요에 중심의 일본화 1,000여 점을 28만 달러 당시 일화 56만 엔에 매각하고 보스턴박물관의 동양부장으로 채용되었다.

일본에서 고고학 발굴을 최초로 실시한 도쿄대학 미국인 동물학교수 에드워드 모스Edward Morse 는 방대한 일본 명품 도자기를 수집했다. 그의 수집품 도자기 5,000여 점이 10만 달러에 매각되어 보스턴박물관의 '모스 컬렉션'으로 남아 있다. 일본에 거주하며 처음 페놀로사를 일본에 불러들인 미국인 대부호 세균학자 윌리엄 비겔로William Bigelow 는 도검, 칠기류 등 전통공예품 약 5만여 점을 수집했다.

이들 3인의 수집가들은 일본에서 수집한 고미술품을 거의 대부분 보스턴박물관에 매각했는데 오늘날 보스턴박물관은 일본 다음으로 세계 최대의 일본문화재 소장처이다. 그밖에도 메이지정부의 지폐국 고문으로 초빙된 이탈리아 출신의 코소네Edoardo Chiossone 는 회화, 칠기, 도자기, 고분 출토품 등 총 15,000점을 수집하여 현재 제네바의 코소네 동양미술관에 소장되어 있다.

# | 3 |

# 일본 국립박물관의
# 설립과 종착점

빈 만국박람회를 계기로 국가의 전통 보물인 문화재의 중요성을 절감한 유신정부는 국민의 역사의식을 결집하고 국가의 정체성을 과시할 수단으로서 문화재의 보존과 전시를 위한 박물관 건립에 착수했다. 박물관은 또한 일본의 식산흥업을 진흥하고 일본문화를 홍보한다는 전략에서 수출품의 견본이 될 고물의 보존과 전시에도 필수적이었던 만큼 정부는 본격적으로 박물관 설립을 서둘렀다.

1873년 구미제국을 돌아보며 빈 만국박람회를 참관했던 이와쿠라 사절단은 일본이 열강의 반열에 들기 위해서는 국위를 상징하고 만세일계 황실의 존엄을 과시할 수 있도록 유럽 열강과 같이 웅장한 박물관을 건립해야 한다고 판단했다. 박물관 설립이 고도의 정치적 과제가 되어간 것이다.

# 일본 최초의 국립박물관

; 식산흥업을 위한 박물관, 궁내성의 개입

일본의 박물관 정책은 1872년 임신검사를 실시하며 고물보존을 위한 집고관集古館의 건설을 강력히 제언했던 박물관주의자 마치다 히사나리에서 시작되었지만 실제로는 박물관 건립은 문화재 보호의 차원이 아니라 식산흥업의 차원에서 실현되었다.

1872년 도쿄 유시마성당에서 개최된 박람회가 끝난 이듬해 박람회 상설 전시관으로 설치되었던 전시실이 문부성 산하의 박물관으로 개관했고, 임신검사를 주도한 마치다 히사나리가 초대 관장으로 임명되었다. 일본에서는 이 박물관을 일본 최초의 국립박물관이라고 하며 오늘날 도쿄국립박물관의 전신으로 소개하고 있지만 사실상 1872년의 박물관은 유시마박람회의 상품진열관이었을 뿐이다.* 엄밀히 말해 오늘날 도쿄국립박물관의 전신은 1875년 내무성 소속 박물관에서 출발하여 1881년 농상무성을 거쳐 1886년 궁내성 소속이 된 제국박물관이 황실에 헌정되어 탄생한 제실박물관이다.

## 박물관과 궁내성

1872년 유시마박람회의 전시실에 설립된 문부성 소관의 박물관은 빈 만국박람회 종료 이후 정부의 식산흥업 우선 정책에 따라 1875년 식

---

* 1872년 최초의 문부성 산하 박물관은 여러 단계를 거쳐 오늘날의 국립과학박물관이 되었다.

산홍업과 고사사 담당 부서인 내무성 소관으로 이관되었고, 1881년 에는 식산홍업 업무를 일원화하기 위해 설치된 농상무성으로 소속을 바꾸었다.

그러나 식산홍업을 주요 목적으로 설립된 박물관은 오래가지 못했다. 궁내성이 박물관 정책에 적극 개입한 것이다. 천황의 대권 강화를 도모하는 존황파들의 전위대로서 1869년 황실 재산 관리 등 황실 업무를 담당하기 위해 설치된 궁내성은 고물 보존이나 식산홍업의 측면보다는 일본의 국체가 되는 만세일계 황실의 영광과 존엄을 시각화하는 장치로서 박물관 설립 문제에 일찍부터 주목하고 있었다.

박물관 설립이 궤도에 오르면서 존황파 세력은 고래로부터 황실은 일본의 종교와 문화에 진력해 온 만큼 박물관은 황실에 소속되어야 한다는 생각을 공공연히 드러냈다. 1880년에는 유신의 원훈 오쿠마 시게노부大隈重信, 1838~1922가 내무성 박물관을 궁내성 소관으로 하여 장차 황실에 편입시키는 건의를 했다.[82]

박물관을 황실에 헌정하는 작업은 어물御物을 관리하는 궁내성이 담당했다. 이에 따라 존황파의 수뇌로서 총리이자 궁내성 대신을 겸하고 있던 이토 히로부미가 박물관 설립의 주도권을 쥐게 되었다. 아마도 이토 히로부미는 장차 설립될 박물관을 천황에게 헌정하는 지난한 일을 처리하기 위해 권력 집중이라는 비난에도 불구하고 총리로서 궁내성 대신을 겸직했을 것이다.

## 우에노 대박물관 건립과 궁내성 이관

존황파들은 1877년 제1회 내국권업박람회가 개최되었던 도쿄 우에노공원에 농상무성 소속 대박물관의 건립을 추진했다. 이들은 이 박물관이 장차 황실에 헌납될 계획임은 농상무성에 비밀로 하고 박물관 시설을 제2회 내국권업박람회의 시설로 사용한다는 명목으로 20만 엔의 예산을 확보해 주고 새로운 박물관 건축을 일사천리로 진행시켰다.

드디어 1882년 우에노 산기슭의 3만 평 부지에 내무성 고문 영국인 건축가 조시아 콘더Josiah Conder가 설계한 대박물관이 들어서고 여기에 농상무성 소속의 박물관이 옮겨왔다. 박물관은 1882년 3월 천황 부부가 참석한 가운데 성대하게 개관했고 마치다 히사나리가 관장으로 임명되었다. 통칭 우에노박물관으로 불렸던 이 박물관은 이름이 없었다. 장차 천황에게 헌정될 것을 예상하여 무관無冠의 박물관으로 남겨둔 것이다. 이것은 최초의 일본 국립박물관으로서 현재 도쿄국립박물관의 전신이다.

우에노박물관 개관 후 몇 달 만에 마치다 관장은 전격적으로 해임되고, 곧이어 후임의 농상무성 출신의 관장도 해임되며 박물관장 자리는 궁내성차관인 스기마고 시치로杉孫七郎에게 돌아갔다. 궁내성은 장차 제정될 헌법의 중심 가치가 되는 황실의 영광을 가시화할 박물관 설립과는 결이 다른 고물 보존 주장이나 식산흥업 세력을 박물관에서 몰아낸 것이다.

1884년 총리 이토는 궁내성 내에 황실 관련 일급 보물을 집적한 일종의 황실박물관으로서 도서료圖書寮를 설치했고, 1886년 3월 농상무성 소속 우에노박물관을 궁내성으로 이관한 다음 도서료에 소속시켰다. 이로써 국립박물관은 일단 정부 부처를 떠나 궁내성 소속이 되었다.

## 박물관과 천황
; 입헌제 하의 천황의 역할과 황실의 보물고로서 박물관

1880년대 일본은 헌법 제정을 목전에 두고 있었다. 근대국가의 증표인 입헌 정체는 메이지정부 최대 과제였던 불평등조약 개정을 위해서도 반드시 거쳐야 할 필수 절차였다. 헌법 제정 업무를 담당한 존황파의 수뇌 이토 히로부미는 입헌제 하에서 무용지물이 되어 민폐가 될지도 모를 천황의 장래를 염려하며 입헌제 하에서도 신성불가침한 천황의 절대적 권위에 대한 확고한 기반구축에 고심했다.

이토는 일본에서 전혀 미지의 제도인 헌법에 따른 정치를 시행하기 위해서는 서구의 기독교와 같은 강력한 사회통합의 중심가치가 필수적이나 종교의 역량이 부족한 일본에서는 만세일계 천황이야말로 일본제국의 정체성이며 사회통합의 궁극적인 힘이라고 주장했다1888년 6월 추밀원樞密院에서 헌법 기초의 기본 방침에 관한 이토 히루부미의 설명.[83] 존황파들은 황실이 고래로부터 일본의 종교와 학문, 예술의 진흥에 진력하면서 고대문화를 계승, 발전시킨 점을 강조하며 국민의 정신적 구심점이 되는 천황의 문화적 권위를 보여 줄 박물관의 설립과 입헌제 하의

천황의 역할을 연계시킨 것이다.

## 황실의 보물고로서 박물관

존황파들은 천황을 위한 박물관 설립을 추진하면서 이 기회에 황실의 기반 확립과 천황의 권한 및 독립성을 강화하기 위해 황실에 막대한 자산을 부여할 방안을 강구했다. 메이지 천황은 선대로부터 10만 엔의 상속을 받았다고 하는데, 이것은 당시 가장 가난한 다이묘의 재산에도 못 미치는 수준이었다. 빈곤한 천황가는 천황제의 약체화를 초래할 것이므로 존황파들은 황실의 재정적 기반을 확고히 하여 천황의 카리스마를 높일 방안 마련에 고심했다. 때마침 일본인들이 숭배하는 값비싼 보물을 다량 소장한 박물관 건립계획은 존황파들의 표적이 되었다.

존황파들은 또한 헌법 제정에 따라 국회 개원과 더불어 자유 민권운동이 격렬해질 경우, 황실 존립의 안전판으로 천황 독자의 친위대 운영을 예상하고 있었다. 친위대 운영에 필요한 풍부한 자금을 천황에게 안겨주기 위해서는 국회의 승인 없이 황실이 독자적으로 운영하는 황실의 보물고가 필요했다. 존황파들 간에는 일본 최고의 보물고인 박물관을 황실에 헌정하여 황실 재산으로 한다는 계획이 박물관 건립의 초기 단계에서부터 비밀리에 추진되었다.[84]

1890년에 제정된 헌법은 천황의 대권 강화를 위해 천황을 정부로부터 독립시키고 천황의 대권에는 의회가 관여할 수 없도록 했다. 이미 1885년 제정된 내각 제도에 따라 황실과 정부는 분리되었고, 궁내성 또한 내각의 밖에 위치하게 되어 궁내성 산하 박물관도 정부의 권한에서 벗어났다.

1890년 국회 개설과 헌법 발효 이전에 광대한 국유림과 정부 보유 주식 등 상당한 국유재산이 황실 재산으로 빼돌려졌고 그 이전, 1886년에는 박물관의 궁내성 이관과 함께 우에노 공원의 드넓은 부지도 궁내성으로 이전되어 황실의 재산이 되었다.1924년 우에노 공원은 도쿄시에 하사됨 메이지 초기의 황실 재산은 겨우 10만 엔이었고, 1877년에도 27만 엔 수준이었다고 하는데 1886년 궁내성에 박물관이 들어서고 나서 황실은 단박에 일본 제1의 자산가로 뛰어올랐다.[85] 이같이 막대한 재산을 황실에 몰아준 것은 황실을 위한 것뿐만이 아니라 부패한 원로정치가들의 정치자금이나 비자금을 황실에 묻어둔 것이기도 했다.[86]


## 제국박물관의 황실 헌정
; 제실박물관의 탄생

1890년의 헌법 공포를 앞두고 1889년 궁내성 도서료 박물관은 제국박물관으로 명칭이 바뀌었다. 총리 이토 히로부미는 당시 주미 전권공사로 재직 중이던 구키 류이치를 불러들여 제국박물관 총재로 임명했다.

1900년 황태자후에 다이쇼大正천황의 결혼을 경축하여 제국박물관은 황실에 헌상되어 이름을 '제실帝室 박물관'으로 바꾸었다. 어물御物, 황실 재산을 중점적으로 관리하게 될 '제실박물관'이라는 명칭은 황실의 권위와 위대함을 과시하는 한편 박물관이 국가의 것이 아니라 천황가의 개인 재산임을 명확하게 해주는 것이었다.[87]

## 황실의 문화재 독점

1872년 마치다 히사나리가 임신검사에서 개봉하여 1875년 나라박람회에서 사상 처음으로 일반에 공개되면서 일본인들을 열광시켰던 쇼소인의 보물은 국민적 보물이 되었다. 그런데 사사 업무를 담당한 내무성은 쇼소인의 보물은 국가의 보물이라는 이유로 1875년 쇼소인을 도다이지에서 내무성 소관의 박물관으로 이관했다.

궁내성 대신을 겸했던 총리 이토는 쇼소인 보물은 '전래의 어물御物, 황실 소유물'이라는 이유로 1885년 쇼소인의 보물을 전격적으로 궁내성으로 이관했다. 보물 중의 보물이자 최고의 국가 문화재로서 쇼소인 보물이 일거에 황실 소유가 되어 버린 것이다.

이에 앞서 1883년 궁내성은 쇼소인 보물의 관람을 제한하는 조치를 취했다. '세계 무비의 진보'라는 명성이 국제적으로도 자자하여 외국인의 관람 요청이 쇄도하고 있는 쇼소인의 보물을 보호한다는 명목으로 년 1회 거풍擧風 물건에 바람에 쐬는 일 기간에만 외국인의 관람을 허용한다는 폭량제曝涼制를 실시하면서 일본 국민의 관람도 폭량 기간 외에는 허용되지 않았다. 이같이 황실이 쇼소인을 소유하고 보물 공개를 엄격히 제한한 것은 일본 특유의 문화재 비장秘藏 관행이며 동시에 황실의 문화재 독점이라는 새로운 전통이 형성되는 계기가 되었다.

쇼소인 보물의 궁내성 이관과 함께 쇼소인 보물보다 약 1세기 앞선 호류지 보물 318점이 1만 엔의 하사금을 받고 황실에 헌납되었다. 이렇게 하여 1천수백 년 역사의 쇼소인 및 호류지의 비보는 황실의 개인재산, 즉 어물이 되었다. 최초의 국립박물관과 저명한 사찰의 비보가 황실에 헌납되면서부터 일본의 귀족들과 자산가들은 자신들의 소장품 중 최고 보물을 앞 다투어 황실에 헌납하는 새로운 풍조를 일으켰다. 고대 일본의 보물이 무덤에 부장되고, 사찰과 신사에 봉납되던 관행은 메이지시대에 황실에 헌납되는 관행으로 이행한 것이다.

제실박물관이 소장하는 보물에는 황실의 개인재산, 즉 본래 황실 소유였던 어물 외에도 쇼소인이나 호류지에서 이전된 보물, 귀족이나 구 번주들의 헌상품이나 제실박물관이 독자적으로 구입한 물품, 제실기예원帝室技藝院, 황실의 물품 제작을 위해 1890년 궁내성에 설치된 기구이 제작한 작품, 그리고 식민지와 점령지에서 일본 관리 및 군인들이 약탈한 외국의 재보가 대거 포함되었다.

제실박물관 소장 문화재의 일부는 황실 권위의 상징으로서 박물관에 대여하여 전시되기도 했지만 가치가 높은 보물은 어물로서 황실에 은닉되어 국민들의 시야로부터 차단되었다. 일반 국민을 배제하고 고급 문화재를 독점한 황실의 존엄을 한껏 과시하는 방법이었으나 또한 일본의 보물 비장 전통에 따른 보물의 황실 은닉이다.[88] 이같이 초창기 일본의 문화재는 소유 주체를 명확히 하도록 제실이라는 이름이 붙은 제실박물관에서 일본인들의 실제 역사와 문화와는 동떨어진 천황제의 시각화와 어물 중심의 전통 보물이 전시되도록 문화재 행정이 추진되었던 것이다.

## 3개의 제실박물관

1889년 제국박물관이 개관하면서 메이지정부는 문화재는 국가의 것, 국민의 것이라는 서구에서 빌려온 발상을 표면에 내세워 적어도 나라, 교토 등 긴키 지역의 고사사 소장 최상위급의 보물을 고사사에서 분리시켜 박물관에 보관, 전시한다는 명분으로 도쿄제국박물관의 분관으로 1895년 나라제국박물관과 1897년 교토제국박물관을 개관했다.1900년 모두 제실박물관으로 개칭.

이같이 설립된 3개 제실박물관의 지향점은, '나라는 유럽 문명의 시원인 그리스나 로마와 같이 일본의 역사와 문화의 출발점으로서, 일본의 화려한 국풍문화가 꽃피었던 교토는 파리와 같은 문화예술의 도시로서, 그리고 도쿄는 런던의 대영박물관이 상징하는 근대문명의 중심지'가 될 것이라는 야심찬 구상이었다.[89]

일견 제실 박물관의 출발은 박물관의 시대를 열었던 19세기 유럽의 뜨거웠던 민족주의와 치열한 학술, 문화적 분위기와 흡사해 보이지만 여기에는 근본적인 차이가 있다. 유럽에서는 근대국가 형성기에 구체제를 부정하며 왕실이 축적했던 보물 컬렉션이 해체되어 국민의 공유재산으로 박물관에 기증되어 국민들에게 공개됨으로써 국민의 문화재로서 국민의 공통 역사를 보여주며 국민통합을 이루었다.

반면에 일본에서는 쇼소인이나 호류지 사보와 같이 오랫동안 고사사에 전래된 고대문화재를 빼앗거나 귀족가문 전세의 미술 공예품을 헌납 받아서 제실박물관이 설립되었기에 과거 특권층이 축적했던 컬렉션은 국민의 공유재산이 되지 못하고 황실의 재산인 어물로 수렴되어 국민의 역사가 아닌 황실의 역사를 보여주며 천황 통치 하의 국민 통합을 이루는 수단이 된 것이다.

## 황실의 문화재 독점
; 미술박물관으로서의 제실박물관

1900년 황세자의 결혼을 경축하여 제국박물관이 황실에 헌정되어 탄생한 제실박물관에 일본 최초의 미술관으로서 효케이칸表慶館이 건설되었다개관은 1909년. 이로써 황실박물관은 본격적인 미술관으로

**영국인 콘도르가 설계한 제실박물관** ㅣ 1882년 개관했으나 1923년 관동대지진으로 파괴되어 1937년 콘크리트로 재건될 때까지 효케이칸에서 모든 전시가 이루어졌다. 사진 출처 : 위키피디아 재팬

❶ **효케이칸**表慶館 | 중요
문화재 사진 출처 : 위키피디아
재팬

❷ **1937년 재건된 오늘
날 도쿄국립박물관 건물** |
중요문화재. 여기에는 국보
89건, 중요문화재 48건 등
총 수 12만 건의 문화재와
이와는 별도로 국보 54건,
중요문화재 262건 등 총
2,651건의 기탁품이 수장되
어 있다. 사진 출처 : 위키피디
아 재팬

출범했다. 명칭은 박물관이지만 내용물로 본다면 미술관인 것이다.
어물을 중심에 두고 그 주위에 국가 보물들이 배치된 제실박물관의
실질적인 목적은 황실의 자산 축적이었지만 대외적으로 표방한 설립
의 기본취지는 '황실의 보호 하에 육성되어 온 일본미술을 국체의 정
화로서 세계에 과시하고 일본미술의 명품 걸작을 영원히 보존하는 동
양 고미술의 전당을 수립하기 위한 것'이라고 천명되었다.[90]

이같이 동양 고미술의 전당을 설립하겠다는 제실박물관의 기본 구
상은 미술관으로서의 박물관이며 소장품은 명품 걸작의 회화, 조각
등 미술품에 주안점을 두었다. 오늘날 일본에서는 종종 미술관이 박
물관의 동의어로 사용되고 있는데, 이는 일본 최초의 박물관으로서

제실박물관이 미술관적 박물관으로 출범한 것과 무관하지 않을 것이다. 제실박물관은 추밀원 고문관이 된 구키 류이치가 총재직을 맡고, 그 밑에는 구키의 멘토라 할 수 있는 오카쿠라 덴신과 어니스트 페놀로사가 각기 미술부장, 미술부 이사가 되었다.

오카쿠라 덴신은 1890년 제국박물관 발족 시 그가 창간한 미술잡지 〈국화國華〉 창간호 서두에서 '미술은 나라의 정화精華'라고 선언하며 미술의 위상을 국가와 결부시켰다. 일본의 국가 방향이 종래의 식산흥업에서 제국주의로 전환하면서 식산흥업이 중시했던 공예품을 제치고 만세일계 황국의 역사를 상징하는 미술품이 국체의 상징이된 것이다.

## 제실박물관의 소장품

제실박물관 개관 시 소장품은 약 10만 점 정도였고, 이중 미술품은 6천여 점에 불과해 미술박물관으로서 황실박물관의 소장품으로 내세우기에는 턱없이 부족했다. 소장품 대부분은 교육적 표본이나 에도시대의 본초학本草學, 약용의 천연물이나 1870년대 박람회 시대에 수집한 천산자료天産資料, 자연과학계통의 물건와 고분의 출토품 등 다양한 자료인데, 사실상 이런 것들이 국민들에게 인기 있는 품목이었다.

그러나 메이지정부는 이를 모두 배제하고 황실박물관의 소장품을 일본의 명품 고미술품으로 한정했다. 누가 제작했는지 모르는 정체불명의 고분시대 유물이나 중세 무사들의 다茶도구 애호품 및 에도시대 서민들의 물산회에서 축적된 천산자료보다는 고대 천황의 시대에 제작된 고미술품이야 말로 수천 년간 지속되어 온 일본 황실이 가꾸어 온 문화예술을 증명하는 황실에 어울리는 빛나는 자료라고 본 것이다. 이때 박물관 설립 구상 초기 일차적 수집 대상이었던 사료적 가치의 고기구물은 취사 선택되어 미술에 값하지 않는 것은 버리거나 무의미한 골동품으로 격하되었다.

제실박물관이 소장품을 사료적 가치보다 미술품에 역점을 두어 선정하고 미술박물관으로 출범한 것은 메이지시대의 시대정신에 따른 것이었다. 메이지시대의 천황불가침의 역사관에서는 현실의 역사를 보완하는 사료로서의 문화재는 종종 제실박물관과는 양립할 수 없는 것들이었다.[91] 미술박물관은 황실문화를 반영한다는 우미하고 화려한 일본의 전통미술품을 내세워 추한 황국역사의 현실로부터 국민들의 눈을 돌리게 하려는 것이기도 했다.

제실박물관은 일본미술에 자극을 주어 일본미술 탄생의 계기가 되는 중국과 한반도 고대 미술품을 초기 일본미술품으로 전시했다. 사실상 한반도와 중국에서 건너온 미술품을 제외하면 일본미술의 시작이라고 하는 초기 아스카시대의 미술품에 일본 작품은 존재하지 않는다 해도 과언이 아니다. 따라서 일본미술의 근원이 된다는 이유로 한반도에서 건너간 미술품을 일본의 미술로 간주하는 것은 한반도 문화재를 일본문화재로 바꿔치기하는 트릭이라 할 것이다.[92]

이러한 트릭에 맞추어 일본은 호류지와 같은 저명한 고사찰의 사보에 다량 포함된 중국과 조선의 고대미술품을 중국미술사나 조선미술사의 맥락이 아니라 일본미술사로 설명하는 반면, 중근세에 일본에

들여온 중국 미술품은 중국미술사의 맥락에서 설명하는 이중성을 보이고 있다. 반면에 일본은 중근세에 일본에 들어온 조선의 미술품에 대해서는 그 존재 자체를 인정하지 않는다. 대부분 왜구에 의한, 그리고 임진왜란에서의 약탈품이기 때문이다.

또한 미술공예 부분에서는 실크로드를 경유한 페르시아 등 중앙아시아, 인도, 중국, 한반도 제품이나 실크로드 경유 지역의 영향을 받은 공예품과 예술품을 전시하여 일본문화의 국제성을 과시했다. 이 모든 전시의 이면에는 서세동점의 여파로 일본에 문물을 전해 준 중동과 인도, 중국과 한반도가 모두 쇠락하여 이들 지역에서는 고대의 공예품, 특히 실크로드의 물품이 거의 남아 있지 않은 데 비추어 서구의 직접적인 침입을 받지 않고 근대화에 성공한 일본만이 동양미술의 정수를 모두 보존하고 있다는 점이 강조된 것이다. 이같이 동양미술의 명품을 온전히 보유한 일본이야말로 동양미술의 대표자이며 동양문화의 지도자이고, 나아가서 동양의 맹주라는 인식을 대내외에 심어주려는 것이었다.

# 일본문화재 제도의 완성

제국박물관을 미술 위주의 제실박물관으로 전환하는 업무를 앞두고 서구제국의 저명한 왕립박물관의 사례들을 세밀히 조사한 제국박물관 총재 구키 류이치는 제실박물관이 동양미술의 보고가 될 황실박물관으로서 부끄럽지 않을 미술 소장품을 대폭 정비하기 위해 전국적으로 대대적인 보물 조사를 건의하여 궁내성의 허락을 받고 보물 조사에 착수했다. 이 보물조사에서 찾아낸 수많은 문화재를 토대로 근대일본의 문화재 정책과 제도가 완결을 보게 된다.

## 대대적인 보물 수색
: 임시전국보물취조국 설치

제실박물관의 소장품 확충을 위해 전국적인 보물 수색을 담당할 기구로서 궁내성에 '임시전국보물취조국臨時全國寶物取調局'이 설치되었다. 위원장은 제국박물관 총장 구키 류이치가 맡고 위원에는 오카쿠라 덴신, 페놀로사가 포함되었다. 제실박물관을 개관했던 1900년은 파리 만국박람회가 개최된 해였다. 따라서 임시전국보물취조국이 실시한 전국적인 고미술품 조사는 오늘날 파리 만국박람회에 내보낼 출품물 준비의 일환으로 설명되기도 하지만 궁내성에서 이 조사를 주도한 근본적인 이유는 황실박물관 수장품을 늘리고 황실의 재산을 확보하는데 있었다는 것이 통설이다.[93]

## 일본문화재의 현주소
; 개인 소장자, 미술지상주의

1888~1897년 9년에 걸쳐 실질적인 조사는 7개월간 시행된 임시전국보물취조국의 보물 조사는 전국의 고사사와 귀족가문에 여전히 숨어있는 보물을 목표로 실시되었다. 보물 조사에는 때때로 신문기자, 외국특파원 등도 포함되어 숨겨진 보물이 나타날 때마다 언론에 대서특필되어 국민적 관심과 주목을 받았다.

조사단은 전국에서 21만 5천점의 보물을 찾아냈다. 조사단은 이들 보물을 하나하나 조사하여 아래 표와 같이 고문서, 회화, 조각, 미술공예, 필적 등 5개 분야로 나누어 이들 개개 품목에 등급을 매겼다. 특히 1897년 막판 조사에서는 오카쿠라 덴신, 페놀로사와 미국인 교수 비겔로가 주요 심판관이 되어 우등품 1천점을 대거 확정했다. 우등1~3등

## 임시 전국 보물처의 조사 결과 일람

| | | | 고문서 | 회화 | 조각 | 미술공예 | 필적 | 총합계 |
|---|---|---|---|---|---|---|---|---|
| 우등 | 1등 | 규범이 될 중요한 것 | 7 | 56 | 34 | 47 | 3 | 147 |
| | 2등 | 앞으로 규범이 될 것 | 3 | 163 | 108 | 39 | 10 | 323 |
| | 3등 | 중요한 것 | 16 | 497 | 386 | 171 | 44 | 1,114 |
| 소계 | | | 26 | 716 | 528 | 257 | 57 | 1,584 |
| 차 우등 | 4등 | 참고가 될 중요한 것 | 34 | 832 | 744 | 357 | 68 | 2,035 |
| | 5등 | 앞으로 참고가 될 것 | 81 | 1,781 | 1,412 | 944 | 159 | 4,377 |
| 소계 | | | 115 | 2,613 | 2,156 | 1,301 | 227 | 6,412 |
| 그 외 | 6~8등 | | 17,568 | 71,402 | 43,866 | 55,878 | 18,381 | 207,095 |
| 합계 | | | 17,709 | 74,731 | 46,550 | 57,436 | 18,665 | 215,091 |

가나가와현 불교문화연구소. 먼지투성이 책장에서. 제153회 〈고사, 고불의 책〉

급과 차우등4~5등급 6천여 점에 대해서는 황실 문장이 찍힌 감사증을 부여하고 등록시켰다.* 이들 보물은 훗날 일본 국보 미술품의 기반이 되었다.

## 일본 최고 문화재의 보유자 : 개인 소장자

임시전국보물취조국의 대대적인 보물 조사 결과, 국가 보물 중에서 최고의 보물은 대부분 고사사와 민간인 개인이 소장한 것으로 드러났는데, 이러한 상황은 오늘날 일본의 국가 지정 문화재의 80% 이상이

---

* 이 조사에서 특기할 점은 사츠마薩摩, 가고시마의 번주 시마즈島津 가문이 소장했던 조선의 서화 안견安堅의 〈몽유도원도 夢遊桃源圖〉 화권畵卷이 출현한 것이다. 사츠마번의 17대 번주 시마즈 요시히로島津義弘는 임진왜란 참전 무장이었다. 이 화권은 차우등5등, 미술의 참고가 되는 것으로 등록되어 1897년 감사증이 부여되었고 1939년 국보 지정을 받았고 현재는 중요문화재로 지정되어 있다.

개인소유라는 일본의 문화재 구조로 그대로 이어져 왔다.

이들 민간의 개인 수집가들은 대체로 폐불훼석에서 유출된 고사사 소장의 고기물을 무단으로 입수한 메이지정부 고위관료와 새로이 등장한 막강한 기업인 컬렉터였다. 이들 기업인 컬렉터들은 메이지정부의 식산흥업과 부국강병책에 기생했던 정상배들로, 일부는 일본의 군국주의를 뒷받침하는 전쟁 재벌로 성장했는데 이들을 중심으로 일본에서 보물 수집의 풍조가 널리 확산되었다.

이들은 보물의 가치를 인식했지만 이를 사회적으로 공유해야 한다는 생각은 없었다. 이들은 보물의 해외 유출에는 결사반대하면서도 자신들이 소장한 보물의 국보 지정과 박물관 전시를 거부했고, 거의 모든 보물을 비장하여 공개하지 않았으며 소수의 특권적 소장자들 사이에서 끼리끼리 전시하는 데 그쳤다. 개인소장자들의 이런 행태는 일본의 보물은 특권층 개인의 재보라는 종래의 사회적 통념을 여실히 반영한다.

## 일본의 보물 : 미술지상주의

전통미술품이 대거 수집된 임시전국보물취조국의 보물 조사에서 보물의 기준은 '미술의 모범과 역사의 자료'였다. 종래 보존해야 할 보물의 가치는 역사의 자료와 식산흥업의 견본이었지만 미술박물관으로서 황실박물관을 위한 보물 수집에서 보물의 기준은 '미술의 모범'이라는 새로운 가치가 더해진 것이다.

'미술의 모범'은 한 시대의 표준이 되는 미술을 지칭한 것으로 이해되는데,[94] 이는 미술을 시대정신으로 시각화한 것으로 본 헤겔철학자 페놀로사의 미술철학에서 빌려 온 개념으로 보인다. 객관적 사실주의가 아닌 창조적 이념과 사상이 표현된 예술을 상급의 예술로 간주했던 페놀로사의 감식과 평가에 추종했던 구키 류이치와 오카쿠라 덴신은 임시전국보물취조국의 보물 조사에서 고대 아스카, 나라시대의 불교예술품을 최고의 미술품으로 간주하여 대대적으로 등록했다.

임시전국보물취조국의 조사에서는 우등품 1,500여 점 중 회화와 조각 등 미술품이 2/3 이상이었다. 이를 두고 '일본의 문화재 보호가 역사 인식이 희박한 미술 지상주의로 흐르고 있음은 지금까지 이어지는 몰역사적인 일본문화재 정책의 특색'이라는 논평이 나온 바 있다.[95]

또한 보물 평가에는 서구인들이 깊이 관여하여 고대 미술품이 최상위의 미술로 평가되었다. 임시전국보물취조국이 설치된 1880~1890년대 당시 일본인 보물 컬렉터들은 명물 다기茶器를 최상의 보물로 인식한 반면 외국인들은 주로 고미술품과 회화를 최우등 보물로 간주했다. 이로 보아 임시전국보물취조국의 보물 조사에는 외국인의 시각이 우선적으로 반영되었음을 알 수 있다.

이제 미술은 일본의 국가적 보물, 즉 문화재 가치의 핵심요소가 되었고 미술품은 최고의 국가적 보물로 존재하게 되었다. 그러나 미술품이 최고의 문화재로 공인된 것은 국가권력을 배경으로 황국사관 학자, 관리들을 중심으로 확립된 인식이며 문화재의 가치에 관한 사회적 인식이 형성된 결과는 아닌 것이다.

## 보물 조사의 후속조치

; 일본 최초 문화재도록과 일본미술사 편찬, 문화재보호법 정비

1897년 종결된 임시전국보물취조국의 조사에서 나타난 20만 점의 보물은 일본의 문화재 정책의 굳건한 토대가 되었다. 세상에 알려지지 않고 파묻혀 있던 수많은 보물들이 그 실체를 드러냄으로써 수십만 점의 문화재 실물은 수많은 미술사가들을 교육시켰고 일본의 미술사와 문화사 탄생의 기반이 되었다. 임시전국보물취조국의 보물 조사는 과거 역사에서 이룩한 보물에 대한 국민들의 일체감을 강화했고, 엄청난 보물을 소장한 '보물의 나라' 일본에 대한 자부심을 고취시켰다. 정부는 후속조치로서 보물 조사에서 수집된 방대한 자료를 이용하여 일본 최초의 문화재 도록과 일본미술사를 편찬하고, 일련의 문화재 보호 법령을 정비했다.

### 보물의 복제

임시전국보물취조국의 보물 조사가 끝난 직후 오카쿠라 덴신은 제국박물관의 수장품을 보완하고 일본미술의 기원과 발전 전체 과정을 설명할 수 있는 미술품을 확보하여 제실박물관에 전시하기 위해 박물관으로 옮길 수 없는 대형 불상이나 퇴락한 미술품의 복제를 건의했다.

원래는 박물관 전시가 어려운 고사사의 저명한 비불 등 수백 점의 명작을 복제하려는 계획이었으나 막대한 예산이 확보되지 않아 1890~1897년에 걸쳐서 몇몇 고대 사찰의 불상과 불화 10여 점이 복

제되었다.* 여하튼 당시의 복제품 제작은 오늘날 도다이지와 같은 고사찰에 소장된 유서 깊은 불상들이 국보 문화재로서 계속 존재하게 된 점에서 중요한 작업이었음은 분명하다. 이같이 고사찰의 저명한 불상이나 조각품은 최근에도 계속 복제되어 전시되고 있다.

## 일본 최초의 문화재도록 편찬

임시전국보물취조국의 보물 조사가 종료된 후, 미술의 모범이 되는 우수품 1천여 점의 사진이 수록된 도록《신비타이칸眞美大觀》이 1899~1908년 총 20권으로 출간되었다. 이는 일본 최초의 문화재 도록으로 문화재의 본격적 시각화이며 대중화였고, 미술관의 선구적 형태로서 문화재를 미적으로 감상하는 방법이었다. 이 도록은 재벌들이 출자한 출판사인 심미서원審美書院에서 출판되었고 작품의 선정과 집필에는 관변학자들이 참여했다.

메이지시대의 주역들인 관, 학, 재계가 총출동하여 이루어낸 문화재 도록이라는 점에서 천황제 국가를 상징하는 미술을 통해 국민통합을 꾀했던 메이지시대 문화재 정책의 기념비적 출판물이다. 이 도록은 1900년 파리 만국박람회에 출품하여 1등상金牌을 수상함으로써 일본문화재의 세계적 홍보에도 크게 공헌했다.

---

* 나라시대 작품으로서 도다이지 삼월당東大寺 三月堂의 비불 집금강신執金剛神은 원래는 소상塑像이었으나 목상으로 복제되었고 역시 삼월당의 월광보살月光菩薩, 호류지 구면관음九面觀音, 고후쿠지興福寺의 무착상無着像, 인도 4세기 대승불교학자, 안라쿠쥬인安樂壽院의 불화 공작명왕상孔雀明王像, 제국박물관의 일자금륜상一字金輪像, 밀교의 비불 등이 복제되었다.

《신비타이칸》의 얼굴이라 할 제1권의 첫 작품은 토리불사가 제작한 호류지 금당 본존 동조석가여래삼존상이다. 정신적 기품이 넘치는 고대의 불교미술품을 집중 소개한 이 도록의 숨은 목적은 1870년대 국제사회에서 우키요에가 일으킨 자포니즘에서 비롯된 일본미술의 세계적인 인기를 일본의 고미술 분야로 유도하고 있는 점이라 할 것이다. 자포니즘이 상징하는 어딘가 천박하고 선정적인 일본미술의 이미지를 불식시키기 위한 시도로 이해되는 것이다.

## 일본미술사 편찬

임시전국보물취조국의 조사 결과를 토대로 최초의 일본미술사가 프랑스어로 발간되었다. 이는 일본 최초의 관제 미술사였다. 파리 만국박람회 출품을 위해 1900년에 화려한 도판을 실은 일본미술사의 프랑스어판 《Histoire de l'art du Japon》이 먼저 출간되었고, 이듬해 일본어 번역판 《일본제국미술약사日本帝国美術略史》가 출간되었음을 볼 때 일본 최초의 미술사는 일본 국민들을 위한 미술사라기보다는 서구를 향해 쏘아 올린 일본미술의 자화상이었다.

일본미술사는 원래 오카쿠라 덴신이 설립한 동경미술학교에서 덴신이 행한 일본미술사 강의록을 토대로 구상되었다. 비록 덴신에 의해 완결되지는 못했지만 기본적으로 덴신의 지론이 진하게 반영되었다. 우선 현란한 수식어를 총동원하여 일본미술을 찬양한 이 미술사는 일본미술의 기원을 풍광이 수려한 일본에서 태어나 태곳적부터 뛰어난 미적 감각을 지닌 천손의 후예인 야마토 민족에 두고 있다. 선주민과 도래인의 문화를 제거하고 가공의 천손민족을 등장시켜 일본미술사의 몰沒 역사성을 드러낸 것이다. 그 다음 미술사적 관점에서 시대 구분을 하고 각 작품을 각각의 시대정신에 따라 논한다. 이 같은 덴신의 문화사 시대 구분과 작품 평가는 오늘날에도 통용되는 일본미술사 서술의 전범이 되었다.

구체적으로는 불교를 수용한 스이코여왕 이전 시대고분시대의 미술은 일본 고유의 소박함으로 대표되지만, 아스카시대에 한반도를 경유하여 중국으로부터 불교가 전래되어 일본 독자의 예술이 탄생했다고 논한다. 이후 인도, 그리스풍 미술의 영향으로 나라시대 덴표天平 문화의 장려한 일본 조각이 탄생했고, 당나라의 강력한 영향으로 헤이안시대의 우미한 일본미술품이 탄생했다는 것이다. 무가시대는 송, 원나라 영향과 선문화의 확산으로 자각적이고 심미적인 일본문화가 형성되었으나 모모야마시대桃山, 오다 노부나가, 도요토미 히데요시 시대에는 통속적이고 화려한 분위기의 미술이, 에도시대에는 명나라 영향으로 문인화가 유행했다고 논한다.

결론적으로 덴신의 미술사는 한반도의 영향을 철저히 무시하면서 일본문화와 일본미술이 중국, 인도, 그리스 등 외래문화의 흡수와 모방으로 탄생했으나 일본인들의 강력한 수용력과 적응력으로 인해 외래적 영향을 체화하여 순수 일본적 미술이 탄생했다고 평가했다. 이러한 논조는 중국문화를 수용했으나 자기 것으로 체화하지 못했던 북방민족의 사라진 문화에 빗대어 타문화를 수용했으면서도 굳건하게 자신의 문화를 이루어낸 우수한 일본민족만이 서세동점 위기의 시대에 동양을 이끌어갈 저력이 있음을 암시한 것이라고 볼 수 있다.

## 문화재보호법의 정비

임시전국보물취조국의 조사 결과, 폐불훼석에서 회복되지 못하고 가일층 황폐해가는 전국 고사사와 그 안에 수장된 보물의 퇴락 실태가 확인되었다. 그 사이 일본의 근대화와 경제발전은 상당한 결실을 보았고 헌법 공포와 국회 개원으로 진전된 민권운동으로 지역의 문화재와 지역 아이덴티티에 대한 지역민들의 의식이 고조되었다. 청일전쟁 승리 이후 일본은 제국주의 열강으로서의 자부심에서 역대 황실과 귀족, 무사와 관련된 유적지는 국체의 연원으로서, 또한 황국 문화의 원천으로서 중요하므로 고사사에 준하여 국가 유적을 보존해야 한다는 국수주의가 팽배했다.

일본정부로서도 국제정세에 적극 대처하는 방편으로서 고강도의 민족주의를 육성하려는 열의도 있었던 만큼 차제에 철저한 문화재 보호와 제도화를 꾀했다. 이러한 분위기에서 전국의 고사사와 그 소장 보물, 국가 유적은 나라의 보물이라는 '국보國寶' 관념이 등장했고 문화재에 대한 사회적 의식이 높아졌다.

1897년 일본의 문화재보호법의 효시가 되는 '고사사보존법古社寺保存法'이 태어난 데 이어 1919년에는 사적명승 천연기념물보호법史蹟名勝天然記念物保存法이, 1929년에는 중요한 건조물이나 보물을 대상으로 '국보보존법'이 제정되었고, 1933년에는 중요미술품의 해외유출을 금지하는 '중요 미술품 등의 보존에 관한 법률'이 제정되었다. 이

로써 일본의 중요한 공적, 사적 모든 전통 유물을 문화재로 지정, 보
존하고 그 유출을 방지할 수 있는 문화재 보호법의 구조가 완성된 것
이다.

# | 5 |

# 이웃나라 문화재의
# 약탈과 활용

대대적인 전국 보물 조사에서 나타난 막대한 문화재를 해석하는 일본
정부의 주안점은 서구의 침략을 받지 않고 근대화에 성공한 일본은
동양의 오래된 문화와 동양문명의 진수를 보존 계승하여 독자적으로
문화를 발전시켜 온 동양문화의 대표자이자 지도자이며 맹주라는 주
장이다. 그러나 보물 조사가 끝나고 제실박물관이 개관할 즈음 동양
문명의 계승자로서 동양문화의 대표자라는 일본의 주장은 호언장담
으로 끝날 뿐 아니라 말 그대로 허언임이 분명해졌다.

10년에 걸친 전국적인 보물 조사 결과 막대한 보물이 수집되고 자
의적으로 해석되었음에도 불구하고 일본이 보유한 보물은 일본문화
의 독자성이나 동양문화의 패자임을 보여 주기에는 턱없이 빈약했던
것이다. 일본정부는 일본문화의 연원이 되는 한국과 중국에서 필요한
보물을 수단 방법을 가리지 않고 약탈하기로 방침을 세웠다. 당시 청

일, 러일 전쟁을 앞두고 조선과 중국에서 문화재 약탈의 호기를 보았던 것이다.

## 전시청국보물수집방법 戰時淸國寶物蒐集方法

청일전쟁을 앞둔 1894년 제실박물관 총장 구키 류이치는 '전시청국보물수집방법'이라는 문서를 육해군 고관에게 보내 전시 일본군의 보물 약탈을 당부했다. 군부에 보낸 이러한 문서는 군국주의가 위세를 떨치던 시기에 제실박물관 총재 자격이 아닌, 그보다는 윗선의 명령에 따라 작성된 것으로 봐야 할 것이다.

천황의 문화적 역할을 강조하며 제실박물관을 탄생시켰던 당시 총리로서 청일전쟁을 진두지휘했던 이토 히로부미의 은밀한 지령으로 작성된 전시문화재 약탈의 문서라고 봐야 할 것이다. 이는 임진왜란에서 도요토미 히데요시가 보물 약탈부대를 조직하여 출전 왜장들에게 철저한 보물 약탈을 명령했던 역사의 반복이었고, 14세기 왜구에서 시작된 일본의 뿌리 깊은 보물 약탈의 관행이라 할 것이다.

메이지시대에 문화재 수집과 보호가 일본의 국시였듯이 제국주의 시대에 이르러 문화재 약탈은 일본의 국시가 되었다 해도 과언이 아니다. 오늘날 일본문화재의 구조나 성격을 파악하기 위해서는 청일전쟁을 앞두고 아시아 인국의 문화재 약탈을 독려한 전시청국보물수집방법 문서를 자세히 들여다볼 필요가 있다. 이 문서의 내용은 이렇다.

…일본문화의 근저는 중국과 조선에 밀접한 관계를 가지고 있으며 일본 고유의 성질을 명백히 규명하기 위해서도(일본의 보물과 인접국의 보물을) 대조할 필요가 있으니 대륙 인방隣邦의 보물을 일본에 완벽하게 집적해야 한다. 그러므로 일체의 호기를 이용하여 인방의 유존품을 수집하는데, 전시 수집의 편의는 평시에 도저히 얻을 수 없는 명품을 얻는 것이며 평시에 비하여 극히 저렴한 가격으로 운송의 편리를 제공받는 데 있는 것이다. 전시에 명품을 수집하는 것은 전승의 명예와 함께 국위를 발휘하는 것이다. 보물의 수집은 육군대신, 또는 군사령관의 지휘에 따라야 하며 일본 도착 후에는 수집품 모두는 제실박물관의 소장품으로 한다.[96]

이 문서는 군사 작전의 일환으로 전시 문화재 약탈 범죄를 독려한 세계적으로 유례가 없는 희귀문서이다. 후술하겠지만 제2차 세계대전 중 연합국은 아국과 적국을 가리지 않고 참전국의 문화재 보호를 위해 정규군 안에 문화재 보호를 위한 특수 군부대MFAA : Monuments, Fine Arts and Archives Section를 설치했다. 이 같은 연합국의 전시 문화재 보호 정책과 비교할 때 동양에서 처음으로 문명개화를 이루고 근대화를 달성했다고 자부하는 일본의 전근대적이고 야만적인 민낯을 볼 수 있다.

일본의 역사학자 아라이 신이치荒井信一, 1926~2017는 구키가 이 같은 문서의 발신자임은 구키의 스승 후쿠자와 유키치가 아시아의 악우惡友를 버리고 일본 홀로 구미 선진국들 편에 서야 한다는 '탈아입구론脫亞入口論'과 상통하는 정신 상태로서 그 시대 일본 엘리트들의 저열한 문명관을 반영하는 것으로 비판하고 있다.[97] 이러한 일본의 저열하고 자기중심적 역사인식과 세계인식은 전후에도 크게 개선되지 않고 오늘날에도 여전한 듯하다.


## 일제의 조선문화재 약탈과 활용
; 식민지 고고학

당면한 청일전쟁과 향후 중국 침략을 예상하여 작성된 전시청국보물 수집방법은 실제로는 청일전쟁의 현장이었던 한반도에서 먼저 적용되었다. 그러나 이에 앞서 1875년의 영종도 포격사건과 불평등한 강화도조약으로 조선정부를 무력화시킨 일제가 파견한 일본인 군인, 관료, 학자들과 이들에 앞서거나 뒤서서 조선에 건너온 장사꾼, 무뢰한 등이 조선의 문화재를 광범위하게 약탈했다.

일제의 한반도 문화재 약탈의 주안점은 일본의 기원을 밝혀 주고 고대 일본의 한반도 지배를 뒷받침해 줄 유물의 확보였고, 이와 함께 식민지 조선과 열등한 조선인에 대한 철저한 지배를 위한 기초자료의 수집이 대전제였으며, 그 다음에는 돈이 되는 것은 무엇이든지 약탈하고, 약탈물 중에서 귀중한 것은 천황의 제실박물관에 헌상한다는 것이 한반도 문화재 수집에 임하는 일본인들의 기본적 자세였다.

이러한 구상에 맞추어 오토리 게이스케大鳥圭介 조선 주재 일본공사는 1894년 경복궁을 약탈하여 조선왕실의 보물을 일본으로 실어갔으며 통감부, 총독부 시대에는 조선의 가장 귀중한 보물인 규장각 도서와 조선실록이 무단 반출되어 제실박물관과 궁내성에 소장되었다. 이를 전후하여 조선에 건너온 학자들과 도굴꾼들이 개성과 평양 일대, 그리고 가야, 신라, 백제의 고지에서 왕릉과 고분을 도굴하거나 발굴해서 출토된 중요한 유물을 모조리 일본으로 반출했고 그 중 최고 보물은 제실박물관에 헌납되었다.

다른 한편 일제는 출토품의 일부를 총독부가 세운 조선의 박물관조선왕실 박물관, 총독부박물관에 전시하고 황국사관에 따라 해석하여 식민사관을 조장했다.

또한 실현되지 못해 잘 알려지지는 않았지만, 총독부는 천황에 대한 가장 생색나는 보물 헌정으로서 조선의 정궁正宮 창덕궁을 다이쇼천황의 이궁으로 황실에 헌납하려는 계획도 세운 바 있었다.[98]

## 그 땅의 것은 그 땅에*

한반도 유적지 발굴과 이왕가李王家 및 총독부 박물관을 운영하면서 본격적인 식민지 문화재 행정에 돌입한 총독부는 1916년 고적 유물 보존 규칙을 발포하여 조선 문화재의 불법 반출을 법으로 금지했다. 조선의 개항 이래 한반도 문화재의 무단 반출을 일삼았던 일제의 문화재 정책이 180도 전환한 것이다. 이러한 정책의 급선회를 가져온 배경에 일본의 역사학자 구로이타 가쓰미黑板勝美, 1874~1946 가 등

---

* 이 부분은 이성시, 〈구로이타 가쓰미를 통해 본 식민지와 역사학〉, 《만들어진 고대》삼인, 2001 에서 주로 참고했음을 밝힌다.

장한다.

도쿄제국대학의 역사학 교수였던 구로이타는 서구의 실증주의 사학을 본받아 일본의 사료학을 정립하여 일본의 근대사학을 구축한 학자로서 그는 또한 천황 관련 유물, 유적을 중심으로 일본의 문화재 정책을 지도했던 전형적인 황국사관 학자였다. 구로이타는 1908~1910년 유럽을 방문한 기회에 그리스, 이집트, 동남아 등지에서 유럽 국가들의 식민지 문화행정을 학습했다. 유럽 열강이 식민지의 유적과 유물을 발굴하고 현지에 전시하여 현지인들을 교육시킴으로써 현실보다 찬란했던 식민지의 과거에 대한 지배와 소유를 확고히 하고 있음을 인식한 그는 '식민지 고고학'이 현실의 식민지 통치보다 더 훌륭하게 정치, 외교, 문화적으로 식민 통치를 수행하고 있음에 깊은 감명을 받았다.

때마침 구로이타는 조선총독부가 기획한 《조선사朝鮮史》 간행 사업에 초빙되어 조선총독부에 합류했다. 당시 조선총독이었던 육군대장 데라우치 마사타케寺內正毅는 중국 침략의 거점으로서 한반도 지배에 집착했다. 그는 한반도에 대한 일제의 확고한 지배를 위해서는 한국인의 민족의식과 독립정신을 부정하는 '준거할 만한' 역사서 편찬이 필수적이라고 보았다.

구로이타는 총독부의 조선사 편찬에 고고학상의 근거를 제공하기 위해 조선의 고적 조사와 보존 사업에 심혈을 기울였다. 그의 주도로 1916년 조선의 유물을 현지에서 보존한다는 〈고적 유물 보존 규칙〉이 제정되었다. '그 땅의 것은 그 땅에'라는 현지주의 원칙에 따른 유럽 제국들의 식민지 고고학에서 영감을 받아 제정된 이 법에 따라 일제가 조사, 발굴한 조선의 고대 유물은 일본에 반출되지 않고 조선의 박물관에 전시되었다.

한편 총독부는 평양 부근에서 출토되었다는 이른바 낙랑 유물과 옛 가야 지역에서 출토된 약간의 일본식 토기를 박물관에 전시하고 중국의 식민지였던 한반도 북부의 한사군 지역에서 한반도 문명이 개시했고 남부 가야 지역은 고대에도 일본의 식민지였다는 물증으로 제시했다. 이렇게 한반도의 타율적, 정체적 역사를 시각화하도록 전시된 유물들은 조선의 지식인들에게 자치 능력의 결여를 절실히 깨닫게 함으로써 식민통치에 순응하는 효과를 가져왔다. 그렇기에 식민지 유물은 반출하지 말고 현지에 있어야만 했던 것이다.[99]

구로이타가 심혈을 기울여 조사 발굴하여 해석하고 전시한 조선 전역의 유적과 유물1921년, 384건의 유물, 유적 등록을 기반으로 1924~1936년에 걸쳐 총독부 중점 사업으로 35권에 달하는 《조선사》 35권이 편찬되었다.

구로이타의 학문적 신념이자 수법으로서 식민지 고고학은 식민지 조선에 이어 일본에도 적용되었다. 구로이타의 주도로 제정된 1919년 '사적명승 천연기념물법史蹟名勝天然記念物法'을 필두로 일본의 문화재보호법이 정비되고 문화재 행정이 시행됨에 따라 조선의 유물과 마찬가지로 일본의 유물 역시 자의적으로 해석되어 전시되었다.

추악한 제국의 현실을 은폐하는 방편으로 천손강림의 찬란한 만세일계 천황제와 같은 날조된 과거의 시간과 공간에 대한 기억과 찬양이 제창되었고, 황국사관에 따라 정비되고 날조된 고대의 유물, 유적에 근거한 역사책으로 일본인들 또한 교육되고 교화되었던 것이다. 구로이타가 목표로 삼은 준거할 만한 조선사의 편수는 '준거할 만한' 일본사의 편수이기도 했던 것이다. 구로이타의 조선에서의 행적을 고찰해 온 이성시 와세다대학 교수는 일제의 식민지시대 역사학의 검증은 현재 일본 역사학의 존재 그 자체를 문제 삼는 것과 같다는 결론을 내놓았다.[100]

## 일제의 중국문화재 수집과 약탈

전시 문화재 약탈을 촉구하는 '전시청국보물수집방법戰時淸國寶物蒐集方法'은 동양문명의 대표자가 되기 위해서 중국의 예술품을 철저히 일본에 수장시켜야 한다고 주장했던 메이지시대 학자들에게서 그 실천적 선구를 볼 수 있다.

일본이 수장한 보물만으로는 일본문화의 독자성을 밝히고 동양문화의 맹주를 자처하기에는 미흡했던 일제는 중국이 몰락하는 차제에 일본문화의 근원이 되는 중국문화에서 파생된 유물 전반을 중국에 대신하여 일본에 소장해야 할 의무가 있다고 주장하며 중국문화재 약탈의 호기를 노렸다.

당시는 허물어져가는 청조淸朝에서 질적, 양적으로 막중한 중국의 서화 고물이 국제시장에 쏟아져 나오며 구미제국들이 중국의 알짜 보물을 대거 취득함으로써 서구국가들이 보유한 중국문화재의 양적, 질적 수준은 일본을 능가하고 있었다. 이런 상황에서 일제는 수단 방법을 가리지 않고 중국문화재의 수집과 약탈에 나섰다.

## 일본의 중국 정통 서화미술품 수집

1910년 신해혁명辛亥革命으로 청조가 붕괴되며 청나라 왕실과 귀족들이 소유한 중국문화재가 대거 유출되는 사태가 벌어졌다. 중국 사태를 주시하며 기회를 노리고 있던 일본정부와 학자, 재벌들은 중국이 당면한 국가위기 사태를 호기로 삼아 중국의 보물을 일본에 반입하기 위해 조직적으로 행동에 나섰다.

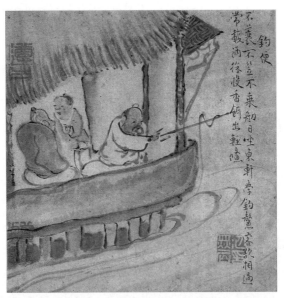

요사부손與謝蕪村, 1716~1784의 《십의도十宜圖, 10가지 좋은 일》 중의 낚시釣便圖 | 국보. 대표적 일본 문인화 난가. 가와바타 야스나리 기념관川端康成記念館 소장. 사진 출처 : 위키피디아 재팬

일본정부는 1910년 교토제국대학의 저명한 중국학자 나이토 코난 內藤湖南, 1866~1934 을 급파했다. 코난은 북경의 중국 소장가들을 방문해서 명청明淸 시대의 정통 문인화 진품을 실견했다. 놀랍게도 일본의 중세와 에도시대에 대거 축적된 중국 서화는 대개는 복제품들이고 진품이라 해도 대체로 송원宋元 시대의 작자 미상 작품들이거나 명청시대의 비주류 작품들이었다. 일본에는 그들이 동경해 마지않았던 정통 중국 문인화로서 남종화南宗畵, 文人畵 는 물론 제대로 된 북종화北宗畵, 畵工畵 조차도 없었다.[101]

**다카미 센세키 초상화**鷹見泉石像 | 국보. 에도시대 난학자蘭學者 다카미 센세키의 53세 때 초상화. 와타나베 카잔渡邊崋山 의 1837년 작. 일본 근세 문인화의 최고 걸작품이라 불린다. 도쿄국립박물관 소장. 사진 출처 : 위키피디아 재팬

메이지 중기 일본에서 문화 정책을 주도했던 오카쿠라 덴신은 망해가는 중국에 대한 부정적인 인식을 바탕으로 중국의 문인화를 낮게 평가하며 일본문화의 뿌리가 중국이라는 통념을 거부하고 동양을 대표하는 미술로 니혼가日本畵 의 정립을 시도했다. 반면에 나이토 코난은 중국의 현실과 중국 고전에 대한 평가를 분리하여 중국 정통 서화에 대한 긍정적이고 높은 평가를 유도했다.

코난은 일본적 회화<sub>야마토에</sub>, 일본의 문인화로서 난가南畵 와 중국 문인화의 유사성을 강조하며 중국 회화사를 관통하는 중국 문인화의 역사성 속에서 일본미술의 기원을 확실히 하고자 했다. 일본의 문인화를 오랜 전통의 중국 문인화에 포함시켜 동아시아 공통의 문화유산으로 유도하고자 한 것이다. 나이토 코난을 위시한 일본의 학자, 예술인들은 일본적 특색이 강한 일본의 문인화도 변방의 문인화가 아닌 정통 문인화의 범주에 넣고, 오히려 중국화를 넘어선 문인화라는 뜻으로 '신남화新南畵'라고 칭했다.[102]

이들은 동양의 문화적 정체성을 보여주는 문인화를 통한 동양의 문화적 연대를 부르짖으며 동양의 문화재는 동양에 남아 있어야 하며 중국문화를 가장 잘 이해하는 동양문명의 대표자인 일본에 남아야 한다는 '중화적 가치관'이라는 논리로 중국 측 소장자들을 설득했다. 정부, 재벌, 학자들이 일치단결하여 기민하게 움직인 결과 일본은 이 시기 수와 양에서뿐만 아니라 다양한 양식의 중국화 최고의 명품 컬렉션 수천 점을 입수하여 오늘날 중국미술의 걸작 정품은 중국보다 일본에 더 많이 존재하게 되었다.

## 일본의 중국 침략과 중국문화재 약탈

청일전쟁 승리 후 중국 멸시를 공공연히 드러낸 일본은 서구 열강들의 중국 침략에 본격적으로 가세하여 중국문화재 약탈에 나섰다. 1901년 의화단사건에서 서구 7개국에 합세하여 1년 이상 북경을 점령한 일본은 자금성紫禁城, 이화원頤和園 등 북경의 주요 궁궐에서 고대 보물을 대량으로 약탈했다. 1911년에는 서구 열강들의 서역 탐험대를 본받아 오타니 고즈이大谷光瑞 탐험대가 둔황의 예술품을 대량 뜯어왔다.

일제는 신해혁명으로 쫓겨난 청조 마지막 황제 선통제宣統帝, 賻儀를 일본의 괴뢰국가 만주국 황제로 세워 그가 상속받은 청나라 황실 보물을 대거 입수했다. 일제는 또한 중국 군벌들이 도굴한 청조 능묘 부장품을 독점 매입하고 대량 복제하여 국제 골동품시장에서 처분하여 군비에 충당했다.

1931년 만주를 침공하여 1932년 괴뢰국 만주국을 세운 일제는 1937년 북경에서 노구교蘆溝橋 사건을 조작하여 전면적인 중일전쟁을 도발하고 북경과 남경을 공격했다. 점령지가 크게 확대되자 일제는 무력 공격보다는 문화공작을 중시하고 차제에 점령지 내에서 중국문화재를 최대한 탈취하고자 했다. 1938년 일본군은 난징南京 점령 1개월 동안 남경의 도서관, 대학, 연구소, 박물관을 샅샅이 뒤져 막대한 문화재를 접수하거나 약탈하여 중요한 물품은 일본으로 반출했다.

일제의 학자들은 군대의 엄호를 받으며 구석기시대 주구점周口店 유적, 청동기시대 은허殷墟 유적, 5~6세기 운강雲崗 석굴과 용문龍門 석굴, 낙양의 당나라 고분 등 점령지의 유서 깊은 유적지를 무단 발굴하여 출토품은 대부분 일본으로 반출했다. 그 결과 오늘날 일본은 중국 고대 청동기, 갑골문자 소장처로 세계 최고가 되었다.

일제는 중국 침략에 이어 동남아 인도네시아, 필리핀, 말레이시아 등 점령지에서도 박물관, 술탄의 저택 등을 약탈하여 보물과 표본 등 학술 자료를 일본에 반출했고, 그 중 중요한 것은 황실에 헌납되었다. 일제의 아시아, 태평양 침략 전쟁은 전쟁물자와 문화재를 탈취한 약탈전쟁에 다름 아니었다.

## 황군의 미거 : 문화재 용어의 탄생

1939년 일제는 친일 괴뢰정부 왕조명汪兆銘 정권의 1주기를 축하하며 점령지에서 약탈했거나 접수했던 중국의 문화재 일부를 괴뢰 정부에 인도했다.* 이를 두고 일제는 그간 전쟁 중 유실된 중국의 문화재를 일본군이 구출하여 보호해 오다 중국인들에게 반환한 것이라고 생색을 냈지만, 실상은 일본군이 점령지에서 약탈한 문화재 일부를 반환함으로써 중국 침략과 난징 학살과 같은 일제의 만행을 호도하려는 속셈이었다.

일제는 괴뢰정권에 대한 이 같은 문화재 반환을 선전하여 무정부 상태의 중국에서 중국인 폭도들에 의한 문화재 약탈을 일본군이 방지하고 중국문화재를 보호했다고 대대적으로 선전했다. 1941년 3월 28일자 〈도쿄아사히신문東京朝日新聞〉은 아래와 같은 기사를 내보냈다.

일중전쟁의 전화戰禍에 처한 중국의 문화재를 동양문화 보전의 견지에서 일본군이 결사적으로 보호하여 중국에 반환했다. 이는 세계 전사에 유례

---

* 후에 복본複本의 분사分賜라는 이름으로 다시 돌려받았다.

가 없는 황군의 미거美擧가 아닐 수 없다.

이러한 믿거나 말거나 식의 황당한 보도에서 주목할 점은 이때 '문화재文化財'라는 용어가 일본 언론에 처음 등장했다는 점이다. 일제는 중국 침략에서 경험한 중국의 어마어마한 문화재 양에 충격을 받았으며, 문화유산을 칭하는 중국어 '문물文物'에 대응하는 개념으로서 '문화재'라는 용어를 만들어 일본 언론을 통해 유포하기 시작했다는 것이다.[103]

# | 6 |

# 전시 일본문화재의 소개

1931년 만주 침략에 이어 1937년 중국에 대한 전면전을 도발하고 전투지와 점령지에서 대대적인 문화재 약탈을 자행하던 일본은 1941년 8월부터 돌연 자국의 문화재 피난을 준비하기 시작했다. 이때는 진주만 침공1941년 12월 이전이지만 일제는 중국 침략 무렵부터 미국과의 전쟁을 염두에 두고 자국 보물의 안전 조치를 강구하고 있었던 것이다.

일본정부는 1941년 8월부터 제실박물관의 최고 보물을 지방과 산간의 사찰에 분산 피신시켰고, 1944~1945년 도쿄가 공습에 처하자 도쿄 제실박물관이 폐관되며 총 6만여 점의 보물이 전국의 산간, 도서 지역으로 분산 대피되었다. 1944년부터 고후쿠지興福寺, 도다이지, 고류지 등의 저명한 국보 불상들이 패전 초기까지 깊은 산간 지역으로 피신되었다. 불상은 이동 중의 진동을 방지하기 위해 죄수들을 동원하여 한 점 한 점 가마에 태워 소개疏開 시키고 귀환시켰다고 한다. 당시 일본에서는 항간에 미일전쟁이 일어난다면 역사가 일천한 미국은 당연히 일본의 문화재를 탐낼 것이라는 우려가 만연했던 것이다.

이들 소개된 문화재는 전후 모두 무사히 귀환했다. 당시 일본에는 1929년 국보법에 의거하여 지정된 국보 및 중요 미술품이 15,000점이 있었으나 그중 폭격으로 소실된 문화재는 대부분 이동이 불가능한 건조물 100여 건뿐이었다. 국보급 문화재 대부분은 지역 주민들에 의해 소개되고 반환되었으며 문화재의 도난이나 파괴는 한 점도 없이 전국적으로 질서정연하게 피신되고 반환되었다 한다.

일본의 최고 보물인 삼종신기의 전시 보호 대책은 어떠했을까? 일본정부는 미군의 본토 상륙에 대비하여 쇼와천황昭和天皇, 1901~1989 의 명으로 이세신궁과 아츠다신궁에 보존된 경鏡 과 검劍 을 인근의 산속으로 소개시키려고 운반 상자를 제작했다고 한다.

그런데 일본의 항복은 삼종신기의 보호를 위해서였다는 주장이 천황으로부터 나왔다. 쇼와천황은 전쟁 말기, 미군이 이세만伊勢灣 에 상륙하여 이세신궁과 아츠다신궁에 침입하고 신기를 접수할 것을 우려하여 국체 보존을 위해 일신을 희생하더라도 강화하지 않으면 안 될 것이라는 생각에 도달했다는 회고록을 남겼다.[104]

이러한 쇼와의 회고록昭和天皇獨白錄 은 제2차 세계대전 전범 재판에 대한 준비의 필요성에서 쇼와천황이 제2차 세계대전의 원인, 과정, 결과에 관한 회고를 시종들에게 구술시킨 것인데, 구술에 관여했던 5인의 시종 중 기노시타 미치오木下道雄의 유품 중에서 구술 원고가 1990년 발견되어 전체가 보도되고 출판되었다.

# 4장

## 오늘날 일본의 문화재, 문화유산

# 패전과 문화재

1945년 8월, 제2차 세계대전에서 패망하여 미국의 단독 지배를 받게 된 일본은 사상 처음으로 전 국토가 외국 군대의 점령 하에 놓이게 됨으로써 전승국이 부과하는 점령통치의 신질서를 받아들여야 했다. 여기에서 '전전戰前', '전후戰後'라는 일본의 역사 및 시대 구분이 태어났다.

## 미국의 점령 통치와 일본문화재 처리*
; 도쿄 GHQ의 모뉴먼트 맨

1945년 10월 2일 연합군 최고사령관 더글러스 맥아더 원수는 도쿄

---

* 이 부분은 모리모토 가즈오森本和男, 《문화재의 사회사文化財の社會史》 15장 〈GHQ와 문화재에 의한 배상론, 반환 정책의 변천GHQと文化財による賠償論, 返還政策の變遷〉에서 주로 참조하였음을 밝힌다.

에 점령 통치기구 '연합국최고위사령부GHQ/SCAP, General Headquarters/ Supreme Commander for the Allied Powers'를 설치했다. GHQ의 통치 방식은 미국 정부의 정책을 GHQ 지령으로 일본정부에 하달하면 일본정부가 이를 실천하고 보고하는 간접 통치 방식이었다. 도쿄의 GHQ와 함께 워싱턴에는 연합국의 대일정책에 관한 최고기관으로 극동위원회가 설치되었는데, 미국 정부는 극동위원회의 결정을 거부할 수 있는 권한을 가졌다. 1952년 4월 샌프란시스코 강화조약이 발효하면서 점령 통치와 GHQ는 종식되었다.

발족과 더불어 GHQ는 점령 통치를 총괄하는 군정국軍政局, MGS, Military Government Section 산하에 민간정보교육국CIE, Civil Information and Education Section을 설치했고, 그 산하에 미술기념물과Arts and Monument Division가 설치되어 초기 대일본문화재 정책을 담당했다.

미술기념물과에는 MFAA의 요원들이 배치되었다. MFAA의 정식 명칭은 '기념물, 미술품, 문서부대Monuments, Fine Arts and Archives Section'로 통칭 '모뉴먼트 멘Monuments Men'으로 불린다. MFAA는 미국의 제2차 대전 참전을 계기로 미국 지식인들이 전시 유럽 문화재 보호를 담당할 특수군대를 연합군 내에 편성할 것을 미국 정부에 요청해 조직된 전투부대이다. 세계 역사상 최초로 정부군 내에 문화재 보호 임무를 맡은 특수 전투부대가 설치된 것이다.

이는 문화재가 국가를 장식하기 위한 것이 아니라 국가와 군대의 존재야말로 문화재를 보호하기 위해 존재한다는 것을 여실히 보여주는 사례였다. 13개국에서 선발된 문화재 전문가 345명으로 구성된

MFAA 특수부대는 당초 유럽 지역만을 대상으로 했으나 아시아 점령 지역에서 일본군의 문화재 약탈이 극심해지자 1944년부터 MFAA는 아시아 지역으로 임무가 확장되었다.

도쿄 GHQ에 배치된 MFAA 대원, 즉 모뉴멘트 멘의 주요 인물로는 하버드대학 포그박물관Fogg Art Museum 경력의 조지 스타우트 소령George Stout, 하버드대학 출신 동양미술사가 로렌스 시크만 소령 Laurence Sickman, 컬럼비아대학 교수 출신으로 뉴욕 메트로폴리탄 박물관 큐레이터를 역임한 헤럴드 헨더슨 중령Herold Henderson 등 쟁쟁한 인물들이 포함되었다.

1946년에는 하버드대학 동양미술사 교수와 포그박물관 큐레이터를 역임한 랭던 워너Langdon Warner, 1881~1955가 고문으로 합류했다. 랭던 워너는 제2차 세계대전 중 전시 문화재 보호를 위해 MFAA에서 참전국 문화재 목록 작성을 총지휘했던 저명한 불교미술 전문가였다. 그런 반면, 그는 1924년 둔황 모가오 동굴에서 당나라 벽화 26점을 절취하여 하버드대학으로 반출했던 문화재 약탈자로서도 국제적으로 악명이 높은 인물이었다. 워너에게 둔황의 탐사를 조언한 장본인은 당시 보스턴미술관을 위해 중국 미술품을 구입하고 있던 오카쿠라 덴신이었다.

GHQ에서 일본의 약탈문화재 반환 문제를 담당한 이들 MFAA 요원들은 모두가 저명한 동양미술사학자들로, 대체로 미국 상류층 출신의 반공 보수주의자들이었고 일본 체류 경험이 있는 일본문화재를 애호하는 친일인사들이었다. 그렇기 때문에 이들은 유달리 문화재에 애착을 갖는 일본사회의 정서에 영합하여 미국정부의 초기 강경한 약탈 문화재 반환 방침과는 반대로 일본문화재 보호에 진력했다.

이들의 활약에 더하여 냉전이 본격화되던 당시 미국 정부의 각별한 보호를 받게 된 일본은 전쟁 중 약탈해온 문화재의 반환을 모면했다. 결과적으로 GHQ에 포진한 MFAA 요원들의 일본문화재 보호 노력은 미국의 대일 점령 통치가 성공적으로 마무리되는 한 요인이 되었다. 후에 이들을 중심으로 미국에 일본미술이 광범위하게 확산되었다.

## 초국가주의 문화재 정리 및 문화재보호법 제정

대일 정책의 최우선을 일본의 비군사화, 민주화에 둔 미국정부의 방침에 따라 1945년 12월 GHQ는 일본의 군국주의를 이끌어온 국가신도를 폐지하는 신도지령神道指令을 발포하여 정교 분리 원칙하에 일본문화재의 정리에 착수했다. 전국의 5천여 개 이상의 전쟁비, 충혼비, 충령탑 등 국가주의적 기념물이 대부분 제거되고 메이지 천황 성적聖跡 300여 건을 포함한 900건의 국가 사적이 해제되었는데 대부분은 학교에서 철거되었다.

GHQ는 원래 침략 전쟁의 수행자들을 영령으로 받들어 모시며 군국주의의 정신적 지주로 존재했던 도쿄 야스쿠니신사靖國神社를 소각할 예정이었다. 그러나 전후 신헌법의 정교 분리와 신교 자유의 차원에서 야스쿠니신사의 존속을 허용해 종교법인으로 전환하고 국가의 지원이나 정부의 관여를 일체 금지했다. 그렇지만 1980년대부터 야스쿠니신사에 대한 일본 수상과 고위 관료, 정치인들의 참배와 공물 헌납이 공공연하게 지속되고 있음은 주지의 사실이다.

문화재에 대한 초국가적 권력의 배제를 위해 GHQ는 제실박물관을 문부성 소관의 도쿄국립박물관으로 전환하고 황실에 헌납되었던 호류지 보물을 도쿄국립박물관으로 이관했다. 제실박물관에 소속되었던 쇼소인 보물은 천황의 어물이라 하여 궁내성에 그대로 두는 대신 1946년부터 매년 쇼소인 보물을 일반에 공개토록 했다. 그러는 한편, 전범들의 재산 몰수나 재벌 해체, 엄중한 재벌 상속세를 통해 다수 재벌의 컬렉션이 해체되었다.

점령 당국은 천황 숭배에 이용된 고사사에 대한 학생들의 의무적인 참배 관행을 금지하는 한편 역사 교과서의 개혁을 단행했다. 그 결과 역사책에서 만세일계 천황 신화와 신국사상, 군국주의를 고취하는 일본 정신과 같은 초국가주의적 내용이 삭제되고 천황제 역사관에서 은폐되었던 조몬, 야요이 선사시대가 남긴 문화유산이 소개되기 시작했다. 이로써 일본은 삼종신기와 같은 허구의 문화재가 아닌, 나라나 교토와 같은 유적지에 존재하는 역사성 있는 문화재와 국민들의 실생활에 근거한 실체성 있는 유물에 토대를 둔 지상의 문화국가를 지향하며 전후 재건을 향해 나아가게 되었다.

1949년 1월 호류지 금당벽화 소실 직후 점령 당국의 지도하에 제정된 문화재보호법은 문화재를 '국민의 재산'으로 규정했으며 유형문화재에 민속자료를 포함시켰다. 종래 미술품 중심의 유형문화재에 미적, 예술적 가치와 무관한 민속자료가 포함됨으로써 일본의 문화재는 일반 국민의 전반적 생활사와 관련된 물품을 포함하게 되었다. 금당 벽화 소실의 충격에서 제정된 이 법은 문화재 보호를 위한 국가의 책무를 명문화하면서 문화재 재건과 보수는 전후 정신적 방향을 상실한 일본의 국시가 되었고 전후 보수정권에서 경제부흥과 함께 일본 재건의 아이콘이 되어 문화국가, 평화국가로 재탄생하려는 국민적 운동에 기폭제가 되었다.

## 전쟁 배상과 문화재

점령 당국이 직면한 일본문화재의 처리는 크게 보아 세 갈래의 문제였다. 첫째는 일본의 전쟁 배상에 문화재를 포함시킬 것인가 여부, 둘째는 일본 약탈문화재의 조속한 반환, 셋째는 일본 약탈문화재가 멸실된 경우 '동종 문화재에 의한 대체 반환Restitution in Kind'을 시행하는가 여부였다.

패전 직후 기아선상에 놓인 일본 국민들이 당면한 우선적인 문제는 전쟁 배상이었다. 초토화된 국토에 온전히 남은 것이라고는 지배층과 부호들이 철저히 은닉 보호해 온 비보, 소위 일본의 국보와 보물이라고 하는 값비싼 미술품과 골동품이었다. 항간에서는 모든 문화재를 던져서 민생을 구제하라는 여론이 고조되었다.

그렇지만 일본의 정치, 경제는 모두 패망하고 일본의 천황제와 군국주의 문화는 국제사회에서 경멸의 대상이 된 당시 손상 받지 않은 것이 있다면 일본인들이 전 역사를 통해 지켜온 일본의 보물로서 문화재였다.

패전 직후 남은 것은 문화재밖에 없다고 믿는 일본인들의 문화재 수호 의지는 그 어느 때보다도 굳세었다. 굴욕적인 점령 통치를 이겨 내는 정신적 지주로서 문화재의 가치를 새삼 인식하게 된 국민들은 일본에 남은 이러한 문화재를 가지고 다시금 국가를 재건해야 할 것이라는 각오를 다졌다. 국민들은 문화재를 마지막까지 수호해야 할 민족재民族財 로 인식했던 것이다.[105]

미국은 이미 대일 배상청구권 포기를 명시했지만 전쟁 배상의 재원 확보를 위해 부동산과 동산 재산을 합해서 당시 정부 예산의 1/3에 육박하는 약 16억 엔으로 추산되는 일본의 최고 부자 황실의 재산을 전쟁 배상에 포함시키고자 했다. 문제는 일본 황실의 재산을 전쟁 배상 대상에 포함시킨다면 여기에는 황실의 동산 재산으로서 문화재가 포함될 것인데 특히 문화재 중에서도 황실의 전래 어물이 포함되는가는 국민들의 초미의 관심사였다. 만약 일본의 문화재가 배상 대상에 포함된다면 배상으로 내놓은 일본문화재는 우선적으로 세계 최고의 부자 나라인 미국에 제일 먼저 반입될 것이었다.

황실의 보물이 전쟁 배상을 위해 점령국 미국으로 유출될 가능성이 없지 않다는 의구심이 분분한 가운데 민심 동요를 우려한 GHQ는 '미국은 일본의 문화재를 보호할 것이며, 일본의 국보 등 문화재를 취하는 일은 절대로 없을 것'이라고 확인해 주었다. 이어서 MFAA 요원들의 강력한 건의에 따라 미국정부는 문화재를 이용한 전쟁 배상을 공식적으로 부정하는 보도를 수차 일본에 내보냈는데, 이는 문화재에

의한 전쟁배상을 계획했던 미국정부의 원래 계획을 뒤바꾼 것이다.[106]

이러한 미국의 결정으로부터 전후 처리에서 문화재에 의한 배상을 금지하는 국제 관습 규범이 형성되었다고 봐야 될 것이다. 1954년 '전시 문화재 보호에 관한 헤이그 협약의정서 제3항'은 전쟁 배상으로 문화재를 취득할 수 없다고 명문으로 규정했다.

사실상 점령 통치 초기, GHQ는 황실 재산 중 국보와 보물 등 문화재에 대한 보호 관리를 담당하고 있었다. 문화재 훼손에 대한 점령 당국의 책임 문제 때문이기도 했지만 진짜 보호 목적은 당초 미국이 문화재에 의한 배상을 검토하고 있었기 때문에 최고급 재화로서 황실 문화재를 GHQ 통제 하에 두고 장악하려던 것이었다.

# | 2 |

# 일본 약탈문화재의 반환 문제

점령 초기, 미국은 전쟁 배상과는 별도로 약탈 재산으로 판명된 재산은 즉시 반환해야 한다는 확고한 입장이었고, 이에 따라 약탈문화재의 반환은 미국의 일본 점령 통치의 기본 원칙으로 정립되었다.

## 미국정부와 현지 GHQ의 입장, 중국의 대응

1946년 3월 미 국무성은 독일 약탈문화재의 반환 처리 원칙을 토대로 작성한 일본 약탈문화재의 반환 원칙과 처리 지침에 관한 초안을 마련하여 GHQ에 통보했다.[*] 일본 약탈문화재 반환의 핵심 대상은 막

---

[*] 초안의 심의 과정에서 현지 GHQ의 강한 거부반응이 있어 미국정부의 안으로 채택되지 않았다.

대한 문화재를 약탈당한 중국이었다. 상기 초안은 약탈문화재가 멸실되었거나 발견되지 않아 반환이 불가능한 경우, 약탈된 공적 문화재에 대해 동종의 일본 공적 문화재로 대체보상한다는 '동종 문화재에 의한 대체보상안'을 포함했다.

그렇지만 초안의 대체보상안은 상당히 제한적이었다. 대체보상에 사용될 일본의 공적 문화재 중에서 일본의 국보, 공공 컬렉션, 일본 기원 문화재는 제외되었는데, 구체적으로는 1931년 이전에 국보로 지정된 일본문화재, 1894년 이전에 일본의 공공기관에 소장된 일본의 문화재는 대체보상에 사용될 수 없으며, 따라서 반출할 수 없다고 함으로써 대체보상의 한계를 엄격히 제한한 것이었다.[107]

점령 당국이 약탈문화재 반환이나 대체보상을 추진한다면, 일본의 최고급 문화재와 약탈문화재의 알짜가 들어 있는 제실박물관 소장의 문화재는 반출이 불가피할 수밖에 없다. 그런데 최중요 약탈문화재의 대부분이 들어있는 제실박물관 보물은 황실의 사유재산이므로 미국 정부의 초안대로 사유재산에 의한 대체보상을 금지한다면 오히려 약탈문화재를 두텁게 보호해 주는 결과가 되는 것이었다.

황실 소유 문화재 유출에 결사반대하는 일본의 민심을 자극할 것을 우려한 GHQ에 포진한 친일 반공 MFAA요원들은 약탈문화재 반환이나 동종 문화재에 의한 대체보상은 점령당국에 의한 합법적인 일본 문화재의 약탈로 이어질 것이라고 강력히 항의하며 점령 통치의 성공을 위해 현지 분위기를 감안할 필요성을 본국 정부에 강력히 건의했다. 1946년 11월, GHQ는 약탈문화재 반환 문제는 강화회의에서 다뤄져야 하며 최종적으로는 전문적인 국제재판소에 맡겨야 한다는 새로운 주장을 본국에 정식으로 건의했다.[108]

1947년 무렵에는 냉전이 본격화되며 냉전의 최전방에 위치한 일본은 미국의 대소對蘇 전략에 핵심적인 존재였다. 1948년 중국의 국공내전에서 공산당이 승기를 잡아가자 미국 정부는 일본에 대해 전쟁 책임을 물을 것이 아니라 일본을 강력한 동맹국으로 키워야 한다는 방침으로 선회했으며 일본 약탈문화재 반환 문제는 미국의 대일 점령정책에서 사라졌다.

일본 약탈문화재 처리의 주된 대상국인 중국은 종전 직후, 1894년 청일전쟁 이래 일본군에 의해 파괴, 약탈, 불법 반출된 중국의 공적, 사적 약탈문화재 총목록戰時文物損失目錄 을 작성하여 1945년 11월 GHQ에 제출했다. 이 목록에서 중국은 손실된 중국문화재를 총 수 360만 건이 중 서적이 270만 건 으로 추산했다.

중국은 손실 문화재에 대한 대체보상으로 15,000여 건의 동종의 일본문화재를 지정하여 1949년 1월 GHQ에 제출하고 동종 문화재에 의한 대체보상에 일본의 사유재산을 포함시킬 것을 강력히 요청하는 한편 중국의 제실박물관 접수를 요구했다.[109] 물론 GHQ에 포진한 친일 모뉴멘트 멘들이 이를 받아들일 리가 없었다.

일본정부는 중국이 GHQ에 제출한 약탈문화재 목록에 대항하여 '중국이 주장하는 손실 문화재 목록에 대한 일본정부의 입장'이라는 보고서를 GHQ에 제출하고, 독립국 만주국에서 유출된 문화재나 중국 내전에서 사라진 중국문화재에 대한 책임을 일본이 질 수 없다며

일본의 책임을 전면 거부했다.[110]

한편 일본의 약탈문화재에 관해 중국과 연합국 극동위원회는 1948년 말 워싱턴에서 전체회의를 열고 '공적 성격의 사유재산'을 대체보상으로 활용하자는 중국의 제안을 표결에 부쳐 통과시켰다. 이 결의안에 대해 도쿄 GHQ는 강력히 반대했고 미국 정부는 극동위원회의 결정 6개월이 지난 1949년 4월 전시 약탈문화재 반환 문제는 강화회의에서 다루어야 한다는 성명을 발표하고, 극동위원회의 결정을 거부했다.

이로써 연합국의 전후 처리에서 가장 중요한 사안의 하나였던 일본 약탈문화재의 반환 문제는 3년을 허비하고 결국은 무위로 끝나고 말았다. 이후 약탈문화재 문제를 조기에 매듭지으려는 GHQ는 중국에서 약탈된 것이 확실한 도서 20만 권과 문화재 2,400점을 회수하여 1950년 2월 중국에 반환함으로써 GHQ는 일본 약탈문화재 반환 문제의 종결을 꾀했다.

사실상 GHQ에 포진한 친일 반공보수주의자들인 MFAA 요원들은 처음부터 일본에 존재하는 문화재를 반출하는 데 부정적이었다. 성공적인 점령 통치를 위해 현지 사정을 고려해야 한다는 명분도 있었지만 이들은 문화재에 의한 전쟁 배상이거나 약탈문화재 반환, 또는 대체 배상이거나 일본의 방대한 문화재를 해체하는 것은 일본문화 자체를 붕괴시키는 것이라는 관점에서 처음부터 일본 소유의 문화재 유출에 강력하게 반대했다.[111]

## 미국의 일본 약탈문화재 반환 처리의 실패

초기 GHQ의 약탈문화재 반환 원칙은 확고했지만 일본의 점령 통치를 실시하며 일찌감치 후순위로 밀려났다. 여기에는 냉전이라는 불가항력적인 외부 환경이 있었지만 무엇보다도 전후 국제정치를 주도하는 미소 양국이 일본이 약탈한 문화재 반환 문제에 소극적으로 대처하는 것에 입장이 일치했다.

미국은 오로지 성공적인 일본의 점령 통치를 위해 일본인들이 극구 반대하는 약탈문화재 반환 정책을 포기했고, 소련은 당시 독일 점령지에서 발견된 모든 문화재를 전쟁 배상이라는 명목으로 소련으로 반출해 소련 자신이 문화재 약탈국이 되었기 때문이었다. 또한 미국이나 소련 모두 일본에 의한 문화재 약탈 피해국이 아니었다.

여기서 진정으로 아쉬운 점은 국제분쟁의 단골 주제인 전시 약탈문화재 문제에 관해 모범적인 국제 관행이 수립될 기회가 무산된 점이라 할 것이다. 이 점은 전후 미국이 뒤늦게나마 나치 약탈문화재의 환수 원칙을 성립시켜* 오늘날 국제적으로 나치 약탈문화재가 일관되게 반환되고 있는 상황과 크게 대조된다.

---

* 1998년 12월 3일, 나치 청산을 위한 워싱턴회의에서 나치 약탈문화재의 반환에 관한 워싱턴 선언 성립 Washington Conference Principles on Nazi-Confiscated Art

# 약탈문화재 반환에 대한 일본의 대처

## : 워너 전설

전후 일본은 국가를 전쟁으로 몰고 간 지배층에 대한 반감과 더불어 문화재제도를 비롯하여 일본사회의 전반적 시스템에 대한 개혁의식이 분출되었다. 그러나 다른 한편, 패전에 대한 분노만큼 국민들은 굴욕적인 패전 상황에서 일본의 자존심을 지켜 줄 민족재民族財 로서의 문화재에 집착했다. 전 국민이 일치단결하여 점령 당국의 약탈문화재 반환 정책에 조직적으로 반항한 결과 일본은 문화재에 의한 전쟁 배상은 물론이고 약탈문화재 반환을 성공적으로 막아냈다.

### 일본의 사보타주 전략과 대미 로비

약탈문화재의 반환을 이행하기 위해 GHQ가 내린 약탈문화재의 조사와 회수의 거듭된 명령에 대해 일본정부는 책임 회피와 지연작전, 허위 보고, 무성의, 속임수로 일관하여 GHQ를 지치게 만드는 한편 일본에서 발견된 확실한 약탈문화재의 반환을 감독하는 최소한의 업무에 GHQ를 붙잡아 두는 전략을 취했다.

그런 반면, 일본정부의 자국 문화재 보호를 위한 홍보 활동은 치열했다. 중국 침략 전쟁에서 현지 중국인들의 문화재 파괴와 약탈에 맞서 일본에 반출한 결과 중국문화재가 현지에서 소멸되지 않고 일본에서 보존될 수 있음을 설명하여 미국의 공감을 이끌어냈다. 이로 보아 조선총독부가 반출한 한국문화재가 일본에서 오히려 잘 보존되고 있다거나 구로이타의 조선 문화재 현지 보존을 적극 홍보했을 것으로 넉넉히 추정할 수 있다.

일본은 또한 여타 아시아 국가들에서는 사라진 쇼소인 보물과 같은 고대 문화재를 꾸준히 보존해 온 일본의 독특한 문화와 노력을 적극 홍보하며 일본에 축적된 문화재는 온전히 보존되어야 함을 주장했다. 아울러 근세에 들어와서는 페놀로사를 위시한 미국인들이 일본문화재를 보호했기 때문에 오늘날 미국보스턴 박물관이 유럽을 제치고 일본문화재를 가장 많이 소장할 수 있게 되었음을 강조했다. 점령 당국또한 이러한 일본의 대미 로비활동을 역으로 이용하여 점령지의 민심장악을 위해 문화재를 이용한 대對 일본 프로파간다를 전개했다. 이러한 미국과 일본의 홍보 전략은 과장과 거짓으로 뒤섞여 맞물려지기도했는데, 대표적인 것이 소위 '워너 전설'이다.

워너 전설의 주인공 랭던 워너는 보스턴 명문가 출신으로 1900년초 일본에 세 차례 유학하며 오카쿠라 덴신의 문하에서 보수적 일본문화계 인사들과 돈독한 관계를 맺었다. 또한 고려자기의 전문가였던 워너의 부인Lorraine Roosevelt은 프랭클린 루즈벨트 대통령의 사촌이었다. 이 같은 화려한 배경을 가진 워너는 제2차 세계대전 중에는MFAA 요원으로 활약했고 전후 GHQ에서 약탈문화재 반환 문제를담당했던 만큼 전후 일본인들이 대미 로비에 끌어들이고 싶은 가장적합한 인물이었고 마침내 '워너 전설'의 주인공이 되었다.

## 워너 전설*

제2차 세계대전 중 나라와 교토는 다른 도시에 비해 이상하리만큼 공습이 없었다. 전쟁이 끝난 다음 일본사회 일각에서는 일본미술을 존경했던 친일인사 랭던 워너가 일본문화재 목록, 소위 워너 리스트를 작성하고 일본의 고도古都에 간직된 고대 문화재의 중요성을 미국 요로에 호소하여 나라와 교토가 공습에서 제외되었다는 소문이 널리 퍼져나갔다. 드디어 1945년 11월 11일자 아사히신문朝日新聞은 다음과 같은 기사를 내보냈다.

나라와 교토가 무사한 것은 미술과 역사를 존중하는 미국의 의지가 작전과 국경을 넘어 인류의 보물을 수호한 것이며 세계를 위해, 일본을 위해 나라와 교토가 보존된 것이다. 이러한 미군의 뒤에는 일본 미술통美術通이 있었다.

아사히신문은 랭던 워너의 지인이자 미술사가인 야시로 유키오矢代幸雄, 1890~1975가 제공한 정보를 근거로 기사를 내보냈다고 한다. 워너 전설의 배후인물인 야시로는 일본미술연구소오늘날 도쿄문화재연구소를 창립한 일본문화재 분야의 거물로, 전후《일본미술의 은인들日本美術の恩人たち, 1961》이라는 책을 써서 미국인들을 칭송한 반면에 비슷한

---

* 당시 문화재를 둘러싼 일본사회의 분위기와 GHQ의 미묘한 교감 분위기를 잘 보여주고 있어 소개할 필요가 있다.

시기에 일본문화재 위원으로 한일 문화재 반환 협상에 참여하여 한국에 대한 문화재 반환을 극력 반대했던 인물이다.

워너 전설에 대해, 전설의 장본인인 워너는 이를 공식 부인했고 생존 시 일본정부로부터의 훈장도 거부했는데, 그럴수록 동양인도 따라가지 못할 워너의 겸양은 더욱 칭송을 받았다. 둔황 벽화를 뜯어간 일로 중국에서는 악당으로 간주되는 워너와는 너무도 대조적인 일본에서의 이미지이다.

워너 전설에 대한 반론은 1970년대부터 제기되었지만 미국정부 공문서가 비밀 해제되는 1990년대에 이르러서야 본격적으로 조사되었다. 1995년 쇼인여대樟蔭女大 교수 요시다 모리오吉田守男 는 미국 정부 문서를 조사하여 워너 전설은 미국의 일본문화재 보호 정책과는 무관한 미국의 전략적 결정이었음을 밝혔다.

우선, 요시다 교수는 워너가 감수監修 한 일본문화재 목록, 소위 워너 리스트는 일본문화재 보호를 위한 것이 아니라 전후 약탈문화재 반환을 위해, 또는 유실된 약탈문화재를 보상하기 위해 사용될 변제용 문화재 확보를 위해 작성된 것임을 워너 리스트 서문을 들어 밝혔다. 워너 리스트라는 것은 참전국들에 대한 개략적인 소개와 함께 문화재 일람표와 문화재 분포 지도가 수록된 미 육군성 민정 핸드북으로, 워너 리스트는 일본 외에도 이태리, 독일, 프랑스, 벨기에, 노르웨

이, 덴마크, 네덜란드, 한국판\*이 발행되었다.[112]

그러나 고사사와 박물관 위주의 125건이 수록된 일본의 워너 리스트는 다양한 문화재를 포함시킨 서구 국가들의 리스트에 비해 적은 수이며 일례로 일본의 1/10 크기의 벨기에는 745건 수록, 서구 국가들과는 달리 폭격을 예방할 만큼 정교한 문화재 분포도 사진을 수록한 것은 아니라고 한다. 또한 유럽 전장의 총사령관 아이젠하워 장군이 종종 문화재 보호 지령을 발한 것과는 달리 나라와 교토의 폭격을 금지한 미군 극동전선의 총사령관 맥아더 장군의 지령서 등 구체적 물증은 나오지 않았다.[113]

요시다 교수의 조사에 의하면, 나라와 교토가 폭격을 면한 이유는 나라에는 폭격에 값하는 중요한 것이 아무것도 없다는 것이 주된 이유였다. 교토는 최종까지 원폭 투하 대상 도시였기에 원폭 효과를 측정하기 위해 사전 폭격을 삼갔다는 것이다. 천황의 도시이며 인구 백만의 도시 교토에 원폭을 투하하면 일본군의 전의에 크게 타격을 입힐 것으로 기대되었지만 전쟁 막바지에 헨리 스팀슨Henry Stimson 육군장관이 전후 일본의 반미 동향을 우려하여 교토를 원폭 투하 대상에서 뺐다는 것이다.

따라서 나라와 교토를 공습에서 제외한 것은 문화재와는 무관하며 오직 미국의 전략적 결정이었던 것이다. 당시 태평양 군도의 전투에

---

\* 한국판 워너 리스트에는 문화재 44건이 수록되었는데, 이는 육군성 민정 핸드북으로 만든 것이 아니라 별도로 작성된 것으로 미 국방부 하바드그룹 기념물보호위원회의 리포트였다고 한다.

서 일본군에 의해 막심한 인명 피해를 당하며 원폭투하를 고려했던 미국이 일본의 문화재를 고려할 여지가 없었을 것임은 당연했다.

그렇다면 워너 전설은 어떻게 해서 시작된 것일까? 요시다 교수의 조사에 의하면 발단은 GHQ의 민간정보교육국 홍보담당관 헨더슨 중령Herold Henderson이었는데, 그는 컬럼비아대학교 교수 출신의 MFAA모뉴멘트 맨 요원으로서 1930년대에 일본에 수년간 체재한 적이 있는 지일파였다. 맥아더 사령관의 부관으로 일본 황실과의 연락책을 맡고 있던 그는 쇼와천황이 자신의 신성神性을 부인한 소위 '인간 선언'을 기초한 인물이라고 한다. 그런 만큼 그는 GHQ의 핵심인물로서 점령지 일본에서 막강한 권위가 있었다.

헨더슨은 점령 초기부터 대일본 선무공작 차원에서 종종 일본의 유력인사들을 불러내 일본인들이 듣고 싶어 하는 일본문화재를 화제로 삼아 미국은 일본문화재를 존경하며 이를 보호하고자 노력했다는 미담을 퍼트렸다. 이것은 점령 통치 초기 신도와 천황과의 관계를 단절하는 신도지령을 발하여 일본의 정신적 원점인 신화와 천황의 신성을 파괴했던 GHQ, 특히 천황의 인간선언을 기초한 헨더슨으로서는 일본 지식인들의 시선을 구체적 역사가 있는 나라와 교토로 보낼 필요가 있었을 것이다.

당시 일본사회의 반미감정을 극도로 우려했던 점령 당국과 친미 보수주의 일본인들의 분위기에서 야시로 유키오矢代幸雄는 헨더슨을 찾아가 나라와 교토가 무사한 것은 일본의 문화재를 보호하기 위한 미국 정부의 용단이었다는 소문이 사실인가를 물었다. 헨더슨으로부터

들고 싶은 말을 직접 들은 야시로 유키오는 앞뒤 재지 않고 즉시 아사히신문사로 달려가 제보했고, 언론은 아무런 뒷조사 없이 야시로의 말을 그대로 유포한 것이다.

이에 대한 일본사회의 반응은 뜨거웠다. GHQ로서는 점령지의 우호적인 민심을 조성하는 데 즉효가 있었다. 일본의 문화재는 일본만의 것이 아니라 인류의 보물이며, 이러한 인류의 유산을 지킨 고귀한 미국은 좋아하고 숭배하고 복종하고 싶은 훌륭한 국가라는 이미지를 일본인들에게 심어 주려는 당시 점령당국의 선무공작은 온전히 달성되었다.

일본문화재의 은인이라는 소문에 워너 자신이 강력히 부인했음에도 아랑곳하지 않은 일본사회에서 워너는 국빈 대접을 받았고, 그의 유해는 일본 땅에 묻혔다. 일본미술의 기원에 관해 연구했던 하와이대 동양미술사 교수 존 카터 코벨Jone Carter Covel, 1910~1996 박사는 일본의 고미술, 그 중에서도 아스카 고미술을 지극히 사랑했던 워너는 자신이 사랑했던 것이 실상은 조선의 고미술이었음을 모르고 타계했다고 애석해 했다.[114]

1955년 랭던 워너 사후에는 추모의 물결이 크게 일었다. 나라와 교토의 고사사에서 추모 법회를 비롯하여 각종 기념사업과 전국에 6개의 기념비와 흉상이 세워졌고, 워너 관련 저서가 끊임없이 출판되었다. 정부는 워너 사후 실제로 워너 리스트가 나라와 교토를 공습에서 보호한 것인지 여부 등 워너의 공적에 관한 아무런 기초 조사도 없이 외국인에 대한 최고 훈장을 수여했다.

**가마쿠라**鎌倉**에 세워진 랭던 워너의 현창비** | 공습 피해를 입지 않은 가마쿠라 시민들이 워너에 대한 감사의 마음으로 세웠다고 한다. 사진 출처 : 위키피디아 재팬

1995년부터 워너 전설에 대한 핵폭탄 격인 요시다 교수의 폭로 논문이 꾸준히 발표되고 여러 차례 서적으로 간행되었음에도[115] 일본문화재의 은인이라는 워너 전설의 위상은 일본사회에서 흔들리지 않고 엄존하는데 워너 전설은 일종의 역사왜곡이다. 일본인들의 기묘한 나르시즘과 외국에 대한 황당한 왜곡이라는 점에서 워너 전설은 미국에서 한때 학자들의 연구대상이 되었다 한다.[116]

# | 3 |

# 일본의 세계유산

제1, 2차 세계대전에서 인류의 살상과 함께 극심한 문화재 약탈과 파괴를 경험한 국제사회는 인류가 쌓아온 문화의 힘으로 세계평화를 선도하고 전쟁을 예방하려는 염원에서 1946년 유엔 산하에 유네스코UNESCO를 창설했다. 패전국 일본에게 평화와 문화의 선도자 유네스코의 탄생은 패전의 황폐와 허탈 속에서 전쟁과 침략의 역사를 뒤로하고 평화국가, 문화국가로 재출발을 약속하는 커다란 희망의 빛이었다. 점령통치 하에서 관민일체가 되어 유네스코 가맹운동을 전개한 끝에 일본은 샌프란시스코 대일평화조약이 체결되기 2달 전인 1951년 7월 유네스코의 60번째 가맹국이 되어 국제사회에 복귀했다.

## 전후 유네스코의 탄생과 문화재 보호 노력

; 유네스코 세계유산협약 성립

창설과 더불어 유네스코는 타국 문화에 대한 존중을 바탕으로 국제사회에서 평화의 문화를 확산하고 전쟁으로 인한 인류유산의 돌이킬 수 없는 손실을 막고자 특별히 문화재 보호 분야에서 큰 노력을 해왔다.

창설 초기, 유네스코는 제국주의 및 식민지 시대에 약탈당했던 문화재의 회복을 요구하는 신생국가들의 염원에 부응하여 1970년 불법 문화재 처리에 관한 협약*'을 채택하고 불법 문화재 반환 문제 해결에 노력했다. 그러나 이러한 유네스코의 노력은 과거 제국주의시대 문화재를 약탈했거나 불법 반출한 일본을 비롯한 선진 강대국들의 경계심과 비협조를 자초하여 성과를 거두지 못했다.

1972년 유네스코는 불법 문화재 반환 문제보다 더 큰 차원에서 문화재는 국경을 넘고 시대를 넘어 인류가 후대에 계승해야 할 인류전체의 유산이라는 관점에서, 또한 인류문명의 진전과 더불어 파괴되는 자연을 함께 보호하고자 '유네스코 세계문화 및 자연유산 보호협약'을 성립시켰다. 이를 계기로 국제사회는 인류의 보편적 문화유산과 자연 보호를 위한 유네스코의 노력에 폭넓게 공감함으로써 인류 유산 보호라는 대의는 국제사회에 정착되었다. 오늘날 '유네스코 세계문화

---

* 정식 명칭은 '문화재의 불법적인 반출입 및 소유권 양도의 금지와 예방 수단에 관한 협약. 1970 UNESCO Convention on the Means of Prohibiting and Preventing the Illicit Import, Export and Transfer of Ownership of Cultural Property

및 유산 보호협약'은 전 세계 거의 모든 국가들의 지지를 받는 가장 성공한 국제협약으로 간주되고 있다.*

## 세계유산의 의의와 해석의 중요성

과거 시대에 국가의 문화재가 민족 문화의 표상으로 국가의 법으로 인정된 국민의 보물이며 국가의 전유물이라면 오늘날의 세계유산은 국제사회유네스코가 인정한 인류역사 발전의 물증으로 국경과 시대를 초월한 인류 보편적 의미와 가치를 지닌 인류 전체의 재산으로 고양되었다.

세계유산은 기념물과 건물, 유적지 등 부동산을 전제로 하는 만큼 세계유산의 등록은 유산이 소재하는 지역사회의 역사와 정체성을 반영하고, 그 유산을 방문하는 관광객을 포함하여 그 유산에 참여한 모든 이해 관계자들의 공감을 전제로 해야 할 것이다.

따라서 세계유산 등재의 기본요소로 규정된 유산의 뛰어난 보편적 가치OUV, Outstanding Universal Value, 완전성, 진정성에 대한 합의는 특히 중요하다. 유산에 대한 다양한, 복수複數의 해석이 갈등을 일으키는 경우 이해 당사자 간의 대화와 협력은 필수적이며 유산 등록의 전제 조건이 되어야 할 것이다.

---

* 2022년 3월 현재 194국 가입. 우리나라는 1988년 9월에 가입, 2018년 가입 30주년을 맞았다.

## 일본의 문화재 정책과 유네스코 활동 동참

전후 경제부흥에 성공하고 선진국 그룹G7에 들어간 일본은 막강한 경제력에 더해 국제사회에서 정치적 지도력을 보완해 줄 수 있는 문화대국의 위상을 확고히 한다는 전략을 택했으면서도 유네스코 활동에 대단히 소극적이었다. 일본이 2개의 유네스코 협약에 가입한 것은 협약 성립 20~30년이 지나서였다. '공백의 유네스코 20년'으로 불리는 이 기간 중 문화대국 일본의 대외 활동은 무엇이었는가?

일본은 전후 불법 문화재의 반환 문제에 노력하는 유네스코의 활동에 극도로 몸을 사리며 냉담과 무관심으로 일관해 왔다. 그러는 사이 세계 제2의 경제대국으로 부상한 일본은 국제 문화재 시장의 큰손으로 등장하여 열정적으로 외국의 문화재, 특히 실크로드 지역의 유물을 대거 수집했다.

1990년대 무렵은 중동 지역의 정세 불안과 함께 이 지역에서 다수의 문화재가 파괴되고 밀반출되는 시기였다. 일본정부가 아프간 등 전쟁 지역에서 파괴된 문화재 복구를 선도하여 국제적 위상을 높이는 뒷전에서 일본의 거대 자본은 불온한 중동 정세에서 파생된 불법 문화재를 은밀히 대거 입수했다.

이러한 사정 외에도 제2차 세계대전에서의 약탈문화재 반환의 책임을 모면했던 일본은 1970년 유네스코 불법 문화재 반환 관련 협약을 외면하고 회피하다 30여 년이 지난 2002년에 뒤늦게 가입했다. 그것도 일본인 마쓰우라 고이치로松浦晃一郎가 유네스코 사무총장1999~2009 재임에 선출되어 유네스코 협약의 가입을 더 이상 외면할 수 없는 사정에서 가입한 것이다.

약탈문화재 반환 문제에 대한 거부감으로 유네스코 활동에 극히 소극적이었지만 경제대국이자 문화대국으로서 일본이 국제사회가 적극 호응하고 참여하는 유네스코 세계유산 보호 활동에 언제까지나 침묵할 수는 없었다. 1992년 일본은 고액의 유네스코 문화유산 보존 신탁기금약 2천만 달러을 내놓고 세계유산 회원국으로 가입했는데 이는 선진국 중 가장 늦은 가입이었다.

그 이후 자금력과 기술력을 동원하여 유네스코 세계유산 활동을 선도하며 유네스코의 막강한 세력으로 군림하게 된 일본은 또한 일본의 저명한 문화유산을 열정적으로 등록했다. 2002년 현재 25건의 일본 문화재 및 유적이 세계유산으로 등재되었다문화유산 20건, 자연유산 5건.

## 일본의 문화유산 고갈과 세계유산 후보 확보 노력

1990년대 말에 이르면 일본의 고대, 중세, 근세의 탁월한 역사, 문화적 유산이 거의 모두 등재되어 일본의 중요한 문화유산은 바닥을 드러냈다. 남은 유산은 대체로 학술적 검토가 미비한 국가 성립 이전의 야요이 유적이나 3~6세기에 형성된 고분 유적, 그리고 근거 없는 전승과 설화를 바탕으로 전국에 산재하는 잡다한 고사사 등이 있다.

그렇지만 이러한 문화유산은 일본인들이 세계에 내세우고 싶은 일본의 문화유산이 아니다. 게다가 주로 나무를 사용한 일본의 문화재는 거의 모두 19, 20세기 대대적으로 복구되거나 복제된 것들로서 오리지널을 세계유산의 진정성으로 간주하는 유네스코 세계유산의 조건을 만족시키기 어려운 측면이 있어 일본의 유네스코 세계유산 등재 전략에 차질이 생겼다.

이 무렵에는 1980~1990년대 절정에 달했던 일본의 경제가 추락하며 경제대국으로서 일본의 대외 위상과 함께 국민적 자부심도 주저앉기 시작했고, 인구 감소에 따른 내수 위축으로 일본 전체로서 활력이 퇴조하여 경제, 문화 분야의 강력한 회생 방안이 요청되었다. 그런 만큼 일본정부는 일본의 문화유산을 세계유산으로 적극 등록하여 대외적으로는 문화대국으로서 위상을 과시하고 대내적으로는 관광과 지역 경제를 활성화하여 국민의 자부심을 북돋울 필요성을 절감하게 되었다. 일본정부는 유네스코 세계유산으로 내세울 문화유산 후보를 대대적으로 확보하기 위해 국가적 차원에서 문화유산이 될 만한 자산을 전방위적으로 정비하기 시작했다.

때마침 유네스코는 세계유산 제도가 유럽과 도시, 기독교 중심의 유산에 편중되는 경향을 시정하고 인류의 다양한 생활유산을 보호하려는 취지에서 1994년 세계유산 제도에 산업유산 부문을 추가했다. 이러한 유네스코의 산업유산 제도는 일본에서 근대화와 산업화를 시작했던 메이지시대에 전국에 조성된 산업 유적과 연결되어 일본의 세계유산 정책에 활로를 열었다.

## 일본의 비주류 문화유산 : 쿨 재팬전략, 일본유산제도 설정

근대화 및 산업화 유산에 이어 일본정부는 일본의 비주류 문화유산에도 주목했다. 2002년 일본정부는 일본의 전통문화뿐만 아니라 해외에서 인기 있는 일본 특유의 이색적이고 선정적인 비주류 문화Sub Culture에 호소하는 전략으로서 소위 '쿨 재팬cool Japan' 정책을 입안하고, 내각에는 쿨 재팬 전략담당 장관까지 배치했다. 이는 일본의 비주류 문화와 대중문화를 엮어서 국제사회에 일본 문화유산의 매력을 어필하고 일본 붐을 일으킨다는 것이다. 메이지시대 이색적인 우키요에가 서구에서 일으킨 자포니즘을 통해서 일본의 통상과 일본붐을 진작시켰던 역사를 상기시키는 정책이다.

2003년에는 역사 유산을 관광이나 지역 진흥의 기축으로 삼는다는 '관광 입국 행동 계획'이 정부 정책으로 채택된 것을 계기로 각 지역에서 세계유산 등록 운동이 중구난방으로 일어나기 시작했다.

여기에 호응하여 2015년 일본문화청은 '일본유산日本遺産' 제도를 설정했다. 이 제도는 중앙정부가 정식의 국가문화재 수준에 미달되는 지방 차원의 잡다한 유형, 무형 문화재 또는 민속문화재를 엮어 여기에 매력적인 스토리를 입혀 일본유산으로 공인하여 미래의 유네스코 세계유산의 잠재적 후보로 확보하는 방안이다. 특히 2013년 가마쿠라 무가유산의 등재가 유네스코에서 거부된 후 일본의 유네스코 등록 자산의 고갈 우려가 현실로 나타나자 일본정부가 필사적으로 택한 방안이다.

현재 일본문화청이 일본 유산으로 지정한 것은 100건이 넘는다. 이러한 일본유산은 국가 지정의 정식 문화재가 못 되는 잠재적 문화재, 또는 유사 문화재라 할 것이다. 일본유산의 지정에는 역사적 사실을 필수조건으로 하지 않기 때문에 과장과 허구가 뒤엉킨 스토리로 포장된 일본유산이 장차 유네스코 세계 문화유산제도에 정식 등록될 가능성이 없지 않다.

유네스코 문화유산 후보로 대기 중인 일본유산의 예를 들자면, 전국에 산재한 조카마치城下町 와 마쓰리, 사찰과 신사의 순례길, 고대 국제무역도시, 변방의 도서, 일본 해적왜구의 활약지, 이세신궁 신관神官, 대대로 천황의 딸皇女이 역임의 부임 행차, 산골 마을의 전통오락 등 끝이 없다.

이러한 갖가지 지방의 명소에 매력적인 스토리를 부쳐서 그럴듯한 일본유산을 만든다는 것이다. 그러나 일본유산의 핵심요소인 매력적인 스토리는 오늘날 대부분 조작, 가공되었다는데 문제가 있으며 무엇보다도 이러한 일본유산은 대부분 스토리를 뒷받침하는 실체적 건물이나 유적 등 문화자산이 결여되었다는 점에서 이들 일본유산이 유네스코 세계유산에 등록될 가능성은 크지 않다.

## 일본의 근대화, 산업화 유산

유네스코 세계유산 등록을 위한 후보로서 일본이 가장 기대를 거는 분야는 산업유산이다. 수공업이 발달했던 에도시대의 산업유산과 메이지시대 조성된 일본의 근대화, 산업화 유산은 전국적으로 다수 존재하며, 이는 자랑스러운 메이지시대의 업적과 연결되어 과거 제국주의의 추악한 역사의 미화 작업에도 기여할 것으로 기대되기 때문이다.

어느 나라의 산업유산이라도 대개는 인권유린의 역사를 내포한다. 그럼에도 불구하고 유산의 완전하고 진정한 역사를 밝힌다면 산업유산은 인류의 생존과 발전의 역사에 공헌한 유적으로서의 가치가 인정될 수 있을 것이다.

2007년 일본은 16세기 개발된 이와미은광石見銀鑛, 시마네현 을 아시아 최초의 산업유산으로 세계유산에 등재했고, 2014년에는 메이지정부의 관영 명주실 생산공장으로 도미오카 방적공장富岡製糸場, 군마현 을 등재했다. 이는 일본 최초의 근대화 세계유산이다. 2015년에는 전국에 산재한 23개의 메이지 산업시설8현 11시 소재 을 엮어서 '메이지 일본의 산업혁명 유산'이라는 타이틀로 유네스코 산업유산에 등록했으며, 2022년에는 에도막부의 관영 금광이었던 사도광산佐渡鑛山, 니이카타현 의 세계유산 등재를 신청해 놓고 있다.

일본의 산업유산은 에도시대에 조성되었건, 또는 메이지시대에 조성되었건 대부분의 시설은 원형을 잃고 매몰되어 사라져가고 있다. 그러나 일부 시설은 꾸준히 복구되어 제국주의 시대에 아시아, 태평양 침략 전쟁을 위한 군수물자의 생산기지로 사용되었다. 그런 만큼 이러한 산업유산은 제국주의 시대에 자행된 강제노동과 인권침해의 현장이었음은 피할 수 없는 사실이다.

## 세계유산 등록에 대한 지역민들의 강력한 지지

세계유산 등록을 장려하는 정부의 시책에 적극 호응하여 지역의 근대화 산업유산을 유네스코 세계유산으로 등록하기 위한 강력한 관민합작 운동이 전개된 결과, 2007년에는 메이지시대 일본 공부성의 설립일인 10월 20일이 '근대화 유산의 날'로 지정되었다. 정부와 국민들이 일체가 되어 유네스코 세계유산 등록을 위한 문화유산 확보에 전력투구하는 상황은 패전 후 민족재로 간주된 문화재를 구심점으로 국가를 다시 일으켜 세우려 했던 상황에 비교될 것이다. 세계적 위기의 시대인 오늘날 일본이 처한 엄중한 상황에 대한 우려와 초조감이 큰 만큼 국가발전의 동력으로서 문화재에 대한 일본국민들의 기대는 그 어느 때 보다도 각별하다.

그러나 문화유산의 선정에 지역 주민들의 강력한 지지가 작용한다면 문화유산 정책은 국내 정치에 이용될 소지가 크다. 일본정부는 메이지 산업유산을 '세계 최초로 비서구 지역에서 성공한 산업화'로서 세계사적인 의미가 있다는 수식어로 포장하여 세계유산으로 등재하기 위해 총력을 기울였다. 인권유린의 현장이었던 일부 메이지시대 산업유산의 유네스코 세계유산 등록을 비판하는 이웃나라와의 외교 분쟁이 야기될수록 지역민들의 유산 등록 열망은 일층 강력해졌고, 일본정부는 유산 등록에 관한 인접국과의 외교 분쟁을 역사 전쟁으로 부르며 물러설 수 없다는 방침으로 유네스코를 무대로 벌어지는 외교 분쟁에 주민들을 몰아넣고 있는 실정이다.

일본정부 또한 이코모스ICOMOS, 유네스코 세계유산 심사기구를 비롯 세계유산 위원국을 대상으로 금품 살포 등 강력한 로비를 강행하여 국제적으로 큰 비난을 받은 바 있다. 일본정부가 2007년 신청한 이와미 은광은 이코모스로부터 등록 연기 판정등록 철회 권고에 해당을 받았지만 일본정부의 대대적인 로비 작전으로 이코모스 판정을 뒤집고 세계유산에 등록되었다. 이 사건으로 유네스코 유산 판정의 정당성은 심각한 상처를 입었고 일본의 로비작전은 국제적으로 큰 비난을 받은 바 있다.[117] 그런 만큼 향후 국제사회는 유네스코 세계유산 등록과 관련된 일본의 공격적인 막후 로비정책을 충분히 예상하고 이에 대처해야 할 것이다.

이미 일본정부의 유네스코 세계문화유산 등재 추진 활동에는 정권 유지를 위한 정치적 의도가 깔려 있다는 일본 시민단체의 지적이 있다. 이러한 시민단체는 산업유산의 세계유산 등재에 반대하는 한국과의 외교 분쟁은 한·일간의 외교문제가 아니라 일본정부의 정권차원의 문제로 인식하고 있다.[118]

## 일본의 메이지 산업유산 등록
; 유네스코 부負의 세계유산

2015년 일본이 '메이지 일본의 산업혁명 유산'이라는 타이틀로 유네스코에 등록한 23개의 메이지 산업시설 중 일부예: 군함도는 제국주의 전쟁에 이용된 가혹한 인권유린의 현장이었다. 일본은 이러한 산업유산이 '비서구 지역 최초로 근대화에 성공한 세계사적 의의'가 있는 유산이라거나 '물건 제작もの作り에 능하고 장인정신이 충만한' 일본의 전통과 문화를 반영한다는 그럴듯한 스토리로 포장하여 세계유산 등록을 염원하는 지역주민들의 강력한 지원을 등에 업고 유산 등록을

강행한 것이다. 일본정부는 이러한 산업유산의 내력을 은폐하거나 축소함으로써 강제징용자의 본국인 한국, 중국 등 이웃나라와의 외교적 분쟁을 일으키고 있으며 유네스코로부터 유산 내력의 완전성을 보완하라는 엄중한 경고에 처해 있다.

메이지산업유산과 관련된 일본정부의 세계유산 정책은 제국주의와 침략전쟁을 부인하고 전쟁 책임과 배상을 촉구하는 오늘날의 국제여론과 세계사의 흐름을 부정하는 역사수정주의를 반영하며 최종적으로는 제국주의와 침략 전쟁으로 낙인찍힌 일본 근대사의 미화 작업으로 귀결된다. 이러한 행태는 '인류 전체를 위한 유산'이라는 세계유산의 가치관을 저버리는 것이며 평화와 인도주의에 헌신해 온 유네스코의 업적에 대한 정면도전이라 할 것이다.

유네스코 세계유산제도는 인류가 저지른 범죄가 재발되지 않도록 하는 교육적 차원에서 범죄적이거나 비참한 유물, 유적을 세계유산으로 지정하는 '부負의 세계유산Negative Heritage' 카테고리를 두고 있다. 부의 세계유산은 정식으로 설정된 유네스코의 유산 분야는 아니며 공식적인 정의도 아직은 없다. 대표적으로 아우슈비츠 수용소, 히로시마 원폭 돔, 아프리카 노예무역 거점 등 대체로 인류 평화 및 인권과 밀접한 관련이 있는 20여 개의 유적이 현재 부의 유산으로 등록되어 있다.

1992년 일본정부가 유네스코 세계유산조약에 가입하자마자 히로시마 시의회는 원폭 돔의 세계유산 등록을 정부에 건의했고, 시민들의 서명운동이 시작되었다. 당시 일본정부는 미국, 중국, 한국의 반발을 우려하여 소극적이었지만 외국에 대한 정부의 외교적 배려가 표출될수록 히로시마 주민들의 서명운동은 거세어졌고 일본 중의원과 참의원에서도 등록 지지안을 채택하여 정부를 독려했다.

원폭 돔의 세계유산 등재 신청서에서 일본정부는 원폭 돔이 침략전쟁의 결과임은 깨끗이 빼고 원폭 피해자들의 비참했던 상황과 위령을 강조하며 인류 평화를 염원하는 평화의 기념비로 포장했다. 미국과 중국은 1995년 히로시마 원폭돔의 세계유산 등록에 강력 반대했지만 유네스코 사업인 세계유산 등록을 막을 수는 없었다. 오늘날 히로시마에는 연간 1,300만 명이 넘는 관광객이 방문한다는데외국인 관광객은 100만 명 수준, 원폭 돔이 관광의 큰 포인트로서 지역 경제 활성화를 견인함은 물론이다. 그런 만큼 일본이 국제적으로 갖은 비난을 받으면서도 메이지 산업유산의 세계유산 등록에 집착하는 이유가 여기에 있다.

1979년 폴란드가 신청한 아우슈비츠 유대인 수용소가 세계유산에 등록될 때 유네스코는 동종의 유산을 세계유산에 재차 등록할 수 없다고 못 박았다. 부의 유산을 관광이나 경제 활성화 수단으로 활용하는 것을 제한하는 조치라고 생각된다. 마찬가지로 침략 전쟁이나 강제 노역과 인권유린이 개재된 유산을 둘러싼 이해 당사자 간의 갈등이 해소되지 않은 상황에서 다시금 일본정부가 강제노역의 현장이었던 사도광산을 유네스코에 등재하려고 시도하고 있는 점을 고려할 때 이러한 부의 산업유산을 두 번 다시 등록할 수 없도록 강력한 제한을 가해야 할 것이다.

무엇보다도 일본은 '성공한 근대화'라는 메이지유신의 환상에서 깨어나야 한다. 침략전쟁과 식민지배, 인권유린, 종국적으로는 피폭과 같은 참사로 이어진 추악한 역사를 성공한 근대화로 찬양하는 행태를 멈추고 동아시아 역사 속에서 메이지유신과 이어진 일본의 행적을 직시하고 인류 역사와 문명의 거울로서 세계유산을 올바로 이해해야 할 것이다.

# 마치며

## 일본의 보물과 문화재, 세계유산에 대한 회고와 기대

문화재가 한 국가와 국민을 벗어나서 인류와 세계의 유산으로 고양되는 오늘날, 일본은 자국의 문화재가 세계유산에 합류하여 진정한 인류의 세계유산으로 상찬을 받을 수 있도록 올바른 문화재 정책, 문화유산정책을 추구해야 할 때가 되었다.

일본은 일본열도의 혹독한 자연환경에 순응하고 대항하며 오랜 석기시대를 지나 인접 동아시아에서 전래된 문명을 기반으로 민족과 국가의 성립과 발전을 이루고 독자적인 일본문화를 일구어내며 세계적인 국가로 일어섰다. 그 과정에서 약탈과 전쟁 등 반인류적 전쟁 범죄를 저질러 국제사회의 엄중한 규탄과 제재를 받았지만 오늘날 일본은 강력한 경제와 문화의 힘으로 다시 일어서서 국제사회의 발전을 선도하고 있다. 이러한 역사와 문화를 배경으로 일본이 이룩한 독특한 문화유산은 현저한 가치를 지닌 인류의 유산으로 높이 평가되어야 할 것이다.

손대지 않은 일본의 무수한 고분은 이웃나라의 고대역사와 문화에
도 깊은 관련이 있는 만큼 일본은 이러한 문화재를 이웃나라와 함께
학술적으로 연구함으로써 일본뿐 아니라 이웃나라와 세계의 역사를
보완하는 데에도 일조해야 할 것이다. 조작된 고대의 역사서에 근거
한 엉터리, 허구의 문화재가 아니더라도 고립된 일본열도에서 독자적
으로 이루어낸 일본의 역사와 문화에 대해 자부심을 가질 충분한 자
격이 있는 일본인들은 자국의 문화유산에 과도한 의미를 부여하거나
문화재에 얽힌 거짓 전승과 조작된 해석을 버리고 문화재를 학술적으
로 연구하여 그 고유한 가치를 해명해야 할 것이다.

  또한 존재하지 않는 문화재를 갈망하여 이웃나라의 문화재를 탐하
는 것을 단념하고 타국의 문화재를 존중하여 타국에서 약탈해 온 약
탈문화재를 반환함으로써 일본문화재의 흑역사를 스스로 해소해야
할 것이다. 일본의 역사와 문화를 상징하고 밝혀 줄 일본 고유의 문화
재를 인류의 유산으로 보전, 계승하기 위한 일본정부의 참된 문화재
정책을 촉구한다.

# 참고문헌 미주

01  야스마루 요시오, 《神々の明治維新(천황제 국가의 성립과 종교 변혁)》, 이원범 옮김, 소화, 2002, 20~21쪽

02  岸田秀, 〈ものぐさ精神分析〉, 〈日本近代を 精神分析する〉, 中央公論新社, 1982.

03  大島一元, 《日本の近代化と廢佛毀釋》, J-STAGE, 2012. 14권, 61~63쪽.

04  상기 岸田秀, 《ものぐさ精神分析》, 40~41쪽

05  埴原和郎, 〈日本人集団の形成に関わる一假說〉, 特別寄稿, Anthropol.Sci.人類誌,102(5), 455~477, 1994.

06  澤田洋太郎, 《倭國は渡來王朝》, 新泉社, 1995. 22~27쪽, 오영환, 《한일 고대사》, 한림당, 2020. 64쪽 주

07  오영환, 《한일 고대사》, 한림당, 2020. 51쪽

08  埴原和郎,《岩波講座日本通史》第 1巻, 〈日本人の形成〉, 岩波書店, 1995). 오영환, 《한일 고대사》, 한림당, 2020. 64쪽 주6

09  〈大和朝廷の外交政策：「倭」=「大和朝廷」という虛妄〉, 徹底検証：「新しい歴史教科書」の光と影. '徹底検証'은 일본의 교과서 왜곡을 주도하고 있는 '새역모(새로운 역사 교과서를 만드는 모임, 新しい歴史教科書をつくる会)'에서 편찬한 우익 역사교과서를 비판하는 단체인 프라라(plala)에서 2001년 새역모 역사교과서를 검증하여 온라인으로 펴낸 역사교과서

10  《日本の朝鮮文化》中央公論社 座談會, 1982. 28쪽. 최근까지도 일본의 언론에서는 와카야마현(和歌山縣)의 쿠스미(楠見) 유적에서 대량으로 발견된 고대 가야토기에 관해 '한반도 출병의 기지 뒷받침'이라는 기사를 내보낸 바 있다. 1973. 12.20일자 오사카 요미우리신문 및 오사카 아사히신문.

11  福澤諭吉, 《西洋事情》, 慶應義塾大學出版會, 2009, 48~49쪽

12  大和朝廷 ┃ 日本の統一と朝鮮進出への挫折, 日本任那, Hitopedia(Weblio, 일본 온라인 百科事典)

13  《埃まみれの書棚から》, 第二十六話　近代奈良と古寺・古文化をめぐる話, 2/7

14  野呂田純一, 《幕末. 明治の美意識と美術政策》, 宮帶出版社, 2015, 156쪽

15  梧陰文庫の皇室典範制定史料と三種の神器, 《国学院法学》21(1) 1983.6. 1~28쪽.

16  古川順弘, 《古代神寶の謎》, 二見書房, 2018, 116쪽

17  김달수, 《일본 속의 한국문화유적을 찾아서》1, 215~216쪽

18  古川順弘, 《古代神寶の謎》, 二見書房, 2018, 65~66쪽

19  이한상, 《장신구 사여체제로 본 백제의 지방지배》, 서경문화사, 2009. 62쪽

20  오영환, 《한일고대사》, 한림당, 2020. 29쪽

21  이성시 지음, 박경희 옮김, 〈표상으로서의 광개토왕비문〉, 《만들어진 고대》, 삼인, 2017, 43~44쪽

22  上野祥史, 〈日本列島における中国鏡の分配システムの変革と画期〉, 国立歴史民俗博物館研究報告　第185集, 2014.2. 362쪽

23 《古代日本と 朝鮮》, 中央公論社 座談會, 1982, 72쪽

24 상기 《古代日本と 朝鮮》, 119쪽

25 山尾幸久, <日本書紀のなか 朝鮮>, 《日本と朝鮮の古代史》, 三省堂選書57, 1979, 136쪽

26 白谷朋世, 〈陵墓」問題とは何か〉, 考古學研究會, [PDF] 55, 第3章 考古学と現代社会.

27 高木博志, 《陵墓と文化財の近代》, 山川出版《日本史リブレット 97》, 2010.1.

28 상기 《古代日本と 朝鮮》, 132~134쪽

29 田村圓澄, 《佛敎傳來とその影響》, 《續 日本古代史の謎》, 朝日新聞社, 1876년, 270쪽

30 《삼국시대의 불교》, 《글로벌 세계대백과사전》. 도서출판 범한. 2004.

31 瀨木愼一, 桂木紫穗《日本美術の 社會史》, 里文出版, 2003. 13쪽

32 상기 《日本美術の 社會史》68쪽

33 富樫讓, 《祕佛》, 每日新聞社, 1991. 〈全國主要祕佛一覽〉193쪽

34 觀仏日々帖, 〈東大寺二月堂の本尊光背と二躰の秘仏観音像〉2020. 6. 19

35 가장 오래된 일본의 불교 역사서인 12세기 《후쇼략키(扶桑略記)》와 14세기 호류지 승려 세이요(聖譽)의 기록 〈세이요쇼(聖譽抄)〉에 기록된 전승이라 한다.
   김상현, 〈백제 위덕왕의 추선불사와 그 유적, 유물 – 일본 몽전관음의 백제 성왕 유상설 (聖王 遺像說)〉, 미술사학회 월레발표회, 1999.4.24

36 大橋一章, 〈救世觀音像の原所在地とその後の 安置 場所〉, 早稲田大学リポジトリ, 108쪽

37 상기 大橋一章, 〈救世觀音像の原所在地とその後の 安置 場所〉

38 연민수, 《고대 한일교류사》, 2003, 혜안, 61쪽

39 久野健, 《渡來佛の旅》, 日本經濟新聞社, 1972. 24~32쪽

40 허남린, 〈비불의 전시와 일본의 종교문화: 개장(開帳)〉, 《종교와 문화》 14호, 2008, 92쪽

41 상기 허남린, 《비불의 전시와 일본의 종교문화: 개장(開帳)》, 87~88쪽

42 高木博志, 〈근대일본의 문화재 보호와 고대미술〉, 박미정 옮김, 《美術史論壇》 11호, 한국미술연구소, 90쪽

43 觀佛日々帖(kanagawabunkaken.blog.fc2.com), こぼれ話~〈廣隆寺・弥勒菩薩の指の話, II〉2017.5.20.)

44 小原二郎, 〈木の文化と發想の轉換〉, 〈日本音響學會誌〉 50卷 8⬚, 1994, 643~637쪽

45 보관미륵에 관한 코류지 안내문. 칼 야스퍼스의 일본방문을 주선했다는 일본의 철학자 시노하라 세이에이(篠原正瑛) 저술 《패전의 피안에 있는 것(敗⬚の彼岸にあるもの)》 (1949년, 弘文堂)에서 인용했다 함.

46 상기 觀佛日々帖, こぼれ話~〈廣隆寺・弥勒菩薩の指の話, II〉

47 上原和, 《美の秘密：二つの弥勒菩薩像：シンポジウム》, NHK, 1982

48 상기 NHK 《美の秘密：二つの弥勒菩薩像：シンポジウム》

49 〈歴史公論〉, 〈飛鳥佛に見られる 日本と 朝鮮〉, 76년 6월호

50 朝日新聞 デジタル, 2017. 3.22, 《〈高田長老の法隆寺いま昔〉百済観音とパリへ 一生勉強〉

51 宮廻正明, 《日本文化の特質：模倣から超越へ》 jstage 60巻(2017-2018) 12 号, 845~854쪽.

52 宮廻正明,〈オリジナルを超越する「クローン文化財」－"保存"と"公開"という文化財の持つジレンマも解決〉, 無限大(IBM 広報誌), 2018. 5. 31.

53 大橋一章,《法隆寺의 창건과 재건》,〈강좌 미술사〉16호, 2001, 한국미술사연구소, 30~38쪽

54 (萬遜樹,〈法隆寺をめぐる 日本人のアイデンテイテイ〉, mansongeの日本民俗學, No. 074, 2002.11.5.)

55 《신비타이칸(眞美大觀)》, 日本佛教眞美協會, 1899年, 제2권 첫 항목 호류지 금당벽화 영문 해설문 중에서

56 伊東忠太,《日本建築の 研究, (第1卷)》, 龍吟社, 1942, 220-221쪽

57 Daniel Schley,〈大正期における和辻哲郎の文化意識《日本古代文化》を中心に〉, アルザス日欧知的交流事業日本研究セミナー「大正/戦前」, Japan Foundation 報告書, 2012.9, 192頁.

58 안휘준,〈삼국시대 회화의 일본 전파〉《국사관논총》, 10, 1989, 및 홍윤식,〈日本 法隆寺 金堂壁畫에 보이는 한국문화의 영향〉,《考古美術》185, 1990.

59 상기《古代日本と 朝鮮》, 105쪽

60 松本信道,〈行信の傳記に関する諸問題〉, 駒澤大學 文學部 研究紀要(Journal of the Faculty of Letters) (72), 1-12, 2014.

61 大山誠一,《天孫降臨の夢　藤原不比等のプロジェクト》, NHKBooks　2009

62 상기 오영환, 377쪽.

63 《日本の朝鮮文化》, 中央公論社 座談會, 1982, 134-135쪽

64 田村圓澄,〈伊勢神宮の成立〉112-115頁, 溝口睦子,〈アマテラスの誕生〉, 180頁 이하

65 子安宣邦,〈日本ナショナリズムの批判的読解〉, 2006. 10. 15. 韓中研 강연

66 상기《日本の朝鮮文化》, 73쪽

67 상기《日本の朝鮮文化》, 125쪽 —문헌중심 역사학비판

68 상기 子安宣邦, 韓中研 강연

69 상기 埃まみれの書棚から, 第21話4/7, 仏像の素材と技法－木で造られた仏像編

70 위키피디아 재팬〈正倉院〉및 公開講座「正倉院の工芸 遣唐使は何を持ちかえったか」奈良女子大学 社会 連携センター, 2016. 8. 27.

71 최재석,《정창원 소장품과 통일신라》, 일지사, 1996.

72 최재석,〈정창원의 칠피상자와 제작국〉,〈韓國學報〉80, 1995

73 2018.3.18. 한겨레신문,〈'쇼소인' 한반도 유물, 빗장풀릴 날은〉(국립문화재연구소 주최 정창원 관련 국제심포지엄)

74 高木博志,〈근대일본의 문화재 보호와 고대미술〉, 박미정 옮김,《美術史論壇》11호, 한국미술연구소

75 NHK,〈일본이 창조한 지보(至寶)－쇼소인 보물이 전하는 일본 탄생〉, 2019.9.3

76 〈한국 목간과 일본 목간의 대화-한국목간연구 20년.〉, 2019.1.19. 한일 목간학회 공동 주최 와세다대학 한일 고대사 워크숍

77 大久保喬樹,《일본문화론의 계보》, 송석원 옮김, 소화, 2007. 한림신서 일본학 총서 86, 79-95쪽

78 源豊宗,「日本美術における秋草の表現-日本美術の様式的性格」,《塚山学院大学研究

論集》1, 1966

79 入間田宣夫, 〈守護・地頭と領主制〉, 〈講座日本歴史3〉歴史学研究会・日本史研究会編 東京大学出版会、1984.12. 121-122頁

80 瀬木愼一, 桂木紫穂〈日本美術の社會史〉, 里文出版, 2003. 131쪽

81 田中優子,《遊廓と日本人》, 講談社現代新書, 2021.

82 關秀夫, 최석영 옮김,《근대일본 국립박물관 탄생의 드라마》, 민속원, 2005. 156-157쪽

83 김창록, 〈근대일본 헌법사상의 형성〉, 법사학연구, 제12호, 1991. 92-93쪽

84 상기 關秀夫,《근대일본 국립박물관 탄생의 드라마》, 187-188쪽

85 상기 關秀夫, 188-190쪽

86 都冕會, 〈자주적 근대와 식민지적 근대〉, 〈국사의 신화를 넘어서〉, Humanist, 2004. 212쪽

87 제국박물관 관제개정의 뜻(帝國博物館冠制御改定之儀), 1900.5. 및 상기 關秀夫, 227-228쪽

88 鈴木 良, 高木 博志〈文化財と 近代日本〉, 山川出版社, 2002. 10쪽

89 松宮秀治,〈岡倉天心と帝国博物館〉, 立命館経済学, 第50巻・第5号, 662쪽

90 〈도쿄 제실박물관 부흥취의서〉. 1923년 관동대지진으로 제실박물관의 본관 건물이 무너진 후, 1928년 제실박물관의 본관 복구 사업을 위해 작성된 것으로서 제실 박물관의 원래의 기본 구상을 제시하고 있다. 상기 關秀夫, 209쪽

91 塚本學,〈文化財概念の変遷と史料〉,《国立歴史民俗博物館研究報告》vol.35, 1991.

92 다카기 히로시, 〈일본 미술사와 조선 미술사의 성립〉, 〈국사의 신화를 넘어서〉, 휴머니스트 2004. 171쪽

93

94 강희정, 〈신비타이칸(眞美大觀)과 일본 고대 불교 조각〉, 〈미술사 논총〉 제28호, 2009. 6. 99쪽(각주 52 참조)

95 상기 高木博志, 〈近代日本の文化財 保護と古代美術〉, 111쪽

96 정규홍,《우리문화재 수난일지》I 학연문화사, 2021, 180-182쪽. 이진희,《호태왕비의 미(謎)》, 講談社, 1973, 147쪽 주석에서 인용한 中塚明, 〈戰時淸國寶物蒐集方法〉에서 인용한 것임.) 일본 국회도서관 헌정자료실의 사이토 마코토(齊滕實, 3대와 5대 조선총독) 문서에도 있다 함.

97 荒井信一, 〈コロニアリズムと文化財〉, 岩波新書, 2012, 19쪽

98 〈京城で離宮設置の件〉, 1918.7.8. 公文雜纂 卷25, 國立公文書館, 인용은 李成市, 〈조선왕조의 상징공간과 박물관〉, 〈국사의 신화를 넘어서〉 임지현, 이성시 엮음, Humanist, 287쪽

99 이성시, 〈구로이타 카쓰미를 통해 본 식민지와 역사학〉,《만들어진 고대》삼인, 2001. 224쪽

100 상기 이성시, 〈구로이타 카쓰미를 통해 본 식민지와 역사학〉, 227쪽

101 曾布川寬, 〈近代における関西中国書画コレクションの 形成〉, 関西中国書画コレクション 研究會國際 심포지움, 2011.10.22.-23, 7-8쪽

102 장진성, 〈간사이 지역 중국 회화 컬렉션의 형성과 나이토 코난〉, 서울대학교 인문대학 고고미술사학과 석사논문, 2017. 8.

103   鈴木 良, 〈文化財の誕生〉〈歴史評論〉第555号   校倉書房   1996, 91쪽

104   〈昭和天皇獨白錄〉 및 昭和天皇實錄, 인용은 古川順弘, 《古代神寶の謎》, 二見書房, 2018, 50–51쪽

105   김계원, 〈불상과 사진 – 도몬켄(土門拳)의 고사 순례와 20세기 중반의 일본미술〉, 2019년도 서울대학교 일본연구소

106   상기 森本, 748쪽

107   상기 森本, 650쪽

108   상기 森本, 651쪽

109   상기 森本, 654쪽

110   鞆谷純一, 〈中華民国よりの掠奪文化財總目錄に対する 日本政府の主張〉, 日本圖書聯合, Vol.62,   No.4, 2010, 8, 30.

111   川村笑子, 〈戦後日展の再編とGHQ/SCAP に関する一考察〉, 筑波大学《芸術学研究誌》藝叢編集委員会 編

112   상기 森本 732–735쪽

113   상기 森本 733–734쪽

114   존 카터 코벨, 〈일본에 남은 한국미술〉, 김유경 편역, 글을읽다, 2008, 157쪽

115   吉田 守男, 《日本の古都はなぜ空襲を免れたか》, 朝日文庫, 2002.7.

116   平川祐弘, 〈日本人の安易な感謝癖と謝罪癖〉 産経ニュース, 2010.9.27.

117   森忠彦, 〈戦後70年・日本と世界遺産〉上,下, NPO法人 世界遺産アカデミー 홈페이지, 2015.9.17. 및 위키피디아 재팬 〈石見銀山〉

118   이태진, 〈한국의 근대〉, 2018. 2.24. 열린 연단, 문화의 안과 밖
       상기 松宮秀治, 〈岡倉天心と帝国博物館〉, 661쪽

**이미지 미주**

01   Wikipedia Japan, 多神社, 多坐彌志理都比古神社

02   谷川健一, 《列島縦断地名逍遥》, 冨山房インターナショナル, 2010, 336쪽

**박스 미주**

01   吉田東伍, 《大日本地名辭書, 上方編》, 冨山房, 1907

02   森忠彦, 《戦後70年・日本と世界遺産》上,下, NPO法人 世界遺産アカデミー 홈페이지, 2015.9.17. 및 위키피디아 재팬 〈石見銀山〉

# 문화유산으로 일본을 말한다

**초판 1쇄 인쇄일**  2023년 4월 17일
**초판 1쇄 발행일**  2023년 4월 24일

**지은이**  김경임
**발행인**  양혜령
**주간**  이미숙
**책임편집**  김진아
**책임디자인**  김은주
**책임마케팅**  안병휘
**경영지원**  이지연

**발행처**  홍익피앤씨
**출판등록번호**  제 2023-000044 호
**출판등록**  2023년 2월 23일
**영업본부**  경기도 고양시 백석동 1324 동문굿모닝타워 2차 927호
**대표전화**  02-323-0421
**팩스**  02-337-0569
**메일**  editor@hongikbooks.com

홍익P&C는 HONGIK Publication & Communication의 약자입니다.

**ISBN**  9979-11-982552-1-1(03910)